MILLIARDAIRES D'UN JOUR

Splendeurs et misères de la nouvelle économie

GRÉGOIRE BISEAU & DOAN BUI

MILLIARDAIRES D'UN JOUR

Splendeurs et misères de la nouvelle économie

BERNARD GRASSET
PARIS

Tous droits de traduction, de reproduction et d'adaptation
réservés pour tous pays.

© Éditions Grasset & Fasquelle, 2002.

A Benoît, mes parents, DK, DN, Y, et MT.

A Anne

Prologue

Citizen Messier

En cette rentrée scolaire 2001, un soleil d'été inonde le grand bureau de Jean-Marie Messier, avec vue plongeante sur l'Arc de Triomphe. Le PDG de Vivendi Universal revient de longues vacances avec sa famille. Il est détendu, souriant, bronzé. Polo noir sans cravate, pantalon en toile, nouvelle silhouette (il a perdu une dizaine de kilos en un an), Messier a changé de look et a adopté une décontraction tout américaine. Il vient de déménager à New York, où il résidera désormais le plus clair de son temps. A Paris, il passera. Presque en touriste. Il ne se presse pas. Il savoure. Dans ce bureau, il y a quelques vestiges de sa vie d'avant, sa vie à Paris. Une photo de lui avec l'équipe de France de football, en stage à Clairefontaine. Et une autre, plus étrange. Un poster agrandi d'un arrêt de bus où est collée une affiche faisant la publicité de sa biographie *J6M.com*, dont plusieurs exemplaires traînent encore çà et là. C'était l'année dernière. Messier le PDG se transformait en écrivain et faisait l'événement de la rentrée littéraire. Passait sur toutes les radios, les télévisions, se faisait photographier dans tous les journaux. Ce matin, de retour de vacances, Messier est de nouveau en interview. Un exercice qu'il maîtrise parfaitement. Le PDG de Vivendi Universal ne prendra pas la peine de regarder sa montre une seule fois de tout l'entretien. Et parlera, détendu, pendant près de trois heures...

Jean-Marie Messier est heureux et il l'affiche. Il a réalisé son rêve. Il tutoie maintenant les puissants de la planète. Il est l'un des maîtres d'Hollywood. Il possède désormais les labels de musique les plus prestigieux du monde. Et dans quelques jours, il va annoncer le rachat de l'Olympia, cette salle mythique, dans laquelle ont défilé Brel, Brassens, Nougaro. Comme cela, d'un claquement de doigts. Mais que pèse l'Olympia par rapport à l'empire Vivendi Universal ? Aujourd'hui, Messier peut assouvir le moindre de ses caprices. Acheter l'Olympia, faire un show sous les feux des projecteurs dans la salle de concert du Zénith, pour l'assemblée générale des actionnaires... Lui le polard, le bon élève sérieux, qui avait été jusqu'à refuser Centrale, et redoubler Math-Spé pour intégrer Polytechnique, lui l'énarque en costume gris est désormais devenu le roi du show business. Jean-Marie Messier, le fan d'opéra, est désormais incollable sur les nouvelles tendances musicales. Ragga, 2step, drum'n'bass, techno-garage n'ont plus de secrets pour lui. En témoigne la pile de CD qui traîne négligemment sur son bureau : un « *red hot shaggy* » et quelques CD de rap viennent se mélanger au CD de la comédie musicale *Les Dix Commandements* et d'autres hits français.

Universal est une entreprise florissante. La musique, plus encore que le cinéma, une machine à cash. Tout cela, Jean-Marie Messier se l'est offert grâce à l'aveuglement des marchés. Le titan AOL avait profité d'une valorisation artificiellement gonflée par la bulle Internet pour s'offrir sur un plateau le vénérable Time Warner. Messier a fait la même chose en plus culotté. Le PDG de Vivendi n'avait pas des millions d'abonnés à Internet comme AOL. En fait, il n'avait rien du tout. Sur Internet, Vivendi était inexistant et dans la communication, mis à part sa participation dans Canal + et quelques pépites dans Havas, le groupe était loin de jouer à armes égales avec Universal. Alors Messier a vendu du rêve au marché. Il a vendu du vent. Un beau concept. Celui de la convergence entre le téléphone, Internet, la télévision. Les marchés ont adoré. Ils ont valorisé le joli concept des milliards. Et, grâce à du papier Vivendi survalorisé, Messier a raflé à bon compte le joyau Universal. Il s'est acheté son rêve. Du rêve contre du rêve. Le *deal* paraît satisfaisant. Messier, opportuniste des marchés ? L'étiquette ne semble pas le gêner le moins du monde. Il « assume totalement ».

Bien sûr, si Messier nage en plein rêve, ses actionnaires et ses salariés, eux, font grise mine. Depuis la fusion, l'action Vivendi a chuté de 49 %. Les marchés sont vexés d'avoir cru aux promesses de Messier et ils lui font savoir. Les dossiers épineux s'accumulent. La grogne des équipes de Canal +, qui vivent mal la fusion, les déboires de la filiale Internet qui collectionne les ratés et a déjà dû fermer plusieurs activités, le guêpier de l'UMTS, le téléphone mobile de la troisième génération qui permet de marier Internet et télécom... Mais même ces sujets un peu contrariants ne suffisent pas pour faire perdre sa bonne humeur à Jean-Marie Messier.

L'homme a tourné la page. Et ce n'est pas la peine de le faire revenir sur le passé. Enarque, conseiller au cabinet de Balladur, associé gérant dans la prestigieuse banque d'affaires Lazard, l'homme est un pur produit du capitalisme français. Mais ce Messier d'hier, en costume gris et en cravate, ce Messier pilier de l'establishment, le PDG de Vivendi Universal l'a gommé. Il « déteste regarder dans le rétroviseur ». Le nouveau Messier est « nouvelle économie ». Et le krach ne le perturbe pas le moins du monde. « C'est une crise d'adolescence un peu violente. Mais c'est ce qui forme les adultes les plus achevés. » Une réflexion que Messier pourrait presque s'appliquer à lui-même. Lui, le mutant du capitalisme français, converti corps et âme en apôtre de la mondialisation heureuse.

Trois mois plus tard, en décembre 2001, le patron de Vivendi Universal met la main sur le réseau de télévision câblé USA Networks. Et déclenche depuis New York la polémique en clamant haut et fort que l'exception culturelle française est morte. C'est qu'aujourd'hui le nouveau Messier est désormais l'évangéliste le plus fervent des marchés financiers. Juste retour des choses. Le PDG de Vivendi sait pertinemment qu'il leur doit son ascension fulgurante. Plus qu'aucun autre patron français, il a compris comment manipuler leur folle mécanique. En se servant de l'extraordinaire bulle boursière du début de l'année 2000, il a pu acheter son rêve. En maître des illusions.

Katmandou

Le jour vient de se lever sur Katmandou, la capitale du Népal. Un nuage de pollution enveloppe déjà la ville avant même que les traditionnels Rickshaw, fassent pétarader leur moteur de pétrolette. « Bien dormi ? » demande le maître d'hôtel, assis derrière son comptoir. « Parfaitement », répond Pierre Besnainou impeccable, rasé de près et cheveux légèrement gominés en arrière. « Vous êtes prêts pour votre excursion ? » demande le Népalais dans un anglais parfait. Pierre Besnainou ne répond pas. L'œil attiré par une photo accrochée sur le mur, il fait comme s'il n'avait pas entendu la question.

« C'est où cela ?

— Ça ? C'est la baie d'Along, au Vietnam. Pourquoi ?

— Parce que je veux y aller. Tout de suite. »

Le maître d'hôtel regarde, interloqué, son client.

« Mais votre excursion ?
— Tant pis. J'ai changé d'avis. Trouvez-moi un avion qui m'amène à Hanoi. Je suis prêt à partir.
— Maintenant ? Mais où sont vos bagages ?
— Je n'ai pas de bagages. Juste ce petit sac de voyage. C'est amplement suffisant », répond, le sourire aux lèvres, Pierre Besnainou.

L'ancien patron de LibertySurf, le leader de l'Internet gratuit en France adore quand on lui demande où sont ses bagages. Il a fait tout ce voyage pour se le faire entendre dire. Partir sans valises et prendre le premier avion qui vient a toujours été, pour lui, un fantasme d'enfant. Un idéal de bonheur. Riche et libre à la fois. Or depuis son départ de LibertySurf en janvier 2001, Pierre Besnainou est devenu un homme riche. Plus exactement un nouveau riche. Et depuis il savoure le pouvoir de l'argent. Il jubile à l'idée de savoir les merveilles du monde à portée de main et de porte-monnaie. Il y a quinze jours il se présente à Roissy, avec son passeport, pour prendre le premier avion qui décolle vers l'exotisme. Ce sera New Delhi. Aujourd'hui, dans cet hôtel de Katmandou, Pierre Besnainou fait son petit caprice d'enfant gâté. Ce sera la baie d'Along ou rien. Il n'y a pas à négocier. Le surlendemain, à bord d'une jonque à touristes, il se retrouve aux pieds des fameux pains de sucre. Exactement dans le même paysage que celui de la photo de l'hôtel de Katmandou. Il est heureux.

« Je sentais bien que j'étais en train de perdre le sens commun. J'avais besoin d'atterrir. Sinon je ne serais jamais revenu. J'ai donc appelé ma femme pour lui dire de venir me rejoindre à Bangkok. Et là au bout de quelques secondes de conversation téléphonique, elle m'a fait immédiatement revenir sur terre. Et ceci et cela, fais pas ci, fais comme ça. L'horreur... » Un grand éclat de rire vient interrompre le récit de Pierre Besnainou. Autour de lui, assis à la même table d'un restaurant parisien, les fidèles de l'aventure LibertySurf sont tous là, une dizaine à écouter leur ancien patron raconter son périple asiatique. Parmi eux, il y a Christophe Parcot, le responsable des acquisitions de LibertySurf, Jean Postaire et Gilles Guesquière les deux fondateurs du site de Nomade ainsi que les deux jeunes créateurs de Monsieurcinema.com. Tout le monde a répondu présent à l'invitation à déjeuner de Pierre Besnainou. Le 6 février 2001, date à laquelle LibertySurf a été racheté par l'italien Tiscali, semble bien loin. Une page a été tournée. Parcot a quitté l'entreprise. Les deux fondateurs de Nomade ont donné leur démission. Et les deux créateurs de MonsieurCinema sont en procès contre Tiscali pour des questions de stock-options. Mais tous sont heureux de se retrouver, d'évoquer les coups de gueule du patron, de se remémorer ces mois de folie du début de l'année 2000, où tous imaginaient LibertySurf en nouveau géant du Net européen...

La seule personne que Pierre Besnainou n'a jamais revue est son ancien actionnaire, l'empereur du luxe mondial Bernard Arnault. Il y a encore peu, ils étaient pourtant inséparables. Pierre et Bernard prenaient leur petit déjeuner ensemble tous les lundis, au siège de LVMH, avenue Hoche à Paris, et s'appelaient plusieurs fois par jour au téléphone. Arnault s'excitait comme un enfant à chaque nouveau projet d'acquisition, décortiquait avec passion chaque tableau de statistiques de fréquentations du site LibertySurf et suivait heure par heure le cours de Bourse de son bébé. Le PDG de LVMH se voyait déjà en Bill Gates français du Net. Aujourd'hui et un krach plus tard, il aimerait bien éliminer de sa biographie officielle tous ceux qui ont croisé sa route pendant ces trois années. Pour lui ce sont maintenant autant de témoins embarrassants de ses déboires dans l'Internet. Lui, qui a construit un leader mondial du luxe, lui qui n'avait jamais connu l'échec, a cette fois multiplié les erreurs comme un débutant. L'homme a beau avoir investi des milliards de francs pour construire un empire du Net, il se retrouve aujourd'hui avec un château de sable effondré, qui n'a pas résisté à la première marée. Alors il préfère chasser de sa mémoire cette défaite humiliante. Pour lui, la nouvelle économie française n'a tout simplement jamais existé.

Pierre Besnainou, lui, ne regrette rien. Mais il a tourné la page. Avec plus de cent millions de francs en poche, il se donne le temps de savoir ce qu'il va faire de sa vie. Hier il a lu dans *Les Echos* que la chaîne de restauration rapide Quick était à vendre. Après l'Internet, pourquoi pas les burgers ? Il a hésité quelques minutes à appeler son banquier, Philippe Guez, celui-là même qui a réalisé l'introduction en Bourse de LibertySurf, pour savoir si c'était une bonne affaire. Puis il a reposé son journal. Tout cela attendra bien quelques jours... Pierre Besnainou n'est plus tout à fait sûr de vouloir continuer dans le business. Il rêve d'autre chose, de donner un nouveau sens à sa vie. Peut-être investir son temps et son argent dans les Restos du cœur, ou une association humanitaire en Israël... Pour l'instant, il prend le temps de déjeuner avec tous les amis qu'il a délaissés pendant ces deux années de folie, et passe ses après-midi au Gymnase Club pour se refaire une santé. Le temps d'un week-end, il prend souvent l'avion pour sa Tunisie natale, pour flâner sur les grandes avenues de Tunis, ou prendre un bain à Djerba. Bref il revient à la vie. A la vraie vie.

Capitalisme, année zéro

Vendredi 8 février 2002. La nouvelle est tombée sur le fil de l'AFP : l'entreprise de jeux vidéo Kalisto vient de déposer son bilan. Son patron, Nicolas Gaume, est injoignable. La responsable de la communication de Kalisto a démissionné il y a une semaine. Mais qu'importe. Puisque ce vendredi après-midi, aucun journaliste ne l'appelle. Dans les rédactions, celui qu'on avait surnommé le Petit Prince de la nouvelle économie n'intéresse plus personne. L'avis de décès de Kalisto ne recueillera que quelques lignes, abandonnées en bas de page des quotidiens économiques. Pourquoi s'intéresser aujourd'hui au dépôt de bilan d'une vulgaire petite PME de Bordeaux de 200 salariés ? Nicolas Gaume, qui faisait fin 1999 la une du prestigieux *Wall Street Journal* est retombé dans un triste anonymat. Hier, il était partout. Aux côtés de Jacques Chirac en voyage officiel au Japon. En tête à tête avec Bill Gates à Seattle. A la table du Medef, le syndicat des patrons, couvé par Ernest-Antoine Seillière, trop heureux de s'acheter une caution de modernité *high tech*. Aujourd'hui, il rejoint le cimetière désolé des ex-stars de l'Internet français. Triste destin. Là-bas, Nicolas va retrouver des têtes connues. Celle de Michel Meyer, par exemple. En janvier, le fondateur de Multimania s'est fait virer du jour au lendemain de sa société. Comme un vulgaire intérimaire. Là encore, la nouvelle n'a suscité que des haussements d'épaules ennuyés dans la presse. Et dire qu'hier, ces deux pionniers avaient fait fantasmer la France entière ! A peine trentenaires, ils étaient rentrés par effraction dans le classement des grandes fortunes et narguaient l'establishment. Ces milliardaires d'un jour ne valent aujourd'hui quasiment plus rien. Rideau.

Ce devait être un monde nouveau : jeune, moderne, techno, libre et riche. A l'entrée du troisième millénaire, la France s'enivrait de la croissance retrouvée : elle tenait sa révolution. Elle se métamorphosait en une pépinière géante de start-up. Le pays des élites se mettait à aduler la figure de l'entrepreneur roi. Les stock-options pleuvaient du ciel. Le grand public découvrait le casino de la Bourse et ses frissons. Les sommets atteints par les marchés financiers donnaient le vertige. Chacun avait désormais sa chance, et se voyait déjà millionnaire. Bientôt, peut-être, sûrement. Comment les marchés financiers auraient-ils pu se tromper ?

C'est l'histoire de ces quelques mois de folie qui ont embrasé la France et bouleversé son rapport à l'argent, à l'entreprise. C'est l'histoire d'une mythologie. Avec ses héros (les startuppeurs encore adolescents), ses oracles (les gourous de la Bourse) et son Dieu : le Marché. Le capitalisme français, en recherche de légitimité, est tombé en pâmoison devant cette nouvelle idéologie. C'était l'occasion unique de se défaire de ses vieux oripeaux et de se convertir définitivement au libéralisme anglo-saxon. La modernité avait désormais un visage : la start-up. Les salariés actionnaires, branchés en permanence sur le cours de la Bourse avaient un nom : les startuppeurs. L'entreprise n'avait désormais plus qu'un seul horizon : les marchés financiers. Il n'y avait plus qu'à suivre cette lumière. Suivre le phare du Nasdaq, les prédictions des analystes financiers, les recommandations des banques d'affaires. Les économistes promettaient une croissance ininterrompue et vertueuse tirée par les nouvelles technologies. Un monde meilleur était au bout du chemin.

Et pourtant, le rêve s'envola. Après avoir atteint les 5 000 points le 10 mars 2000, le Nasdaq va plonger pendant presque deux ans. Chaque jour, un peu plus que la veille. Il n'y eut pas de suicides, ni de mouvements de panique. Au début, tout le monde a cru au sursaut. En vain. En 1987 ou en 1929, le krach avait été violent mais soudain. Cette fois-ci, presque deux ans après la première alerte, personne n'ose s'aventurer à affirmer qu'il est vraiment terminé. Le 11 septembre 2001, les Twin Towers, le symbole de l'Amérique triomphante, s'effondrent. Le monde occidental craint de devoir s'enfoncer dans la récession.

Une chose est en revanche certaine : le mythe de la croissance vertueuse et illimitée, tirée par les nouvelles technologies, est mort. Le marché a failli. Sa prétendue rationalité a été prise en flagrant délit d'usurpation. Ne sachant plus à quel saint se vouer, le capitalisme français et ses élites sont maintenant perdus. Comme abandonnés en plein milieu de la route. La troisième révolution industrielle n'aura été qu'un mirage. Ce livre est le récit de cette foire aux illusions.

CHAPITRE 1

Les premiers bidouilleurs

***Nems, pagodes et* business plan**

Le village, perdu en pleine forêt vierge, n'apparaît sur aucun guide touristique. Gilles Guesquière sait tout juste que le camion qui l'a pris en stop à Hué, l'ancienne capitale impériale au centre du Vietnam, l'a largué quelque part près de la frontière du Laos. Sa barbe de quatre jours est collante de poussière et les quinze heures de route sur une piste défoncée, coincé entre son sac à dos et des ballots de marchandises, l'ont achevé. Dehors, il fait nuit noire. L'air est lourd et parfumé. Pas une lueur, pas un bruit. Le voyageur a finalement réussi à échouer dans une auberge au confort spartiate. Allongé sur une paillasse trop courte pour sa longue carcasse, il se sent parfaitement zen. Cela fait trois semaines qu'il est parti et la France paraît si loin. Bercé par le ronron tranquille du ventilateur qui tourne au plafond, il revoit défiler ces derniers mois.

C'est en décembre 1994, l'hiver dernier, que sa vie a basculé. Gilles a 31 ans, il travaille alors comme directeur commercial chez MG2 Technologies, une petite société d'informatique. Mais il en a assez. Marre d'être au garde-à-vous, d'être salarié, de travailler pour le compte d'un autre. Ce que Gilles a toujours voulu, au fond de lui, c'est créer sa propre boîte. Il n'a pour l'instant pas d'idée bien précise. Quelque chose dans la technologie, sûrement, son domaine de prédilection. Gilles a récemment découvert Internet. Il s'émerveille devant la richesse du Web, la prolifération d'informations, de contenus divers et variés. Mais il ne voit pas très bien comment gagner de l'argent avec ce nouveau média. Le déclic survient quand, sur Hotwired, un site d'information culte chez les premiers passionnés du Web, il tombe sur le premier bandeau publicitaire qu'il ait jamais vu. Qui dit publicité dit chiffre d'affaires. Gilles n'hésite plus une seconde. Trois mois après, en mars 1995, il donne sa démission. Le printemps est difficile. Du jour au lendemain, Gilles se retrouve sans travail, à ruminer et à échafauder *business plan* sur *business plan*, calfeutré dans son deux-pièces dans le quartier de la Bastille, à Paris. Seul. Car sa vie privée est elle aussi sens dessus dessous. Gilles vient de rompre avec sa petite amie. Une longue histoire, compliquée. Il sait qu'il doit tourner la page, aller de l'avant. Mais pour l'instant, rien ne marche. Professionnellement, il piétine. Il a dû jeter à la poubelle l'énième projet sur lequel il travaillait. Il tourne en rond. Il faut partir. Loin. Se vider la tête. A chaque grande étape de sa vie, Gilles a toujours mis les voiles, pour aller se perdre à l'autre bout du monde. Il y a eu l'Amérique latine, le Guatemala, le Mexique. Le voilà aujourd'hui, quelque part au Laos, où le temps semble s'être suspendu, où la vie semble juste rythmée par le clapotis du Mékong. Depuis le début de son séjour, il n'a pas croisé un seul ordinateur, à peine quelques voitures. Pourtant, depuis quelques jours, il a commencé à griffonner sur son carnet de bord des choses un peu bizarres. Des tableaux d'exploitation. Des projections de marchés. Des ébauches de *business plan*. Tout y passe. Au Laos, Gilles s'imagine créateur d'un site de tourisme. Plus au nord, il se voit plutôt au centre d'un réseau de petites annonces.

Mais finalement au bout de son long périple qui s'achève à Hanoi, il sait. Le carnet de bord est gribouillé de toute part de son écriture serrée de pattes de mouche. Gilles veut lancer un moteur de recherche franco-français, répertorier et indexer les sites existant sur le Web francophone. Il a déjà des idées de nom. « Repères ». Ou peut être « Nomade ». Il n'a plus qu'une hâte. Retourner à Paris et passer un coup de fil à Jean Postaire. Un très bon copain qu'il a connu lors de son premier boulot. Il vient de quitter son travail, est allé deux mois en Amérique latine. Il va falloir le convaincre de partir à l'aventure. Gilles est confiant.

American Dream

Michel Meyer a toujours rêvé de découvrir la Silicon Valley. Ce jour-là, en 1994, quand il débarque enfin à l'aéroport de San Francisco, le jeune garçon piaffe d'impatience. San Francisco, Californie. Autant dire la planète Mars, quand on a passé toute son enfance à Ensisheim, un petit village en Alsace. Dehors, le soleil brille, le ciel est limpide. Michel vient de récupérer sa voiture de location. Direction la *highway* 101, l'autoroute qui traverse la Silicon Valley du nord au sud. L'endroit n'est certes pas des plus pittoresque. La 101, morne à mourir, traverse des enfilades bétonnées de banlieues industrielles toutes semblables. Mais pour Michel, la 101 – prononcer *one-o-one* – c'est déjà du mythe à l'état pur. Il lui suffit de regarder les panneaux. A droite, voilà les bureaux du légendaire Apple, l'inventeur du Mac, à gauche voici ceux d'Hewlett Packard, le doyen de l'informatique, ceux d'Intel, l'inventeur des puces et des microprocesseurs. Ces noms ont bercé la jeunesse de Michel nourrie de jeux vidéo et de bidouillage de logiciels. Et les sagas industrielles qui se cachent derrière ces panneaux le font rêver. Intel,

HP ou Apple ont commencé dans un garage. Vingt ans après, elles pèsent des milliards de dollars en Bourse. Le genre d'histoire qu'on ne rencontre jamais en France. Mais ici tout est différent. C'est la Silicon Valley, bon sang ! Et, lui, Michel Meyer, vient d'accoster dans cet Eldorado ! Cette terre promise où ruissellent les dollars ! Où n'importe qui, prêt à travailler dur, peut réussir, à partir de rien ! Et dans sa grosse voiture de location qui ronronne tranquillement à 100 kilomètres à l'heure sur la 101, avec la canette de Coca-Cola calée au coin du levier de vitesses, la radio qui passe de la musique country et les lunettes de soleil juchées sur le nez, Michel Meyer a l'impression d'être le roi du monde.

La conquête du monde commence dans une salle de bains. Dans le tortueux petit appartement qu'il occupe à Mountain View, l'une des villes champignons de la Silicon Valley c'est la seule place qu'il a réussi à trouver pour caler un ordinateur. L'univers de Michel tourne autour de pas grand-chose. Il y a sa salle de bains, les excursions au magasin Fry's, une espèce de grand bazar de l'informatique, où les *nerds* (les passionnés de *high tech*), yeux rougis et baskets fatiguées, viennent acheter des processeurs à 1 h 30 du matin. Et puis les bureaux de Raydream, la société où il effectue son stage, une start-up créée par un Français de la Silicon Valley. C'est qu'ils sont nombreux les *Frenchies*, ici : 60 000, au bas mot. Chez Raydream, Michel a rencontré pas mal de compatriotes. Oliver Heckmann, par exemple, qui travaille ici depuis 2 ans. Olivier est basque. Un grand échalas, qui dépasse Michel, le petit barbu, d'une bonne tête. Aussi brun que lui est roux. Il a 26 ans, comme lui, il aime lui aussi la bonne bouffe. Et comme Michel, comme tous les jeunes dans la Silicon Valley, il rêve de monter une start-up. Ici, dans la Valley, la grande épopée du Net commence tout juste. Tout près de l'appartement, il y a les bureaux qui ne cessent de s'agrandir d'une société qui s'appelle Netscape. Elle fabrique un *browser*, c'est-à-dire un logiciel de navigation qui permet d'aller se balader sur le Web. Et ce petit bébé issu du Net commence à donner du souci au tout-puissant Microsoft, un peu dépassé par la déferlante Internet.

Dans leur salle de bains, Olivier Heckmann et Michel Meyer passent des heures, agenouillés par terre, à tapoter sur le clavier. Ils travaillent le soir, connectés avec des copains restés en France. Le 1er avril 1994, le site Virtual Baguette voit le jour. Un site plutôt potache. On y cause choucroute, escargots, bidets. On peut y écouter des chansons enregistrées par nos joyeux lurons qui grattouillent à la guitare et chantent faux. Au début, c'est juste pour rire. Mais des e-mails d'encouragement affluent de toute la communauté francophone, aux Etats-Unis et au Canada. Tant et si bien qu'Heckmann et Meyer décident de faire un peu parler d'eux et commencent à envoyer des communiqués de presse aux rédactions parisiennes. Virtual Baguette commence à récolter un succès d'estime, relayé par quelques quotidiens comme *Libération*. La société n'est pourtant même pas encore constituée !

Eté 1995 : nos deux lascars doivent finalement rentrer en France. Le service militaire. Ils savent que la France, question Internet, est restée à l'âge de Cro-Magnon. Les expatriés français établis dans la Valley leur répètent sur tous les tons que l'expression entrepreneur français est un oxymoron. Qu'à cela ne tienne. Optimistes, ils sont persuadés que leur avance gagnée aux *States* va leur permettre de tout balayer en France. Virtual Baguette existe à peine, mais déjà, le tandem n'a qu'un mot à la bouche. L'IPO. Les trois lettres magiques de la Valley. IPO, l'*Initial Public Offering*, soit en français l'introduction en Bourse, le nirvana de l'entrepreneur. Olivier et Michel se doutent qu'on va les prendre pour des fous en France ! Mais ce que veulent nos entrepreneurs en herbe, c'est importer le modèle de la Valley en France. Rien que cela. Réussir en France. A la maison. De retour au bercail, Olivier et Michel se retrouvent pour un week-end cigales et romarin, à Canberrac, dans la maison du père de Nicolas Malherbe, un copain graphiste. Il y a là également Yves Tuet, un commercial et Erik Robertson, un Américain qui travaille à Sophia Antipolis. La bande des cinq. Le projet commun ? Il reste flou. Quelque chose autour d'Internet, quelque chose de multimédia, le terme du moment. Chacun va mettre 25 000 francs au pot. Une fortune ! C'est tout le salaire patiemment épargné par Michel, lors de ses mois de stages aux Etats-Unis chez Raydream. Multimania SA est né.

Hydromel ou Béchamel ?

Quand, en 1993, Orianne, 20 ans à peine, a annoncé de but en blanc à ses parents qu'elle quittait la maison pour aller s'exiler à Paris faire ses études et vivre avec Alexandre, son amoureux, la maison en a été sens dessus dessous. Orianne est partie quand même. Sans demander un sou. Elle se partage entre la fac, la Sorbonne, où elle prépare une maîtrise sur Boris Vian. Et son boulot de formatrice en informatique, où elle chausse de fausses lunettes, s'entortille les cheveux en chignon pour faire un peu plus vieille que son âge. C'est une bonne manière de se faire de l'argent de poche, pour aller faire les soldes aux Galeries Lafayette. Elle n'a pas trop de pression. Car son patron n'est autre qu'Alexandre, son petit copain, qui, après avoir terminé ses études à l'Ecole centrale à Paris, vient de créer une petite société de services informatiques. Il y a là également Christophe Schaming, un copain d'enfance d'Alexandre, celui-là même qui justement lui a présenté Orianne, en Alsace, où le trio a grandi.

La petite bande s'est déniché un bureau dans un immeuble de la rue Réaumur, squatté aux autres étages par une poignée d'ex-centraliens. Les réunions, arrosées au Coca Light, qu'on boit au goulot, se tiennent au Bailly, le bar tabac PMU, en bas des bureaux. En 1995, les premiers fournisseurs d'accès à Internet (FAI, dans le jargon) ont éclos en France. Et en décembre, Orianne et Alexandre décident de lancer Lokace, censé être à la fois un moteur de recherche sur le Web et un fournisseur d'accès à Internet. Orianne, elle, laisse tomber la fac pour se consacrer à plein temps à la boîte. Elle colle les étiquettes, rédige les prospectus, assure le service de hot line. Pour cela, elle est très forte : adolescente, elle a écumé les centres de télémarketing pour se faire de l'argent de poche. Papa et maman, qu'elle revoit le week-end en Alsace, sont un peu inquiets. Dans la famille, l'entreprise, on ne connaît pas trop. Papa est prof d'arts plastiques, maman, chercheuse au CNRS. Les oncles, tantes, cousines, sont tous aussi estampillés Education nationale. Et Orianne était destinée à préparer sagement une agrégation de lettres et faire Normale sup. Pas à traficoter des ordinateurs ! On n'est pas sérieux quand on a 17 ans, se disent les parents. Et pour Orianne, il est bien difficile de leur prouver le contraire. Lokace ne rapporte pour l'instant pas un kopeck.

Un soir de 1997, Orianne, Alexandre et Christophe fêtent une pendaison de crémaillère chez l'un de leurs amis. Ils sont inquiets pour Lokace. Depuis un an, la concurrence s'est accélérée. Les gros joueurs ont débarqué. Ils s'appellent Wanadoo, Club-Internet ou AOL et sont soutenus par des mastodontes comme France Télécom ou Lagardère. A côté, Lokace fait figure de poids plume. Il faut trouver autre chose. Depuis quelques semaines, Orianne et Alexandre sont justement intrigués par la déferlante Hotmail aux Etats-Unis. L'idée d'Hotmail est bête comme chou : proposer un service de messagerie facile à utiliser, gratuit, avec une boîte aux lettres qu'on peut consulter de n'importe quel ordinateur, chez soi, chez des amis, au bureau ou dans un cybercafé perdu au fin fond du Brésil, en tapant www.hotmail.com. Les internautes se sont vite passé le mot. Hotmail s'est répandu comme une traînée de poudre. En moins de deux ans, le service a conquis presque 20 millions de membres. Le trio n'a plus aucun doute : il faut lancer un Hotmail français en plus, histoire de muscler l'offre de Lokace. Le nom ? La terminaison est toute trouvée : mel, bien entendu. Orianne feuillette le dictionnaire. Hydromel. Béchamel. Pourquoi pas Caramel ?

Bigoudi est mort !

C'est un bâtiment tristounet, coincé au fin fond du XXe arrondissement, au nord-est de Paris. Malgré son nom, la pépinière Soleillet n'a rien de bucolique. C'est là que Nomade, la société de Gilles Guesquière et de Jean Postaire, a élu domicile, en mars 1996. Les locaux sont à peu près aussi larges qu'une boîte d'allumettes : 50 m², à peine de quoi loger les machines et deux bureaux. Mais ce sont des bureaux, des vrais ! Gilles Guesquière en avait tellement assez de rester enfermé dans son appartement nuit et jour. Et puis, ici, à la pépinière, l'ambiance est rafraîchissante. Une flopée de start-up y campent, on s'échange tuyaux et coups de main. Gilles et Jean se rendent compte que, non, ils ne sont pas les seuls fous à vouloir créer une « start-up ». Il y a là par exemple Christophe Agnus, un ancien journaliste de *L'Express*, une tête brûlée qui s'est mis en tête de lancer *Transfert*, un journal qui veut devenir l'équivalent de *Wired*, la bible Internet, cultissime, que dévorent les branchés de la Silicon Valley. Comme tous leurs autres compagnons, le tandem Nomade a traversé un vrai parcours de combattant depuis six mois. L'argent ? Gilles a fait le tour de tous les financiers potentiels. Niet. Il a fallu aller quémander auprès des amis, des pères des amis, des anciens collègues, puiser dans les économies. Au total, Nomade a réussi à récupérer 900 000 francs. Mais le vrai casse-tête a été de recruter du personnel. Nomade a bien entendu besoin d'un pro de la technique, capable de gérer un site Web : un *web master*. Seulement voilà. En 1996 ce métier n'existe même pas. Sans illusion, Gilles se résout alors à passer une petite annonce sur le Net. Miracle. Il reçoit un e-mail d'un certain Brian, étudiant à UCLA à Los Angeles. Un professionnel du Web. Qui, incroyable mais vrai, avait envie de découvrir la France, son brie, son bordeaux et ses start-up (!). Quelques e-mails plus tard, Brian reçoit deux billets d'avion Los Angeles - Paris-Charles-de-Gaulle. L'un pour lui, l'autre pour sa femme Melissa. Et quelques jours plus tard, se retrouve dans le 50 m^2 de Nomade à traficoter les entrailles de Bigoudi.

Ah, Bigoudi... Voilà le personnage central de la pépinière, le plus imposant en tout cas. Une belle grosse machine, qui a coûté les yeux de la tête aux deux fauchés de Nomade. C'est tout de même sur ces épaules de plastique, de composants électroniques que repose l'avenir de Gilles Guesquière et de Jean Postaire : le serveur Bigoudi (comprenez *Be-good*, sois gentil, s'il te plaît) a la lourde mission de gérer l'afflux des connexions sur Internet et d'assurer le bon fonctionnement du site. Le problème, c'est que le tout-puissant Bigoudi, comme tous les serveurs, a ses humeurs, ses caprices. Seul un Brian, magicien de la technique, sait le dompter. Mais Brian a une femme. Qui se languit de son pays natal. Elle veut repartir en Californie et lance un ultimatum à Brian. C'est moi ou Nomade ! Brian choisit de la suivre. Gilles et Jean sont consternés. Le lancement de Nomade est prévu pour juillet. En attendant qu'on lui trouve un remplaçant, Brian accepte de gérer Bigoudi à distance, par e-mail. Le 2 juillet 1996, le lancement du site de Nomade se passe comme sur des roulettes. Les connexions affluent. Le site marche. Jusqu'à un beau matin. Ecran noir, rideau. Bigoudi ne veut plus se réveiller. Frénétiquement, Gilles appelle le numéro de Brian tous les quarts d'heure. C'est le seul qui puisse les sauver de la débâcle. Ici, à Paris, il a cherché partout un technicien capable de réparer la panne. En vain. Mais à Los Angeles, personne ne répond. Juste le message : « Bonjour, vous êtes chez Brian et Melissa ». C'est la panique. Vieux d'à peine un mois, le site est en train de miner la crédibilité qu'il avait gagnée avec tant de peine. La campagne de publicité de lancement, prévu pour septembre, les a ruinés. Pendant cinq jours et cinq nuits, Gilles et Jean restent enfermés dans leur cachot. Des nuits entières à griller cigarette sur cigarette. A se dire que l'aventure est en train de se terminer. Au bout du cinquième jour, le « siège social » de Nomade n'est plus qu'un taudis sans nom. Un cimetière de cigarettes écrasées, de canettes de bière vides, de boîtes de pizzas déchirées sentant le tabac froid. Guesquière et Postaire sont encore tout pâteux après leur cinquième nuit blanche, quand le téléphone sonne.

« Salut, les gars. C'est Brian. Je viens de rentrer, j'étais en camping sauvage. Je viens de voir vos 50 messages sur mon répondeur. J'arrive. »

A l'autre bout du fil, les deux entrepreneurs sont épuisés. Mais heureux. Vingt-quatre heures plus tard, le messie débarque. Tout crasseux. A Los Angeles, il n'a même pas pris le temps de passer sous la douche, pour attraper le premier vol pour Paris. En un petit quart d'heure, il répare la catastrophe. Nomade est sauvé.

Vous n'auriez pas un franc ou deux ?

Michel pensait qu'être entrepreneur, c'était développer des produits, des logiciels, recruter des gens. Aujourd'hui, il se rend compte qu'il s'est trompé. Depuis la création de Multimania SA, il passe tout son temps à chercher de l'argent. Rencontrer des banquiers. Des investisseurs potentiels. Négocier des découverts. Appeler. Se faire raccrocher au nez. Dès le début, le ton a été donné. Ouvrir un malheureux compte bancaire a été un vrai calvaire. Yves, le directeur financier, a appelé toutes les banques de France et de Navarre. Finalement, au bout de moult supplications, le Crédit Agricole a daigné les laisser ouvrir un compte. A des conditions frôlant les taux d'usurier ! Ensuite, il a fallu trouver des investisseurs. Aux Etats-Unis, Michel avait retenu la leçon : pour créer une start-up, il faut d'abord constituer un premier tour de table, avec des financiers, de préférence des sociétés de capital-risque. Michel est donc parti chasser le VC (prononcer vissi), le *venture capitalist*, capital-risqueur en français, cette drôle de bête qui prolifère dans la Valley et arrose d'argent les entrepreneurs pleins d'idées et sans le sou, pour un retour incertain. Là encore, quelle désillusion ! Les capital-risqueurs se comptent sur le bout des doigts à Paris. Et lui raccrochent au nez, sans plus de cérémonie.

Il faut agir. En janvier 1996, la société se saigne aux quatre veines pour se payer un stand au Milia, la grand-messe du multimédia : 4 000 francs. Une folie ! Mais Michel espère rencontrer là-bas des investisseurs, comme dans la Silicon Valley. Là-bas, tout était simple. On prenait un verre avec un gars et hop, il investissait illico plusieurs millions dans votre projet ! Ici, à Cannes, la moisson est plus maigre. Michel ne réussit à harponner qu'une seule personne. Un ponte du capital-risque. Il l'emmène boire un verre à la terrasse du Martinez. Sort de sa petite serviette son dossier, cinq pages d'analyse stratégique sur les potentialités de développement de Multimania. Règle l'addition – ouille ! Une heure plus tard, son interlocuteur lui fait signer une lettre de confidentialité.

Enfin du vrai business, comme aux *States*, enfin du sérieux ! Michel se voit déjà, narquois, brandir un chèque au nez et à la barbe de ces satanés banquiers qui lui ont fait tant de misères.

Deux mois après, c'est la déception. L'investisseur miracle est aux abonnés absents. Comble de l'humiliation : selon la rumeur, il aurait mis ses billes dans un autre projet. Sans même un petit coup de fil. Il faut tout recommencer. Rappeler des investisseurs, encore et toujours. Répéter jusqu'à ce que mort s'ensuive le petit speech de VRP censé vanter les mérites de Multimania. Finalement, alors qu'il n'y croit plus, Michel réussit à convaincre Sofinnova. Une des plus anciennes maisons de capital-risque en France, la crème de la crème dans le milieu *high tech*. C'est un coup de chance : la filiale de Sofinnova à San Francisco a investi dans Raydream, la société dans laquelle Michel Meyer et Olivier Heckmann ont fait leur premier job. Auréolé de cette auguste filiation, Multimania réussit à leur faire signer une lettre d'intention. Sofinnova injecte 2,6 millions dans les caisses.

Multimania se sent pousser des ailes. Michel s'offre même une petite revanche sur ce maudit banquier du Crédit Agricole, qui a refusé de lui accorder un découvert de 50 000 francs, alors qu'il lui brandissait au nez la lettre d'intention de Sofinnova. Dès que le chèque de 2,6 millions arrive, il le photocopie, l'envoie au banquier, puis transfère illico le compte de Multimania. Bien fait ! Confinée dans 35 m^2 rue de Paradis dans le Xe arrondissement à Paris, la société peut enfin s'étendre. Elle loue désormais 135 m^2 de bureaux. Un palace. Une dizaine de personnes y travaillent. Multimania bricole des petites animations vidéo pour faire joli dans les sites Web, tente de vendre des petits clips multimédia à droite et à gauche. Mais le chiffre d'affaires, 2 millions de francs, ne décolle pas. Tout le long de l'année 1997, Multimania dépense, dépense, dépense. La trésorerie fond comme peau de chagrin. A Noël, la bande organise une réunion de crise. Tous se rendent compte que le modèle économique de Multimania ne marche pas. Sofinnova ne va pas patienter éternellement. Michel pense déjà fermer la boutique. Olivier Heckmann, qui vient d'avoir un bébé, se voit pointer au chômage, sans indemnités.

Caramel mou

« Comment, Alexandre, tu sors avec Orianne ? Mais pourquoi ne m'en avais-tu rien dit ? » Quand, en ce début d'année 1998, Alexandre Roos reçoit ce coup de fil de Bernard Maître, le directeur du fonds de capital-risque CDC-Innovation, il sent que l'affaire est en train de tourner au vinaigre. Tout semblait pourtant se dérouler à merveille. Tous ensemble, le trio de Caramel et les associés de CDC sont même allés fêter le *deal* au restaurant, il y a quelques jours. Trop heureux de pouvoir opérer la première levée de fonds et obtenir 12 millions de francs, pour se développer plus rapidement. Il était temps.

Il y a quelques mois, Orianne, toute pimpante avec sa nouvelle coupe de cheveux – couleur rouge pétard, à la Mylène Farmer –, Christophe Schaming et Alexandre Roos sont allés rencontrer Bernard Maître. Impliqué dans la *high tech* et dans le capital-risque depuis des lustres, ce gourou fait la pluie et le beau temps dans le milieu. Cheveux grisonnants, œil perçant, allure de pirate de mer, verbe gouailleur : Maître est célèbre pour ses crises de colère, son franc-parler et ses humeurs plus que variables. Ce jour-là, quand il reçoit le trio de Caramail, il est dans un bon jour. Heureusement ! Car c'est un peu « Rencontre du troisième type » qui se joue dans les austères bureaux parisiens de CDC-Innovation. Maître écarquille les yeux quand il voit débarquer l'improbable trio. Très vite, pourtant, le financier est captivé par le discours des hurluberlus. Il n'a jamais rien entendu de pareil. Ils lui parlent d'un modèle où tout est gratuit. D'audience. De chiffre d'affaires généré par la publicité. De nouveau média. Ils lui expliquent qu'ils sont en train de constituer une communauté. Des internautes se rencontrent sur Caramail, dans des forums de conversation, ont leur boîte e-mail hébergée sur Caramail, créent leurs sites Web, parlent de leur vie, tout cela sur Caramail. Tout cela paraît fou, mais c'est diablement séduisant. Et puis les idées folles, Bernard Maître aime bien. Ces trois-là, Maître va les revoir. Des heures et des heures de palabres. Au bout de quelques mois, Bernard Maître et Caramail se sont mis d'accord. On a écrit la lettre d'intention. On a fêté l'événement dans un bon restaurant. Alexandre, Orianne et Christophe ne se tiennent plus de joie. Ils nagent en plein rêve. La mayonnaise a bien pris et l'audience de Caramail décolle. La première semaine d'après le lancement du site, ils n'ont pas pu travailler, tellement ils étaient captivés de voir le chiffre des nouveaux membres grimper heure après heure. Et quand le compteur a indiqué 100 000 membres, les garçons, qui avaient parié qu'ils se teindraient les cheveux en blond, se sont barbouillé la tête avec un infâme produit collant et gluant. Ils ont débouché le champagne et la fête a duré toute la nuit. Et maintenant, l'apogée ! Les 12 millions, promis par CDC-Innovation, devraient bientôt tomber dans les caisses.

Sauf que Bernard Maître hésite toujours. Il est certes séduit par le concept de Caramail. Mais il reste plus que méfiant quant à l'équipe dirigeante. Cette Orianne avec ses cheveux rouges ! Ces deux petits jeunots de moins de 30 ans, sans expérience qui n'ont jamais travaillé ailleurs que dans leur petite affaire ! Qui se promènent en jeans et en t-shirt ! Pas sérieux, tout cela, rumine Maître. Une entreprise c'est du solide, un PDG, c'est un vétéran expérimenté de 40 ans, qui a fait ses armes chez IBM ou Microsoft. Quand, pour couronner le tout, Bernard Maître apprend que le PDG est le petit ami de la directrice générale, il craque. Il ne manquait plus qu'une *love story* à l'eau de rose ! Sa décision est prise. Il n'investira pas dans Caramail. Ces tendrons se feraient croquer tout cru dans le business. Un « caramel mou », comme il les appelle. Tant pis si l'idée semble révolutionnaire. Des entrepreneurs dans la *high tech*, Bernard Maître en a connu beaucoup. Tous ses investissements, il les a faits dans des start-up qui créaient des logiciels, des bases de données. De la *high tech* pure et dure, sérieuse. Là, tout ceci, cette histoire d'Internet et de nouveau média, lui semble encore un petit peu trop olé olé. Tant pis pour Caramail.

Quand Orianne apprend la nouvelle, elle est furieuse. Depuis quelques mois, Caramail a laissé tomber tous les autres contacts avec les investisseurs. Ils étaient tellement sûrs que le *deal* se ferait avec Maître. C'est bientôt l'été et les financiers sont eux aussi en vacances. Pas d'argent frais, donc. Alors qu'en revanche, il faut continuer à payer les salaires. Et économiser pour payer l'URSSAF en septembre. Alexandre sue à grosses gouttes devant les livres de comptes. Orianne, elle, n'angoisse même pas. Elle rumine sa colère : « On lui fera regretter ! Il va voir de quoi nous sommes capables ! » Elle imagine déjà sa revanche. Ce jour-là, Caramail vaudra des millions. Et Bernard Maître se mordra les doigts de n'avoir pas signé le contrat. Patience.

CHAPITRE 2

Naissance de la French nouvelle économie

Les cyber-socialistes

« Lionel, je pars la semaine prochaine pour une dizaine de jours dans la Silicon Valley. Cela ne te dérange pas, j'espère ? » Ce mardi soir-là de juin 1998, Dominique Strauss-Kahn voit comme d'habitude le Premier ministre pour régler le tout-venant. L'agenda est chargé. Le gouvernement vient de fêter son premier anniversaire, c'est l'heure des premiers bilans et entre les 35 heures et les emplois jeunes, les sujets épineux ne manquent pas. Bref, quand Lionel apprend que Dominique a décidé de partir en école buissonnière, comme cela, au fin fond de la Californie, il tombe un peu des nues. Aller visiter quoi, déjà ? Des start-up ? Alors qu'on croule sous les dossiers à Paris ! Que sa présence est indispensable ! Non, décidément, le ministre des Finances a dû perdre la tête.

Il est comme cela, Dominique Strauss-Kahn. Imprévisible. Agaçant. Mais si brillant. Lionel Jospin sait que la marotte de DSK c'est la *high tech*. Pendant les universités d'été du PS de 1997, quelques mois après les législatives et la victoire surprise de la gauche, DSK l'a ainsi poussé à faire ce fameux discours à Hourtin sur les nouvelles technologies. L'idée, à l'époque, pouvait paraître saugrenue. Elle s'est révélée géniale. Les médias ont adoré et le PS s'est offert une jolie piqûre de modernité. En février 1998, rebelote. Pour la visite à Paris de Bill Gates, le PDG de Microsoft, on a sorti le grand jeu. Il y a eu une conférence de presse solennelle à Bercy et ce gringalet de Bill Gates, avec ses lunettes et son chandail étriqué, a été reçu comme un vrai chef d'Etat avec le protocole et tout le tintouin. La France version socialiste sera *high tech* ou ne sera pas ! Alors si DSK veut aller folâtrer dans la Silicon Valley, soit !

Pour avoir été ministre de l'Industrie et des Technologies en 1991, Dominique Strauss-Kahn connaît bien la Silicon Valley. Il y a 13 ans, il a rencontré Steve Jobs, le créateur d'Apple – avec qui, comble du chic, il correspond par e-mail. Avec coquetterie, il avoue avoir été l'un des dix premiers possesseurs en France de l'ordinateur Mac 2. Dans le monde feutré des technocrates, DSK détonne. Il adore les gadgets technologiques, ne quitte pas son Palm Pilot, surfe sur Internet avec son ordinateur portable, se passionne pour la conception du site Web du ministère des Finances. Et puis c'est difficile de ne pas être branché quand on a une femme, comme Anne Sinclair, devenue patronne de la filiale Internet de TF1[1]. Mais il ne s'agit pas que de cela. Aujourd'hui, DSK pressent que ces fameuses nouvelles technologies représentent un énorme chantier politico-économique. Il lui faut retourner s'immerger dans la Valley. Comprendre les secrets du miracle américain. Depuis le début des années 90, alors que l'Europe est enlisée dans une récession qui n'en finit pas, les Etats-Unis tournent en effet à plein régime. Une croissance vertueuse,

---

1. Elle a quitté e-TF1 en 2001.

sans inflation. Essentiellement portée par le boom de la *high tech*, qui a créé 6,5 millions d'emplois. Comment ne pas être fasciné par la Silicon Valley, cette extraordinaire *job machine*, alors que le taux de chômage en France reste désespérément collé à 12 % ? Comment ne pas être pris de vertige face à la vitalité de cette région, où naît, chaque jour, une nouvelle entreprise ? La plus grande création de richesse de l'histoire de l'humanité. C'est ainsi que, mot pour mot, John Doerr, le capital-risqueur le plus célèbre des Etats-Unis, définit la Silicon Valley. Cela peut paraître outrancier. Pourtant les faits sont là. L'explosion de la Bourse a considérablement amélioré les revenus des Américains qui placent une grande partie de leurs économies en actions. Dans la Silicon Valley, le royaume du salarié actionnaire, se créerait un millionnaire toutes les six minutes. Pendant une semaine, DSK accompagné de Stéphane Boujnah, son conseiller ès techno, fait la tournée des popotes dans la Valley. Ils y rencontrent la communauté des Français exilés, qui leur expliquent pourquoi ils ont choisi de créer une entreprise ici, plutôt que dans leur pays natal. S'émerveillent devant l'écosystème de la Valley, qui mêle des universités, des labos de recherche, des banques, des sociétés de capital-risque et a ainsi permis l'éclosion de tant d'entrepreneurs. S'esbaudissent devant ces fameuses stock-options qui permettent à un entrepreneur sans le sou de détenir une portion du capital de son entreprise et d'être ainsi rémunéré pour son audace et son idée. Et quel redistributeur de richesse ! Grâce aux stock-options, ces magiques petits bouts de papier, les standardistes de Netscape, l'inventeur du logiciel de navigation sur le Web, la première société Internet à avoir fait flamber la Bourse, ne sont-elles pas devenues millionnaires ?

De retour à Paris, DSK est galvanisé. Redistribution des richesses, ascenseur social, prospérité, disparition du chômage. Politiquement, la nouvelle économie est un sujet en or. Surtout pour une France engluée dans la sinistrose ambiante, où des oiseaux de malheur comme Viviane Forrester, auteur du best-seller *L'Horreur économique*, font figure de prophète ! DSK, lui, croit en l'Entreprise et au Progrès. Sa religion a été réaffirmée lors de ce voyage dans la Valley. Là-bas, Internet a changé le mode de fonctionnement des entreprises, mais aussi la vie quotidienne. Désormais on communique, on achète, on se cultive et on échange sur le Web. C'est une révolution qui se prépare. Un mai 68 de l'économie. Et c'est l'occasion unique de réhabiliter l'utopie dans le discours politique. Aux Etats-Unis, Al Gore, le second de Bill Clinton, l'a compris très vite. C'est en mars 1994 qu'il invente justement le mot « nouvelle économie ». Al Gore s'enflamme sur l'impérieuse urgence de bâtir les autoroutes de l'information, élève la nécessité de connecter les écoles à Internet au rang de priorité nationale, s'enthousiasme pour le village global, annonce, des trémolos dans la voix, l'avènement d'un monde meilleur pour « la grande famille humaine ». Avec la nouvelle économie, le vice-président américain a enfin trouvé une nouvelle frontière. Et fin 1998, la gauche européenne marche désormais dans les pas d'Al Gore. A Londres, Tony Blair s'enflamme pour ses start-up et le multimédia à l'école, et en Allemagne, Gerhard Schröder a toujours du temps à consacrer aux patrons américains de la *high tech*. A nouvelle gauche, nouvelle économie.

Les grands travaux de DSK

La France, elle, est en retard. En 1998, Internet est encore réservé à un petit cercle d'initiés. 13 % des foyers, seulement, sont équipés d'un ordinateur et, avec ses 3 millions d'internautes, l'Hexagone se traîne loin derrière l'Angleterre ou l'Allemagne, qui en compte trois fois plus.

Dans le monde de la *high tech*, les entreprises françaises sont absentes : sur les 50 premiers éditeurs de logiciel, seuls deux sont français. Qu'importe. Avec un peu de volontarisme politique, un peu de pédagogie, tout cela peut, doit changer, s'enthousiasme DSK. La France a des ingénieurs, des centres de recherche de pointe, un système d'éducation réputé, bref, tous les atouts pour accomplir sa troisième révolution industrielle.

Et puis quelle fabuleuse occasion de réconcilier la gauche et l'entreprise ! Car, avec la nouvelle économie, le PS s'est enfin trouvé un capitalisme politiquement correct. Pour ses amitiés avec les patrons, DSK a souvent été raillé par ses amis du PS. Comment en effet s'afficher de gauche, sans conspuer un Louis Schweitzer, ex-directeur de cabinet de Fabius à Matignon, quand il ferme du jour au lendemain l'usine Renault de Vilvorde ? Sans condamner Edouard Michelin, qui annonce brutalement un plan de restructuration, pour faire monter son cours de Bourse ? Désormais, DSK n'est plus tiraillé. La nouvelle économie a banni le mot patron de son vocabulaire, pour y substituer celui d'entrepreneur. Elle a réinventé un capitalisme qui ne repose plus sur la rente, les avantages acquis, mais sur le risque. Dans l'imaginaire collectif, le patron vieille économie, c'est ce sexagénaire ventripotent, sanglé dans un costume cravate qui, assis à son gigantesque bureau, cigare aux lèvres, licencie sans état d'âme pour gagner plus. L'entrepreneur est bien plus sympathique. C'est un self-made-man, en jean t-shirt, un Monsieur Tout-le-Monde qui s'est retroussé les manches pour créer son entreprise et, en embauchant, fait baisser le chômage. Le patron milite contre l'impôt sur les grandes fortunes pour préserver son patrimoine ? L'entrepreneur est moins gourmand : il se préoccupe d'abord des stock-options pour lui, mais aussi pour ses salariés.

L'actionnariat salarié, les stock-options : voilà autant de sujets que le ministre des Finances n'a pas l'intention de laisser à l'opposition. Et tant pis s'ils sentent encore le soufre dans son propre camp. DSK s'est trouvé un allié : Croissance Plus, le syndicat des patrons de la nouvelle économie, qui, clin d'œil du sort, est né exactement le même jour que le gouvernement. Jeune, technophile et libéral, ce nouveau club, présidé par Denis Payre, le patron de la société de logiciel Business Object, veut définitivement tourner la page de ce capitalisme à la française, construit autour de la culture du réseau, de la filière des grandes écoles et des relations incestueuses avec la puissance publique. Même le fonctionnement interne de Croissance Plus détonne : le président doit en effet abandonner son mandat au bout de 2 ans, pour éviter l'usure du pouvoir. De quoi ringardiser définitivement le Medef (Mouvement des entrepreneurs français). Le baron Ernest-Antoine Seillière, son président, a beau avoir abandonné l'appellation de CNPF (Confédération nationale des patrons français), trop vieille France, il reste décidément infréquentable ! Aujourd'hui, DSK, qui a toujours souhaité travailler main dans la main avec ceux qui font l'économie, est ravi. Croissance Plus passe son temps fourrée à Bercy. En rédigeant un Livre blanc de 25 mesures allant de la promotion des stock-options pour les start-up jusqu'à la distribution d'indemnités chômage aux créateurs d'entreprise en cas d'échec, ou la simplification des coûts de licenciement dans les entreprises de moins de dix salariés, Croissance Plus va largement inspirer la loi sur l'innovation de DSK et Claude Allègre, ministre de l'Education. Le ministre de l'Economie et des Finances est sur tous les fronts. Profitant de la manne récoltée par la privatisation de France Télécom, il décide de consacrer 1 milliard de francs au développement des nouvelles technologies, dont 600 millions sont investis dans des structures de capital-risque. Dans la loi de finances 1998, écoutant, encore une fois, les doléances de Croissance Plus, il supprime les charges sociales sur les stock-options, pour les entreprises de moins de 7 ans. Pour l'occasion celles-ci sont rebaptisées BSPCE (bons de souscriptions pour les créateurs d'entreprise), un acronyme abscons mais déchargé de toute connotation idéologiquement sulfureuse. Virtuose de la sémantique, DSK mène impunément sa croisade pour la libre entreprise, au nez et à la barbe des purs et durs du PS, pour lesquels le mot salarié actionnaire est déjà tabou ! Face à lui, même l'ultra-libéral Alain Madelin est largué. La nouvelle économie ne vote ni à gauche, ni à droite. Elle vote DSK.

Je rentre à la maison

« *France, the quiet revolution.* » Juin 98, Fabrice Grinda, 23 ans, vient de tomber sur la une du magazine économique *Business Week* et il est surpris. Ici, à New York, il ne regarde plus que la presse anglo-saxonne et cela fait bien longtemps qu'il n'a rien lu sur ce qui se passait en France. *Business Week* est souvent sévère avec la France, réputée pour son climat peu propice aux affaires. Mais ce dossier spécial France a une tout autre tonalité. Visiblement, là-bas, avec l'arrivée de Dominique Strauss-Kahn au gouvernement, l'ambiance a changé. On parle de stock-options, de capital-risque, de start-up. Le marché s'éveille, la création d'entreprise repart. Les investisseurs sont à l'affût de nouveaux projets. Et même les capitaux-risqueurs américains qui, il y a peu, ne savaient où placer la France sur une carte, s'y intéressent désormais, ainsi qu'à cette délicieuse Europe, si surannée. C'est normal. Sur le marché américain, les positions sont déjà prises, les Yahoo ! et autres Amazon font déjà la loi. L'aventure est désormais de l'autre côté de l'Atlantique. Là-bas, tout reste à construire. Il est encore temps d'y faire de grandes choses. C'est le futur Eldorado.

Dans la tête de Fabrice, les pensées bouillonnent. Et s'il s'était trompé ? Fabrice a toujours été sévère avec son pays d'origine. Il a toujours pensé que c'était impossible de réussir en France. Alors qu'en Amérique, oui. Cela fait 5 ans qu'il s'est installé dans ce pays qui l'a toujours fasciné. Il a connu les tout débuts du Web, la naissance de Yahoo ! Il a suivi avec passion ces incroyables *success stories*, Amazon, Netscape, Cisco. Mais il n'a toujours rien fait. Autour de lui, la fièvre Internet bat son plein. Tous les jours, des jeunes comme lui deviennent millionnaires. Dans les cafés new-yorkais, il ne cesse d'entendre parler de *business plan*, d'IPO, de tour de table. Et il enrage. Car Fabrice Grinda sait qu'il a raté cette ruée vers l'or. Lui, qui, toute sa vie, a toujours réussi brillamment.

Tout avait pourtant si bien commencé. En 1995, Fabrice, l'éternel premier de la classe, était là où il fallait être. Admis dans la prestigieuse université de Princeton, il a obtenu, avec les honneurs, un diplôme de *business administration*. Parallèlement à ses études, il a même monté une petite société artisanale d'assemblage d'ordinateurs, ce qui lui a permis d'empocher 100 000 francs. Il a illico tout investi en Bourse, dès 1996. A acheté du Intel, du Microsoft. Et puis des actions de deux toutes jeunes sociétés qui commencent à faire parler d'elles : Yahoo!, le moteur de recherche, et le cyber-libraire Amazon. Mais il n'imaginait pas une seconde faire une carrière dans le bricolage d'ordinateurs. Pas assez sérieux. Comme tous les meilleurs éléments de sa promotion, Fabrice a fait des pieds et des mains pour intégrer le saint des saints : le bureau new-yorkais de la société de conseil McKinsey. Un CV parfait. S'il avait su ! Deux ans plus tard, les *dotcoms* éclipsent les

Naissance de la French nouvelle économie 43

banques d'affaires et autres temples du *consulting*, qui jadis faisaient fantasmer les jeunes diplômés. Certains camarades de promotion – et pas toujours les plus studieux – se sont lancés dans l'aventure, ont rejoint ou créé des start-up et sont aujourd'hui assis sur un monceau d'or grâce à leurs stock-options. Pendant que lui, Fabrice, le premier de la classe, observe, passif dans son bureau de McKinsey, leurs fortunes grimper de jour en jour. Sa seule consolation, c'est de regarder ses actions Yahoo! et Amazon, qui, depuis 1996, ont crevé les plafonds. Et lui ont bien plus rapporté que ses deux ans de labeur chez McKinsey. Depuis le début de l'année 1998, Fabrice ne tient donc plus en place. Il veut à tout prix rattraper le temps perdu. Créer le nouvel Amazon, le nouveau Yahoo! Après tout, pourquoi pas lui ? Ses petits camarades de McKinsey partagent son impatience. Tous les samedis, nos brillants consultants se sont retrouvés pour de fiévreuses séances de brainstorming à la recherche de l'idée géniale qui leur permettra de gagner des millions. Mais au bout de six mois de tableaux, d'organigrammes, de schémas, rien. Les consultants sont des maîtres de la stratégie, mais hélas pas des créatifs. Bref, en ce mois de juin 1998, quand Fabrice voit cette une de *Business Week*, il comprend. Aux Etats-Unis, la grande ruée vers l'or est déjà finie, ce n'est pas ici qu'il pourra créer le futur Yahoo! Il a laissé une première fois passer le train mais il lui reste une chance. Il peut encore revenir en France où tout reste à construire. C'est le moment, il le sent. C'est décidé, il va vendre son appartement à New York et ses actions Yahoo! Avec ce petit pactole, 3 millions en tout, il veut lancer sa propre start-up. En France, dans son pays natal. Il reprend contact avec William, son copain d'enfance avec qui il jouait aux jeux vidéo en vacances, sur la Côte d'Azur. Dépose ses valises dans l'appartement de sa grand-mère à Nice. Nous sommes en septembre 1998 et Fabrice a du mal à reconnaître son pays. Il avait quitté une France allergique à la création d'entreprise, il pensait que trouver de l'argent serait un vrai calvaire. A peine rentré depuis un mois, il a déjà convaincu des *business angels* et récolté 2 millions de francs supplémentaires. Le voilà avec 5 millions pour démarrer : c'est cinq fois plus que ce qu'avait réussi à glaner un Gilles Guesquière ou un Michel Meyer. Fabrice a abandonné le costume cravate gris, le bureau avec vue sur Manhattan. Il s'installe dans une petite pizzeria désaffectée que lui a dénichée un ami de la famille, à laquelle il a manqué de mettre le feu à cause de ces maudits câbles d'ordinateur. Mais là, coincé entre les fours et les écrans, Fabrice se rêve déjà en Bill Gates français...

Le Bernard Tapie du Net

« 100 francs que multiplient 100 000... » En ce début d'année 1998, Pierre Besnainou, enfermé dans son bureau avec vue sur le périphérique, à la Plaine-Saint-Denis, en banlieue parisienne, passe ses journées à tripoter sa calculette. Il multiplie, calcule, recalcule. Griffonne des *business models*. Rêvasse en triturant des projections de chiffre d'affaires. A 100 francs l'abonnement et 100 000 clients la première année, on arrive bien à 10 millions, non ? Cela fait trois ans que Pierre Besnainou est directeur de marketing chez ABSat, la société de télévision par satellite, dirigée par Claude Berda (plus connu pour la filiale AB Productions, qui a commis le sitcom Hélène et les garçons et autres sucreries adolescentes). Les abonnés, il connaît par cœur. Il leur a vendu de la télé par satellite mais il aurait tout aussi bien pu leur fourguer des petits pois ou des téléphones. Avec ses cheveux gominés, son cigare, son sourire carnassier, sa verve méditerranéenne, Pierre Besnainou pourrait vendre n'importe quoi à n'importe qui. Un croisement entre le comique Patrick

Timsit et Bernard Tapie! Nous sommes au printemps 1998 et Pierre Besnainou a commencé à entendre parler d'Internet. Nouvelle économie par-ci, nouvelle économie par-là. A vrai dire, tous ces mots, ces concepts, il s'en fiche pas mal. Yahoo!? Il sait à peine ce que traficote cette société. La Silicon Valley? Il n'a pas l'intention d'y mettre les pieds. Pas le temps, quand on fait du business. Car la seule chose qui l'intéresse vraiment, c'est la vente, le marketing. Les abonnés. Pierre Besnainou veut transformer le marché de l'Internet en un marché grand public. Pour l'instant tout est si compliqué. Acheter un ordinateur, un modem, choisir au petit bonheur la chance un fournisseur d'accès à Internet, trouver son chemin dans la jungle des formules tarifaires – 20 heures dont une gratuite ou 10 heures soir et week-end? –, sans compter les factures de téléphone. Comment diable s'y retrouver? Pour lui, ce devrait être aussi simple de s'abonner à Internet qu'à Canal +. Un simple décodeur et puis c'est tout. Besnainou a justement entendu parler de Netgem, une société qui fabrique des boîtiers qui permettraient de recevoir Internet sur votre télé. Il les a contactés pour s'associer avec eux. Son idée est toute simple. Proposer un abonnement à 100 francs tout compris. Internet, téléphone, décodeur. Pierre Besnainou a déjà son argument de vente choc : pour 100 francs par mois, on vous loue le décodeur et vous avez Internet gratuit!

Pierre Besnainou revit. L'ambiance en France a changé, la crise est finie, les investisseurs frétillent, les projets éclosent ici et là. Comme Fabrice Grinda, Pierre Besnainou est un opportuniste et il en est fier. Il sait que c'est maintenant ou jamais qu'il faut se lancer et surfer sur la vague de la nouvelle économie. Le moment est venu de repasser à l'action et de tirer un trait sur ses échecs passés. C'était en 1995. Cette année-là, Pierre Besnainou a tout perdu. Sa maison, sa société, sa fortune. Dans les années

80, il avait créé Kaisui, une société de fabrication de téléviseurs. Il a connu la gloire, les articles dans *Paris Match*. Nargué les Thomson et autres princes de l'électronique. La société faisait tout de même 500 millions de chiffre d'affaires. Son ascension a été aussi fulgurante que sa chute. Il s'est empêtré dans une sombre histoire de taxes douanières qu'on lui reprochait de ne pas avoir payées. Il est aujourd'hui encore en procès contre la Douane française. Il pense être sur le point d'être lavé de tout soupçon. Mais entre-temps Kaisui a déposé le bilan. La maison a été hypothéquée, il a fallu déménager avec son épouse et ses trois enfants. Batailler avec les huissiers, éponger les dettes, économiser comme un dingue pour les études des petits. Se refaire, patiemment. Ronger son frein pendant trois ans, à se demander où il avait fait fausse route. Pierre Besnainou s'est pris une énorme claque, mais il n'a pas été vacciné. Créer des entreprises, il a cela dans les tripes. Et aujourd'hui, il est décidé à tenter le tout pour le tout. Avec ses 43 ans bien sonnés, son costume tiré à quatre épingles, le bonhomme sait qu'il n'a ni le look ni l'âge de ces jeunes entreprenautes dont parlent les médias et auxquels il compte se frotter. Qu'importe !

Juillet 1998, Pierre Besnainou s'est décidé. Il donne sa démission d'ABSat. Bien qu'inquiète, sa femme n'a même pas tenté de le dissuader. Elle sait qu'il est impossible de faire changer d'avis à cette tête brûlée. Après ses trois ans de purgatoire, Besnainou se sent comme un guerrier qui repart sur le champ de bataille et qui, enfin, renifle à nouveau l'odeur de la poudre. Il a convaincu sa fidèle collaboratrice Carole Liscia qui le connaît depuis Kaisui et l'a suivi chez ABSat, de partir à l'aventure comme lui. Il a raclé tous ses livrets d'épargne et réuni 250 000 francs comme capital de départ. Il a affûté ses armes : ses *slides*, ces transparents truffés de diagrammes indispensables pour se vendre lors d'une présentation, ont été fignolés avec amour. Comme les bons comédiens, il a peaufiné son speech, ses blagues, ses coups de gueule. *Business is show business.* C'est l'été 1998 et toute la France ne vit plus qu'à l'heure de la Coupe du monde et des matchs des Bleus. Nous sommes le 8 juillet, jour de la demi-finale France-Croatie. Pierre Besnainou a rendez-vous à Bercy avec Stéphane Boujnah, le Monsieur Internet du ministère. Exactement à l'heure du coup d'envoi. Paris s'est muré dans un silence angoissé. Les rues se sont vidées. D'ordinaire écrasé sous les embouteillages, le périphérique est désert. Il n'y a personne non plus dans les couloirs de Bercy : tout le monde s'est amassé dans la salle d'attente près du poste de télé pour suivre le match. Tout le monde sauf Stéphane Boujnah et Pierre Besnainou. Indifférent aux clameurs qui retentissent à côté, aux cris indignés des huiles de Bercy qui rugissent contre le carton rouge donné à Laurent Blanc, Pierre Besnainou présente avec fougue ses projets, ses schémas. Et dans cette ambiance surréaliste d'un Paris où le temps est suspendu, face à cet illuminé qui lui explique comment il compte vendre de l'Internet gratuit – oui, c'est bien ce qu'il a dit, vendre de l'Internet gratuit ! – Stéphane Boujnah, perplexe, séduit, a envie d'y croire. Car il a l'étrange impression d'être face à un ambassadeur du nouveau monde.

Anges et Vissi

Pierre Besnainou avait bien une petite idée derrière la tête lorsqu'il est allé rencontrer Stéphane Boujnah. Il avait entendu parler de ce Monsieur Internet du gouvernement et il s'est dit qu'il pourrait bien aller grappiller quelques subventions. Un réflexe pas très nouvelle économie mais pour Pierre Besnainou, un sou est un sou. En fait, Pierre Besnainou a raté la demi-finale pour rien. Car à Bercy, on ne distribue pas un kopeck aux entreprises. DSK a bien sûr fait le maximum pour favoriser le développement des structures de financements des entreprises de nouvelles technologies. Mais il sait que ce n'est pas à l'Etat de conduire une start-up à l'introduction en Bourse.

Ce métier-là est réservé aux *business angels*, les anges des affaires, et aux mythiques *venture capitalists* (VC, prononcez vissi). C'est ainsi que cela se passe aux Etats-Unis. Grâce aux *business angels*, des particuliers fortunés qui décident d'investir un peu de leurs économies personnelles dans des jeunes entreprises, un entrepreneur peut mettre le pied à l'étrier : c'est ce qu'on appelle l'amorçage ou le *seed capital*. L'entrepreneur cherche ensuite à constituer un tour de table, auprès de sociétés de capital-risque dont c'est le métier. Puis vient l'IPO, c'est-à-dire l'introduction en Bourse. C'est ainsi que sont nés Yahoo! et les autres. Le problème, c'est que tout cet environnement était quasi inexistant en France, il y a encore deux ans, en 1996, quand un Michel Meyer par exemple cherchait de l'argent. Les rares sociétés de capital-risque en exercice ne pouvaient pas se permettre de mettre leurs billes dans des start-up et ne s'intéressaient qu'aux sociétés capables de dépasser la barre fatidique des 100 millions de chiffre d'affaires. En dessous, c'était trop risqué. Une petite société n'avait que peu de chance d'être admise à la Bourse de Paris et l'investisseur se trouvait donc coincé, sans possibilité de sortie intéressante. C'est pour pallier ce manque qu'a été créé fin 1995 le Nouveau Marché, le mini-Nasdaq français, réservé aux petites sociétés à forte croissance. Deux ans après, l'objectif est atteint. Les investisseurs se sont décoincés et s'intéressent désormais aux start-up. Les mesures de DSK ont permis de créer un fonds de 600 millions investis dans le capital-risque et de 150 millions pour l'amorçage, ce qui contribue à accélérer le mouvement. Et puis les performances délirantes du

Nasdaq en 1998 ont donné des idées à tout le monde : et si, demain, la France se dénichait son Yahoo ! ?

Des PDG qui cherchent le grand frisson, des entrepreneurs qui ont fait fortune : les premiers *business angels* apparaissent çà et là. Et en 1998, le capital-risque français décolle. Sur l'année, 600 millions de francs sont injectés dans la *high tech*. Les rythmes de progression sont exponentiels : sur les 6 premiers mois de 1999, c'est désormais 870 millions qui viennent arroser les start-up. Il y a encore peu, les entrepreneurs n'avaient pas tellement le choix : il leur fallait aller frapper à la porte de Sofinnova, la société qui a investi dans Multimania, ou chez Bernard Maître à CDC-Innovation. Mais depuis la mi-98, de nouveaux fonds de capital-risque font concurrence à ces pionniers. Le rachat d'ImagiNet, un fournisseur d'accès Internet, par Colt, un opérateur de télécoms américain pour 120 millions de francs, a ravivé l'ardeur des financiers qui réalisent qu'il y a certainement de bonnes affaires à dénicher en France. Pour l'instant, les dossiers ne sont pas si nombreux que cela. Et le rapport de forces s'est totalement inversé. Ce sont désormais les capitaux-risqueurs qui vont chasser les entrepreneurs. Pour les pionniers de la première heure, les Nomade, Caramail, Multimania, la vie a désormais bien changé. Les ex-bidouilleurs sont devenus des gens importants, des gens avec qui il faut compter. Ils n'ont plus besoin d'aller quémander des découverts à la banque. D'implorer les capitaux-risqueurs de rentrer dans leur capital. Aujourd'hui, on les considère déjà comme des valeurs sûres du Net, des *blue chips* et ils sont assaillis de propositions.

Bernard Maître enrage. Dire qu'il avait failli rentrer dans le capital de Caramail ! Orianne et Alexandre ont pris une belle revanche. Quelques mois après avoir été lâchés par Maître, ils ont fait une superbe affaire et vendu leur moteur de recherche Lokace pour 10 millions de francs à la société Infonie. Jamais personne, pas même eux, n'aurait pensé que leur petite entreprise valait autant. L'argent a en tout cas permis d'accélérer le développement de Caramail qui compte 1,3 million d'abonnés et en recueille 8 000 nouveaux par jour. Le téléphone n'arrête plus de sonner. Même les équipes du tout-puissant Bernard Arnault leur ont fait du pied sous la table. Bernard Maître vient de recroiser les deux tourtereaux à une conférence Internet à Paris. Beau joueur, il est venu à leur rencontre. A plaisanté, badin : « Vous m'avez bien eu, les jeunes. Je pense que j'ai fait la plus belle connerie de ma vie. » Bernard Maître rit jaune. S'il était rentré comme prévu dans le capital de Caramail, il aurait déjà multiplié sa mise par 10. Et la valorisation de la société continue de grimper !

Mais Bernard Maître sait qu'il est désormais un peu tard pour avoir un strapontin dans le capital d'un des pionniers du Net. Le ticket est trop cher. Tous les investisseurs ont fait le même calcul. Ils se disent qu'il vaut peut-être mieux faire preuve de plus d'audace et dénicher la pépite qui leur permettra de faire la culbute. Ils recherchent donc de nouveaux projets, de nouvelles têtes, de nouveaux entrepreneurs. Des gens comme Fabrice Grinda et Pierre Besnainou.

L'invasion des yetties

Le nouveau monde existe, Stéphane Boujnah, le conseiller nouvelles technologies de DSK, peut désormais en témoigner. En 1999, il rencontre de plus en plus de ces étranges créatures, ces entrepreneurs qui viennent lui parler de projets tous plus délirants les uns que les autres. Stéphane Boujnah s'est donné comme règle de rencontrer au moins une start-up par semaine. Surpris au début, les technocrates de Bercy se sont maintenant habitués à voir traîner de jeunes gens débraillés, avec ordinateur portable et Palm Pilot, aux alentours du cabinet de DSK. Des *yetties*, comme on les appelle aux Etats-Unis.

Les *yetties* (*Young Entrepreneurial Tech Based Twenty Something*, soit jeunes entrepreneurs dans la *high tech* d'environ vingt ans), c'est le nom de code de toute cette génération de jeunes startuppeurs branchés nés avec l'ordinateur, qui surfe comme elle respire. Les *yetties* ont débarqué en France. Ils ont commencé à coloniser le quartier du Sentier, à Paris, qu'ils ont rebaptisé Silicon Sentier. Dans les immeubles en pierre décrépis, cachés dans des ruelles tortueuses, leurs ordinateurs connectés à l'Internet haut débit vrombissent en chœur avec les machines à coudre des ateliers de textile voisins. Le Net français a mûri. Certes, il n'a pas encore rattrapé son retard sur ses concurrents anglais et allemands. Mais, depuis quelques mois, la France semble enfin décidée à ranger son minitel au placard et à se connecter à la grande Toile. Le nombre d'internautes double chaque année : 1,5 million en 1997, 3 millions en 1998, 6 millions en 1999. Le PC commence à trouver sa place dans le salon familial. En une année, son taux de pénétration passe de 18 à 22 %. En cette fin d'année 1999, 6 % de ces PC sont maintenant connectés à Internet. On est encore très loin des 43 % de la Finlande ou des 13 % de l'Allemagne. Mais le mouvement est en route. Et la croissance des abonnements aux fournisseurs d'accès Internet est maintenant plus rapide que la moyenne européenne. Wanadoo, AOL, Club-Internet s'écharpent pour proposer des offres promotionnelles d'abonnement à Internet à prix cassés. Le commerce en ligne démarre timidement. C'est ce marché, naissant, qui fait déjà rêver nos *yetties*. Ces derniers vivent déjà en 2003, date à laquelle le cabinet Forrester Research, le prophète du Net, a déclaré que le commerce électronique atteindrait 1 600 milliards de francs.

Les *yetties* évoluent dans un monde différent de celui du commun des mortels : celui de la nouvelle économie. Ils sont branchés continuellement sur le Nasdaq. Ils ont leurs lieux, leurs codes. Leurs journaux : *Transfert*, le journal de Christophe Agnus, l'ex-voisin de Gilles Guesquière à la pépinière Soleillet, s'intéresse à la cyberculture, tandis que le *Journal du Net*, consultable exclusivement sur le Web, suit au jour le jour l'actualité économique du Net. Les *yetties* ont également leurs stars. Elles s'appellent Orianne Garcia, Michel Meyer ou Gilles Guesquière.

Les pionniers sont devenus les parrains du Net français, ceux à qui on vient demander conseil. Pour eux, le temps des bouts de ficelle est loin. Multimania par exemple a changé du tout au tout. Après la quasi-faillite de 1997, Michel Meyer et Olivier Heckmann ont complètement revu leur *business model*. Du haut de leurs 3 ans d'expérience, ils se sont déjà jetés dans leur première fusion-acquisition, en rachetant Mygale et sa dizaine d'employés, un site culte parmi les internautes de la première heure, qui hébergeait gratuitement les sites Web de ses membres. Et désormais, suivant l'exemple de Mygale, le site de Multimania est devenu un site Web de communautés. C'est ainsi qu'on nomme tous ces sites fournissant à leurs membres les outils et l'espace nécessaires pour créer leurs pages Web personnelles, qui permettent aux internautes de se retrouver par affinités, par goûts et de participer à des forums de discussion. Les sites Web de communautés sont un concept qui a le vent en poupe outre-Atlantique. D'abord parce que les internautes adorent. Ensuite parce que tout le monde est persuadé que la publicité sur Internet va exploser, demain, peut-être, après-demain, sûrement. Et quand le marché décollera, disposer ainsi de groupes de consommateurs homogènes, aux goûts parfaitement connus sera alors une arme de marketing fabuleuse. Les financiers reniflent la mine d'or : début 1999, Yahoo ! a déboursé 4,6 milliards de francs pour acquérir Geocities, le plus important site de communautés aux Etats-Unis. Depuis, les capitaux-risqueurs sont subitement tombés amoureux de Multimania, le Geocities français.

Le piston est mort, vive le Networking !

Schmoozing. Pour Laurent Edel, 28 ans, jeune homme brun frisotté au verbe enjoué, voilà le mot le plus important de la nouvelle économie. Mélange de yiddish et d'anglais, l'expression est des plus tendance outre-Atlantique. Faire du *schmoozing*, c'est aller traîner dans des bars, des conférences, des cocktails, pour récolter des cartes de visite et serrer quelques mains. Bref, se faire un carnet d'adresses, ce qui est capital si l'on veut réussir dans la nouvelle économie.

C'est en tout cas la leçon principale qu'il a retenue de son séjour à San Francisco. C'était en 1997. Pendant plus de 12 mois, le jeune homme, qui venait à peine de terminer son DEA à Dauphine, après avoir obtenu son diplôme à Sciences-Po, a crapahuté de *bed and breakfast* en *bed and breakfast*, avec juste un sac un dos et un ordinateur portable. Pas besoin d'une adresse fixe, quand on a un e-mail ! Il a écumé tous les lieux où il fallait être, s'est incrusté dans les dîners en ville, a assisté à toutes les rencontres avec des grands pontes ou avec des entrepreneurs lambda qui racontaient comment ils avaient levé leur premier million de dollars. Laurent a rencontré une flopée d'ex-futurs millionnaires, d'investisseurs potentiels, d'employeurs possibles, a amassé une farandole de cartes de visite, d'avocats, d'ingénieurs, de commerciaux, de banquiers. Il a été fasciné par la facilité avec laquelle on pouvait prendre rendez-vous avec des interlocuteurs, se faire des contacts, récolter des conseils. Rien à voir avec le piston à la française, réservé à quelques privilégiés. Non : à San Francisco, jouer du réseau n'avait rien de honteux et n'importe quel gamin fraîchement débarqué dans le coin pouvait lui aussi *networker* comme tout le monde.

C'est ainsi que Laurent s'est transformé en expert ès *schmoozing*. Quand il est rentré en France en 1998, le jeune homme a tout de suite eu du pain sur la planche. L'Europe était tout juste en train de se réveiller. A Londres ou en Scandinavie, les start-up commençaient à pulluler. Le poste d'observation de Laurent était idéal : il travaillait à l'Atelier, la cellule de veille technologique de la Compagnie bancaire, animée par Jean-Michel Billaut, le gourou Internet français. Brillant, génial, brouillon et fantasque, ce dernier a transformé son Atelier, qui dispense conférences et cours d'apprentissage sur les nouvelles technologies, en épicentre de la *high tech* française. L'Atelier a reçu des stars, les Bill Gates et autres. La crème de l'establishment français est venue s'y offrir une petite piqûre de modernité. Et beaucoup de dirigeants du Net y ont été formés. Laurent Edel, dont s'est entiché Jean-Michel Billaut, a eu l'occasion de voir défiler pas mal de monde. Bref de *schmoozer*. Mais Laurent voulait toucher un nouveau public. Rassembler toute la jeune génération, les bébés Internet. Et leurs confrères d'Angleterre, d'Allemagne. Pendant l'été 1999, il a lancé une tournée de *road shows* européens où, dans une atmosphère de colonies de vacances, les startuppeurs français partent à la découverte de leurs confrères européens. Mais à l'automne 1999, Laurent en a assez. Il veut voler de ses propres ailes et décide de quitter l'Atelier. Il mise beaucoup sur la mine de contacts qu'il a fini par empiler dans son Palm Pilot. En tout cas, Laurent Edel s'est déjà trouvé des bureaux. Il s'est posé tout bêtement chez sa grand-mère, Sarah Gutmann, 78 ans, propriétaire d'un immeuble jouxtant la mythique boîte de nuit le Gibus. Au cœur du Silicon Sentier. Laurent connaît tellement de monde dans le milieu de la Net économie qu'une flopée de startuppeurs commencent rapidement à graviter dans son entourage. La nouvelle économie française est en mal de locaux. Alors Laurent, agent immobilier zélé, sert de *go between* entre sa grand-mère et les startuppeurs. En quelques semaines, une dizaine de start-up viennent installer leurs ordinateurs et coloniser le 18, rue du Faubourg-du-Temple. Le jeune homme commence à se tailler une petite réputation dans le milieu et *schmooze* 24 heures sur 24. Il a trouvé un nom très sexy pour son immeuble et sa bande : Republic Alley (tout simplement parce qu'ils sont au métro République). Ce lieu devient vite incontournable sur la carte de la nouvelle économie française.

Comme Laurent Edel, la France du Net ne jure plus que par le *schmoozing*. On s'agglutine dans les mêmes immeubles, les mêmes bars, les mêmes soirées. On échange tuyaux et expériences, on noue des *deals* en prenant un verre, on écoute les derniers ragots, on se tient au courant des dernières modes. Il y a les rencontres relativement sélectes, comme les dîners mensuels qu'organise Christophe Agnus, le directeur de *Transfert*, réservés au gratin du Net français. Les salons professionnels, comme Capital IT, qui rassemblent investisseurs et entrepreneurs. Et les *first tuesdays*. Ce mardi 7 septembre 1999, à l'Entrepôt, un cinéma d'art et d'essai du XVe arrondissement, se pressent 300 convives. Tous dûment étiquetés. Badges jaunes pour les entrepreneurs qui cherchent de l'argent. Verts pour les investisseurs qui ont de l'argent. Rouges pour les parasites, c'est-à-dire la presse, les consultants ou les agences de relations publiques. Dans la salle tapissée d'affiches de cinéma, on se presse au bar, on se bouscule, un verre à la main, on drague, on se vend. Les jaunes happent les verts, les verts badinent avec les rouges, qui flirtent eux-mêmes avec les jaunes. C'est une place de marché, parfaitement fluide, où l'offre vient rencontrer la demande. Sans barrière à l'entrée. Les organisateurs des *first tuesdays* ont tenu à ce que cette rencontre, gratuite, soit ouverte à tous. Il suffit d'envoyer un e-mail pour être inscrit. Comme dans les raves techno, le lieu est tenu secret jusqu'au dernier moment. Le succès des *first tuesdays* est immédiat. Pour celui de décembre, le bar Black Bear, dans le centre de Paris, est pris d'assaut. En février, c'est à la Bourse de Paris que se tient l'événement. Une queue interminable s'étend sur la place de la Bourse. Bouche à oreille aidant, les *first tuesdays* deviennent le lieu de rassemblement de la nouvelle économie. Victimes du succès, les organisateurs reçoivent même des coups de fil des secrétaires de grands patrons, qui, anxieux de participer à cette grand-messe de la modernité, s'interrogent sur les procédures à suivre pour être cooptés ! D'autres souhaitent obtenir un pass VIP, pour ne pas piétiner comme des gueux à l'entrée du grand show. Mais shocking ! Il n'y a pas de VIP aux *first tuesdays*. C'est peut-être la plus grande nouveauté du Networking, façon nouvelle économie : les magnats du business doivent faire la queue comme tout le monde !

100

Vu du ciel, un chiffre 100 se dessine parfaitement sur le gravier de la cour du ministère des Finances. Pour fêter l'introduction en Bourse de la société de jeux vidéo Kalisto, la centième du Nouveau Marché, DSK a convié les patrons des quatre-vingt-dix-neuf entreprises déjà cotées, à venir s'aligner en rang d'oignons pour former un chiffre 100. Comme au bon vieux temps de la révolution culturelle chinoise, Bercy redécouvre le charme suranné des mosaïques humaines. Le tout à la gloire de cette nouvelle génération d'entrepreneurs technophiles français. Longtemps la puissante direction du Trésor a ricané devant l'emballement de DSK pour ce Nouveau Marché, cette Bourse des petites sociétés à forte croissance. Une Bourse du pauvre qui ne décollera jamais, disait-on dans les couloirs de Bercy. Ce 25 juin 1999, Dominique Strauss-Kahn tient une petite revanche. Quel chemin parcouru depuis deux ans ! Enfin la nouvelle économie française frémit. La création d'entreprises de nouvelles technologies décolle. Les projets d'introduction au Nouveau Marché aussi. Doucement mais sûrement. Son intuition était la bonne : le mariage tant attendu de la Bourse et des nouvelles technologies, qui a fait tout le succès du modèle américain, va maintenant tirer la croissance économique française. Voilà l'innovation technologique enfin réconciliée avec le progrès social.

A la pointe du « 1 » un grand dadais de deux mètres se tient droit comme un I. Ce blondinet, propre sur lui, n'a pas 30 ans, mais c'est déjà un nom dans le petit monde du jeu vidéo. Nicolas Gaume est le PDG fondateur de Kalisto, le dossier numéro cent de cette petite cérémonie. Les médias ont tout de suite craqué pour sa belle gueule et sa gentillesse. Une graine de star, ce Gaume. Depuis quelques mois, il vit avec son surnom de Petit Prince de la nouvelle économie française. Cela lui va comme un gant. A cause de ses cheveux blonds et de sa courtoisie de jeune homme bien élevé. Il a tout pour lui. La réussite et l'ambition. Déjà en 1995, il a défrayé la chronique. Pensez donc : un *Frenchie* de 25 ans reçu par le PDG de Microsoft, Bill Gates, le roi du monde, chez lui à Seattle, pour parler business. La première société de Gaume, Atreid, une petite start-up bordelaise de rien du tout, venait tout juste de sortir un jeu vidéo de course de voitures. En quelques mois, il a rencontré un tel succès que Bill Gates a voulu en acheter les droits pour faire la promotion de son nouveau Windows 95. A 25 ans, Gaume est déjà sous les projecteurs. Il ne les quittera plus. Après avoir été obligé de vendre Atreid à la société Pearson, propriétaire du *Financial Times*, il en rachète la totalité du capital un an après et la rebaptise dans la foulée Kalisto Entertainment. A partir de là, la *success story* de Nicolas Gaume s'écrit en lettres d'or. Kalisto sort coup sur coup trois jeux vidéo qui vont se vendre à plus de 3 millions d'exemplaires à travers le monde : Dark Earth, Ultim@te Race Pro et Nightmare Creatures. Tous les ans le chiffre d'affaires de l'entreprise double : 22 millions de francs en 1996, 46 en 1997, 54 en 1998 et enfin 108 millions en 1999. Même chose pour les profits. Ce 25 juin 1999, Nicolas Gaume est à la tête d'une entreprise de 200 salariés, d'une moyenne d'âge de 25 ans, qui exporte plus de 80 % de son activité au Japon et aux Etats-Unis. Personne n'aurait l'idée de venir lui contester son titre de Petit Prince de la nouvelle économie.

Les médias adorent Nicolas, symbole, comme Michel Meyer et Orianne, de cette nouvelle génération d'entrepreneurs du Net. Ce sont les icônes *high tech* d'une France qui gagne. Ils ne sortent pas nécessairement du moule des grandes écoles à la française, mais occupent le devant de la scène de la nouvelle économie. Les politiques en font leurs choux gras. Jacques Chirac aime ces entrepreneurs anonymes catapultés, du jour au lendemain, dans les pages de *Paris Match*. Jeune, riche, célèbre et parti de rien. La parfaite quadrature du cercle. Nicolas Gaume, la belle bouille de Kalisto, est un produit d'appel merveilleux pour vendre cette nouvelle France, libérale et fière de l'être. Dans son édition du 12 octobre 1999, le *Wall Street Journal*, le gardien du temple du libéralisme anglo-saxon, consacre même, en une, une enquête au phénomène Nicolas Gaume. Jacques Chirac l'emmènera deux fois avec lui en voyage officiel au Japon. Le patron du Medef, Ernest-

Antoine Seillière le fera venir au comité exécutif pour donner un petit coup de jeune au patronat français. La classe politique française, dans son ensemble, court après la notoriété médiatique de ces gamins de 25 ans, qui en l'espace de six mois, ont changé l'image de la France.

Fêté de toutes parts, Nicolas Gaume ne dit pas non aux tableaux d'honneur médiatiques. Serrer les mains des ministres, répondre à des journalistes, parler devant un public, faire des émissions de télévision, il adore. Et le fait très bien. C'est plus fort que lui. Il assure que cela sert la notoriété de son entreprise. Peut-être. Mais ça aide surtout à refermer une vilaine plaie qui n'a toujours pas cicatrisé. Il y a tout juste dix ans, Nicolas, le fils aîné d'une grande famille bourgeoise d'Arcachon, a été collé aux concours d'entrée d'écoles de commerce. Promis à de belles études, il entre dans la vie d'adulte par une violente humiliation. Ses parents n'acceptent évidemment pas cet échec et le poussent à intégrer un IUT. Lui, le fan d'Apple, de bidouillage informatique et de jeux vidéo, ne veut bien sûr rien entendre. Il s'inscrit en fac pour faire plaisir à papa et maman mais n'y mettra pas les pieds. Il veut sa revanche, leur prouver qu'il n'a pas besoin du système éducatif français pour réussir. HEC ne veut pas de lui. Eh bien tant pis, il fera sans. Il sera un entrepreneur sans diplôme. Il part créer son entreprise en cachette avec quelques copains. Et de son idée fixe d'adolescent vexé, sortira quelques années plus tard Kalisto. Là planté, tout au bout du « 1 » du chiffre 100, dans la cour carrée du ministère des Finances, Nicolas Gaume savoure ce qui ressemble à une revanche. Sur lui-même et vis-à-vis de ses parents qui n'ont pas voulu croire en lui au moment où il en avait le plus besoin. Aujourd'hui pourrait être le plus beau jour de sa vie. Mais Nicolas ne peut pas s'empêcher d'avoir une pensée émue pour Pierre Delaveyne, son mentor, son grand-père spirituel. Décédé d'un cancer en 1998, il aurait été fier d'assister à cette cérémonie. Ancien cadre dirigeant du Crédit Lyonnais à la retraite, Delaveyne a rencontré Nicolas Gaume, via un ami de son grand-père. A cette époque, Nicolas cherchait quelqu'un à qui il pourrait confier la gestion administrative et financière de sa start-up, Pierre Delaveyne était, lui, libre de tout engagement. Il a fini par faire office de grand-père, de PDG, d'expert-comptable et de confident. Et tout cela bénévolement. Malgré leurs 45 ans d'écart, Nicolas et Pierre Delaveyne ont formé dès les débuts de Kalisto un couple inséparable. A la fois professionnel et intime. Sans ses relais, son carnet d'adresses, sa connaissance du monde des affaires, la société aurait déjà déposé le bilan cent fois. Alors ce 25 juin 1999, Nicolas Gaume est orphelin. Depuis la mort de Pierre Delaveyne, il n'a d'ailleurs pas trouvé de remplaçant. Il sait maintenant qu'il ne peut plus compter que sur lui-même. Il était un grand frère pour beaucoup de ses salariés, il devra devenir un patron. Il a 30 ans et toute la vie encore devant lui. Il n'a aucune raison de douter de lui, de Kalisto et du futur. Puisque après sa lente et laborieuse traversée de l'Atlantique, la nouvelle économie est maintenant arrivée à bon port, sur le Vieux Continent. Au minimum, dix ans de croissance continue, tirée par les technologies de l'information et l'Internet, elle lui tend maintenant les bras. Il n'y a pas de temps à perdre.

CHAPITRE 3

Arnault et Pinault, les cyber-milliardaires

Arnault dans un McDo

Il est 3 heures du matin, en cette nuit d'hiver 1998. A Manhattan, les rues sont désertes. Seul le McDonald's est encore ouvert. Attablés à une table de formica, sous les lumières crues des néons, deux hommes croquent goulûment un Big Mac, tout en trempant leurs frites dans le ketchup. L'un semble particulièrement excité. En pantalon kaki et en polo, il a l'accoutrement typique des *dotcommers*, qui pullulent dorénavant du côté de la Silicon Alley, la Mecque Internet de New York. D'ailleurs l'homme parle d'Internet, de *business model*, de Nasdaq, d'IPO. Seule étrangeté : il parle français.

Cet homme n'est autre que Bernard Arnault, le magnat du luxe, le milliardaire qui préside Dior, Céline, Vuitton, Moët Hennessy et tant d'autres marques prestigieuses. Celui qui, en plein Manhattan, vient d'ériger un nouveau gratte-ciel, une folie de verre et d'acier signée de l'architecte Christian de Portzamparc, tout à la gloire de son groupe, LVMH. Là, dans ce McDo anonyme, à deux pas de son splendide building, le PDG de LVMH est méconnaissable. Le couche-tôt qui, à Paris, éteint les lumières à 23 heures, est frais comme un gardon. Le taciturne, à la réserve souvent cassante, se montre détendu, souriant. D'habitude avare de mots, Bernard Arnault est aujourd'hui intarissable sur son dernier coup, une prise de participation dans une minuscule start-up Internet. A ses côtés, Gilles de Dumast, son banquier d'affaires préféré qui travaille au Crédit Suisse First Boston (CSFB), est tout étourdi par le décalage horaire. Il a du mal à tenir le rythme de son client malgré les rasades de Coca qu'il ingurgite. L'homme en face de lui, qui parle avec tant d'enthousiasme de Web, est si différent de celui, qui, de son bureau avenue Hoche, tient d'une main de fer son empire du luxe et décortique les tableaux d'exploitation de ses filiales. Serein, décontracté.

Mais quand le glacial Bernard Arnault parle de ses passions, plus rien n'a d'importance. Quand il s'enflamme sur une étude de Chopin – c'est un pianiste émérite –, il est là aussi tout aussi loquace, mettant de côté les batailles d'avocats, les négociations à la dure, les *deals*. Aujourd'hui, c'est Internet qui le fait vibrer. Il en parle avec une fougue de jeune homme. Tout a commencé en famille. C'est son jeune fils Alexandre, 10 ans, qui a été son premier guide et lui a donné le goût d'aller fouiner dans les arcanes du Web. Désormais, Bernard Arnault est connecté en permanence sur Internet pour se tenir au courant des tendances de la planète *high tech*. Et tandis que ses pairs, en France, restent allergiques aux ordinateurs, lui est devenu un vrai « technoïde ». Le PDG de LVMH fait ainsi partie des dix heureux élus sur la planète à avoir reçu le prototype du dernier Palm Pilot. Et toujours à l'affût d'un bon coup marketing, il a illico fait plancher ses équipes chez Vuitton pour créer le premier étui en cuir Palm, avec le fameux LV entrelacé.

Mais ce n'est pas l'aspect technologique qui intéresse le plus Bernard Arnault. En fait, le PDG de LVMH est fasciné par l'envolée du Nasdaq. Dès 1995, il s'aventure à investir ses deniers personnels dans une petite start-up qui fabrique des équipements pour les réseaux. La start-up s'appelle Cisco. Avec étonnement, puis ravissement, le PDG de LVMH voit son pécule grimper de jour en jour. Il entend parler des incroyables histoires des capitaux-risqueurs de la Silicon Valley, qui, ayant déniché un Yahoo!, ont déjà multiplié leur mise par 1 000. Lui aussi veut prendre le train du Nasdaq en marche. Jean-Bernard Telio, un financier qui le conseillait déjà pour ses achats d'œuvres d'art, connaît justement la Silicon Valley par cœur. Bernard Arnault l'embauche comme spécialiste Internet. Telio lui organise de petites escapades dans la Valley. Et c'est lui qui se charge de lui monter un portefeuille de valeurs techno, aux Etats-Unis, sur les deniers de la holding personnelle d'Arnault. Impressionné par la fabuleuse réussite des Kleiner Perkins et autres stars du capital risque de la Valley, Telio et Arnault copient pas à pas la stratégie d'investissements de ces professionnels. 1-800 Flowers, l'Interflora du Net, E-Loan, le spécialiste du prêt, MP3.com, la société de musique en ligne, PlaNet Rx (livraison de médicaments). Bernard Arnault, insatiable, met des billes dans toutes les Net-starlettes du moment. Y compris Datek, un expert des transactions boursières, où il se retrouve aux côtés d'investisseurs aussi prestigieux que Paul Allen, le cofondateur de Microsoft.

En fait, tout ce monde de la nouvelle économie enchante Bernard Arnault. Quand, en 1999, le Crédit Suisse First Boston défraie la chronique en rachetant l'équipe de Franck Quatronne, une star de la banque DGM, qui fait la pluie et le beau temps dans la *high tech*, il tient absolument à rencontrer ces vedettes du Nasdaq. Gilles de

Dumast organise quelques jours dans la Silicon Valley. Il est un peu inquiet. Dans l'équipe de Quatronne, on se promène sans cravate et on ne fait pas de manières. Le PDG de LVMH se fait ainsi saluer d'un « Hi, Bernard » désinvolte. Mais Bernard Arnault, qui en France a horreur de la familiarité, est absolument ravi. Dans la Silicon Valley, il découvre une spontanéité, une énergie, une créativité qui le galvanisent. Il ne se lasse pas de visiter ces start-up qui poussent comme des champignons, où les couloirs sont quelquefois encombrés de matelas et de cartons. Il adore rencontrer ces entrepreneurs en tenue débraillée, qui pourtant, très souvent, ne connaissent même pas son nom. C'est plus fort que lui, mais Bernard Arnault, cet homme si sûr de son intelligence et de son pouvoir, admire éperdument deux types d'homme : les artistes et les entrepreneurs. A eux, il laisse tout passer. Un John Galliano peut porter une coiffure rasta, un jeune entrepreneur peut bien l'accueillir avec un t-shirt malodorant et des jeans troués, il n'en a cure. Et il se délectera à discuter un moment avec eux, se montrera charmant, courtois, voire même... drôle (!). Un jour, sur le vol du Concorde entre New York et Paris, le PDG de LVMH se retrouve ainsi à quelques pas de Michael Jackson, qui a réservé tout le fond de l'avion. Et là, l'omnipotent Bernard Arnault, qui contrôle toutes les plus belles marques du monde, est ému comme un gamin ; il est à deux doigts d'aller demander un autographe à la star alors même qu'il est observé par le gratin de l'establishment français, les Jean-Louis Beffa et autres qui, comme lui, sont entassés à l'avant de l'avion. Les figures de la *high tech* fascinent tout autant Bernard Arnault. Son héros, il n'hésite pas à le clamer haut et fort, c'est Bill Gates, un homme qu'il a déjà rencontré à de multiples reprises. Le patron de LVMH est également sincèrement impressionné par Tim Koogle, le PDG de Yahoo! Mais il ne le connaît pas encore. Qu'à cela ne tienne. Gilles de Dumast organise spécialement une rencontre entre les deux hommes, avec un convive inattendu puisqu'il s'agit... d'Alain Prost, l'un des clients du CSFB. Tim Koogle est un fan de F1 : il possède plusieurs petits bolides et adore se faire des frayeurs en les poussant au maximum. Malgré un agenda surchargé, il ne raterait pour rien au monde le grand prix de Monaco. Bernard Arnault, lui, abhorre les circuits de F1. Il nourrit en effet une phobie du bruit, à tel point qu'il aurait, dit-on, insonorisé toutes les pièces de sa maison. Mais pour l'occasion, il n'en laisse rien paraître. Discuter en tête-à-tête avec Alain Prost et Tim Koogle mérite bien quelques sacrifices. Le petit groupe déjeune à la cantine près de l'usine de Guyancourt. Bernard Arnault boit du petit lait. Il est subjugué par Tim Koogle, qui a réussi en 5 ans à faire de Yahoo ! une marque mondiale. Et Bernard Arnault est un homme fasciné par le pouvoir des marques. Dans le luxe, l'homme a construit son empire, en s'appuyant sur des enseignes légendaires comme Dior ou Vuitton. Il les a fait revivre, leur a rendu leur noblesse, les a exportées aux quatre coins de la planète. Dans cette nouvelle économie, il a suffi de quelques années pour qu'Amazon ou Yahoo !, des noms surgis de nulle part, soient aussi connus que celui de Coca-Cola. Voilà un terrain encore vierge où tout reste à construire. Pour un bâtisseur de marques comme Arnault, que rêver de mieux ?

Le milliardaire et le vendeur de vélos

« Je ne fais pas confiance en ce Pierre Besnainou. Investir dans son projet me semble une très mauvaise idée. » Si le patron ne semblait pas aussi intéressé par le bonhomme, Jean-Bernard Telio serait encore plus tranchant dans son jugement. En ce mois de février 1999, Bernard Arnault et sa petite équipe Internet se sont réunis pour débattre du cas Pierre Besnainou. Rassemblés dans le grand bureau d'Arnault, avenue Hoche, il y a là Jean-Bernard Telio, Nicolas Bazire, le directeur de la holding financière d'Arnault, ainsi que Charam Becharat, le nouveau lieutenant d'Arnault. La discussion est vive, Pierre Besnainou ne laisse pas indifférent. Charam Becharat a beau avoir présenté lui-même Besnainou à Arnault, il ne sait pas encore s'il peut totalement se fier à cet homme qui les séduit tant. Telio, lui, est radical. La faconde de marchand de tapis de Pierre Besnainou ne lui inspire rien qui vaille. Son projet, Canal Net, qui veut développer l'Internet par la télévision ? Pour Telio, tout ceci n'a ni queue ni tête. Besnainou vient de découvrir Internet, cela se sent. Et puis la faillite de Kaisui ne plaide pas franchement en sa faveur.

Face à ses trois lieutenants, Bernard Arnault ne pipe pas mot. Les doutes et les réticences qu'il perçoit chez eux ne l'ébranlent pas vraiment. Car Bernard Arnault est déjà conquis. Pierre Besnainou a vendu son projet avec une telle fougue, un tel enthousiasme. En lui, Bernard Arnault a reconnu un réel entrepreneur. Il sait que la faillite est souvent une tache indélébile en France mais il s'en fiche. Il a envie de donner sa chance à ce Besnainou. Depuis quelques mois, Bernard Arnault a des fourmis dans les doigts. Au début, il s'était satisfait de sa position d'investisseur minoritaire dans toutes ces start up américaines. Il a dépensé sans compter 2 milliards de francs. Mais maintenant, il en a assez de ce rôle d'observateur passif, il veut passer à l'action. Les choses bougent en Europe, Internet décolle et le PDG de LVMH a l'intention de jouer le premier rôle dans la bataille qui s'annonce. Depuis le début de l'année, il s'est activement mis à la recherche des pépites françaises du Net. Nicolas Bazire, l'ex-directeur de cabinet de Balladur, l'a rejoint et, via la holding financière qui gère son patrimoine, chapeaute sa politique d'investissement. Arnault a également fait monter en grade le tout jeune Charam Becharat, 31 ans, qui a fait ses armes chez DFS, le distributeur de luxe duty free, une récente acquisition de LVMH. Charam joue les poissons-pilotes et repère les bons projets. Comme celui de Pierre Besnainou, par exemple.

La nouvelle économie réunit quelquefois les couples les plus inattendus ! Tout sépare en effet un Pierre Besnainou d'un Bernard Arnault. D'un côté, le milliardaire, entouré de gardes du corps, qui dans son royaume de l'avenue Hoche, dispose de plusieurs ascenseurs réservés à son usage personnel, télécommandés à distance par son escorte, pour qu'il n'ait jamais à attendre plus d'une seconde. De l'autre, un homme qui a tout perdu et redémarre de zéro. Visage en lame de couteau, regard bleu et froid, Bernard est sec, maigre, droit comme un I. Il rit rarement, ne dit jamais un mot de trop, garde en toute occasion une réserve distante, y compris avec ses partenaires les plus proches. Pierre, lui, petit et rondouillard, met immédiatement ses interlocuteurs à l'aise. Chaleureux, exubérant, il parle en faisant de grands gestes, rit très fort, a toujours un mot pour le serveur du restaurant où il déjeune, une blague pour égayer ses convives. Cabotin, il résiste rarement au plaisir de se mettre en scène. L'enfance et la jeunesse d'Arnault se sont déroulées dans la grisaille de Roubaix, dans le nord de la France. Issue d'une grande famille industrielle, le jeune garçon a été élevé chez sa grand-mère, puis en bon élève studieux, il a intégré l'Ecole polytechnique. Pendant que le jeune Bernard travaillait, solitaire, ses exercices de mathématiques ou ses gammes au piano, sa seule passion, Pierre musardait, le nez à l'air, dans les rues ensoleillées de Tunis, à chahuter avec sa bande de copains. A Tunis, on vivait dehors. Le quartier était un village où tout le monde se connaissait. Pierre aidait son père, qui possédait un magasin de vélo. A la maison, il y avait toujours à manger pour vingt personnes, les cousins et les amis. A 18 ans, Pierre a débarqué avec sa famille à Paris « avec tout juste une chemise et des sandales », comme il aime le répéter. Il fallait bien gagner sa vie, alors il est allé travailler dans le nouveau magasin de vélo de son père, puis a multiplié les petits boulots. Il a fait visiter des appartements, vendu des pizzas, classé des cartons au service des archives du journal *L'Express*. Puis il a créé Kaisui, sa société de fabrication de téléviseurs. Une belle *success story*. En 1994, Kaisui a atteint les 500 millions de chiffre d'affaires. Il avait l'impression d'être le roi du monde. Puis il y a eu le procès avec les Douanes françaises. Le dépôt de bilan. Pendant ses 3 années de purgatoire, Besnainou a eu le temps de ruminer sur son échec. Aujourd'hui, il réalise que son attitude de l'époque a été suicidaire. Avant sa faillite, Pierre aimait trop faire parler de lui. Kaisui était une des rares entreprises à ne pas délocaliser sa production et il ne se privait pas pour fustiger en public ses concurrents Thomson ou Philips. Mais, lui, le petit juif tunisien, ne faisait pas partie du sérail. Il n'aurait pas dû attaquer de front les piliers de l'establishment français. Pierre est persuadé que c'est cela qui a causé sa perte. Aujourd'hui, il n'a pas l'intention de refaire les mêmes erreurs. Pas question d'aller chasser tout seul, la fleur au fusil, sur les terres d'un France Télécom ou d'un Vivendi, dont les ambitions sur le Net sont clairement affichées. Pierre Besnainou veut un allié puissant, qui connaît les arcanes et les codes de ce monde si secret. Voilà pourquoi il tient tant à convaincre Bernard Arnault, ce même Bernard Arnault qui, lorsqu'il fête ses 50 ans, réussit à faire accourir au musée Marmottan la fine fleur du capitalisme français, les Jean-Marie Messier, Jean-Louis Beffa et autres. Avec un tel partenaire, Pierre Besnainou tiendrait sa revanche sur cet establishment cloisonné, qui broie et rejette ceux qui n'ont pas la chance d'en faire partie. Ce sentiment qui agite Pierre Besnainou, Bernard Arnault le connaît. Il l'a peut-être d'ailleurs perçu dans la fougue qui anime l'entrepreneur. Car Bernard Arnault, avant d'être le roi qu'on fête au musée Marmottan, a longtemps été le mouton noir du capitalisme français. Il s'est construit son empire à la hussarde, en taillant, en dépeçant dans le vif, sans craindre de choquer l'establishment français. Tout ceci est certes bien loin. Bernard Arnault est désormais confortablement installé dans ses pantoufles de pape du capitalisme français. Mais il ne peut qu'être séduit par un franc-tireur comme Pierre Besnainou. Et à la fin de cette réunion de février 1999, malgré les hésitations et les réticences de ses collaborateurs, sa décision est prise : il investira 20 millions de francs dans le projet de Besnainou.

La déferlante LibertySurf

En ce printemps 1999, le soleil brille gentiment et une agréable brise rafraîchit les rives de la rivière. Un temps idéal pour aller taquiner la truite. Philippe Frances, le PDG de Darty et de But, les enseignes phares du groupe anglais Kingfisher, est en week-end dans sa maison de campagne dans le Périgord. Il a préparé ses hameçons et ses cannes, mis de bonnes chaussures de marche et s'est installé confortablement sur l'herbe. Une légère torpeur l'envahit, il attend le frémissement bien connu de la ligne quand soudain... Drring ! Malédiction, il a oublié d'éteindre son téléphone portable. Il prend sa voix la plus mauvaise pour décourager l'importun qui ose l'ennuyer en plein week-end.

« Allô, qui est-ce ?

— Bonjour, c'est Bernard Arnault. J'espère que je ne vous dérange pas. J'aimerais qu'on se rencontre très vite. Ma secrétaire attend votre appel pour fixer un rendez-vous. »

Philippe Frances a à peine le temps de respirer qu'Arnault

a déjà raccroché. Ce n'est pourtant pas une plaisanterie. Le lendemain, l'assistant de Bernard Arnault attend effectivement le coup de fil de Frances. Et deux jours après, un rendez-vous pour le 7 avril est fixé avenue Hoche.

C'est pour s'entretenir de Pierre Besnainou que Bernard Arnault veut voir très rapidement Philippe Frances. Le PDG de LVMH ne va pourtant pas parler du projet Internet par la télévision défendu si âprement par son poulain. Quelques semaines après avoir reçu l'engagement qu'Arnault investirait dans Canal Net, Besnainou a en effet provoqué un vrai coup de théâtre. Au premier conseil d'administration, il a salué tout le monde et annonçait tout de go que son projet Canal Net était mort ! Finis les décodeurs, la télévision. Pierre Besnainou a autre chose en tête. Il est fasciné par le succès de Freeserve, le pionnier des fournisseurs d'accès gratuit, qui, en quelques mois, est devenu leader du marché en Angleterre. Il veut faire la même chose en France. Distribuer en masse des CD-Rom gratuits de connexion à Internet. Et se rémunérer en concluant un accord de reversement avec les opérateurs de télécoms, qui eux, encaissent le prix des communications. Charam Becharat est consterné. Il ne pensait pas que Besnainou aurait le culot d'empocher l'argent puis de changer de fusil d'épaule au dernier moment. Mais Bernard Arnault ne cille pas. Lui qui pourtant déteste perdre le contrôle garde son calme face à ce feu follet. Il veut écouter Besnainou jusqu'au bout. Et ce qu'il lui présente le séduit. De l'Internet distribué en masse, pour le grand public. Voilà qui fait sens. Il manque juste un réseau de distribution, capable de relayer l'offensive marketing de Besnainou. Pourquoi pas Darty ?

7 avril 1999. Au 30, avenue Hoche, dans le bureau de Bernard Arnault, règne un enthousiasme contagieux. Il y a là Pierre Besnainou et Charam Becharat, un peu en retrait

et bien entendu Bernard Arnault et Philippe Frances, qui se rencontrent aujourd'hui pour la première fois. Les deux hommes sont sur la même longueur d'onde. Philippe Frances est lui aussi persuadé qu'il faut lancer un service d'accès à Internet gratuit et cela le plus rapidement possible. En Angleterre, c'est l'ennemi juré de Kingfisher, Dickson, n°1 de la vente en grande surface d'ordinateurs, qui est justement à l'origine du déjà célèbre Freeserve. La révolution Freeserve intrigue même les Américains, qui tentent actuellement de s'inspirer de ce nouveau modèle. En ce 7 avril 1999, l'heure n'est pas aux atermoiements. Chacun égrène les armes dont il dispose : Bernard Arnault pourra utiliser comme relais de distribution la chaîne Sephora et tous ses magasins de vente de parfum, Kingfisher lui, se repose sur Darty et But. Arnault et Frances voient tous les deux très grand. Chacun sait qu'il va apporter environ 400 millions de francs dans la corbeille. En une demi-heure, l'affaire est réglée. « Eh bien, je n'ai jamais participé à une réunion où les décisions se prennent si rapidement », lance, enchanté, Philippe Frances à Bernard Arnault, qui acquiesce, tout sourires.

La machine part effectivement à une vitesse d'enfer. C'est Carole Liscia, la fidèle collaboratrice de Pierre Besnainou, qui trouve le nom LibertySurf. Dès le premier conseil d'administration de LibertySurf, Galileo Partners, l'un des tout premiers investisseurs ayant misé sur Besnainou, se voit signifier son congé, après une interruption de séance de quelques minutes : Arnault et Kingfisher veulent absolument être maîtres à bord du navire LibertySurf. Chacun détient désormais 45 % du capital et Pierre Besnainou, 2,6 %. Ce dernier a carte blanche pour lancer le service le plus tôt possible, quels que soient les frais engagés. La campagne de publicité est prête en une semaine : c'est Vincent Frances, le fils de Philippe Frances, chez Havas Advertising, qui s'en occupe. Le 28 avril, paraît le communiqué de presse annonçant le lancement officiel de LibertySurf. La guerre vient de commencer.

Arnault en pince pour Bigoudi

En ce matin de juin 1999, le temps est au beau fixe. Gilles Guesquière et Jean Postaire ont rendez-vous à l'hôtel Royal Monceau, à 9 heures. Ils doivent petit-déjeuner avec Nicolas Bazire, le directeur de la holding d'Arnault, qui les a appelés quelques jours plus tôt. Nicolas Bazire est un monsieur important dans le milieu. Mais ces derniers mois, les deux pionniers de Nomade se sont habitués à ce que des messieurs importants les appellent. Les mêmes qui, il y a encore un an, ne les auraient pas pris au téléphone, sont désormais très courtois, leur proposent de les racheter, d'injecter de l'argent dans leur capital. Bref, ce matin, Gilles n'est pas le moins du monde intimidé. Il sait qu'il est en position de force. Il débarque en jean, baskets, détendu, face à un Nicolas Bazire tiré à quatre épingles. Quant à Jean... Il est tellement peu stressé qu'il va, lui, arriver avec une bonne demi-heure de retard. Il n'a même pas entendu son réveil.

Depuis les débuts de Nomade dans les parpaings de la pépinière Soleillet et les sueurs froides causées par les humeurs du serveur Bigoudi, la vie a vraiment changé pour Gilles Guesquière et Jean Postaire. Au début de l'année, ils ont déménagé pour la troisième fois de leur courte existence. En avril 98, ils ont levé 5 millions de francs auprès de Sofinnova, le capital-risqueur qui a déjà fait confiance à Multimania et cet argent frais leur a permis de s'étendre. Leurs nouveaux locaux sont superbes. Fatigué par des années passées à travailler à l'étroit, Gilles a craqué sur ce loft inondé de soleil, au 6, rue Réaumur, au cœur du Silicon Sentier. Nomade devrait réaliser quelque 30 millions de chiffre d'affaires sur l'année et son audience explose : le site compte désormais 3 millions de visiteurs. Auréolé de ces résultats flatteurs, le pionnier Nomade est, à l'été 1999, l'une des sociétés les plus courtisées du moment.

Nicolas Bazire sait qu'il est en concurrence avec une dizaine d'investisseurs au moins. Il essaie donc de se faire le plus convaincant possible. Le groupe Arnault veut racheter Nomade, pour doper l'audience de LibertySurf. L'argent n'est pas un problème. Nicolas Bazire avance des chiffres. Ils sont tentants, très tentants. Et il leur fait comprendre qu'il veut aller le plus vite possible. Les jours qui suivent, les deux fondateurs n'ont pas le temps de se poser des questions. Les entretiens s'enchaînent. Le vendredi, ils doivent déjeuner avec Pierre Besnainou et toute son équipe, avenue Hoche, au siège de LVMH. L'ascenseur s'arrête au 8e étage. Au dernier moment, Charam, qui les guide avenue Hoche, les fait bifurquer vers le bureau du grand patron. Arnault a souhaité les voir. L'entretien dure une heure. Bernard Arnault est charmant, attentif, presque séducteur. Il veut en savoir plus sur eux, mais aussi les convaincre que c'est avec le groupe Arnault et avec personne d'autre que Nomade doit s'allier. Le lundi, les deux fondateurs reçoivent une lettre d'intention. Il leur faut se décider.

Jean, lui, n'a pas du tout envie de vendre. Mais Gilles commence à se poser des questions. La concurrence est devenue terrible. LibertySurf démarre sur les chapeaux de roues et s'impose comme un poids lourd du Net. Nomade risque d'être fragilisé. D'autant que la petite start-up est en contentieux avec Bouygues, qui veut accaparer le nom de marque Nomade. Gilles n'est plus aussi sûr de vouloir aller jusqu'à l'IPO comme son ami Michel Meyer. Il pense que c'est peut-être le moment de s'allier avec un groupe industriel et LibertySurf n'est pas pire qu'un autre. Et puis, on ne fait pas la fine bouche sur une telle somme. Après des heures de discussions parfois houleuses, c'est Gilles qui l'emporte. Le 9 juillet 1999, le *deal* est annoncé. Nomade rentre dans le giron de LibertySurf.

Copier coller

« Bonjour, est-ce que vous pourriez annoncer Fabrice Grinda et Olivier Grinda ? Nous avons rendez-vous avec Charam Becharat. » Pendant cet été 1999, les huissiers à l'entrée du solennel hall du 30, avenue Hoche auront décidément vu défiler de drôles d'énergumènes. Gilles Guesquière et Jean Postaire n'avaient déjà pas le look classique du cadre de LVMH. Mais un père et son fils, voilà une première. En polo et en pantalon de toile, les Grinda ont la même serviette, remplie à craquer de documents divers et variés. Le père, avec sa voix forte, sa stature imposante, son téléphone portable Nokia argenté un peu clinquant, se fait un peu plus remarquer que le fils fluet, d'allure discrète. Mais l'air de famille est indéniable.

Fabrice Grinda n'a pas connu les mêmes galères qu'un Gilles Guesquière ou qu'un Michel Meyer. Pour lui, tout s'est passé très vite. Son *business model*, il l'a écrit en quelques jours, l'été dernier. Aux Etats-Unis, il avait, des après-midi durant, *brainstormé* avec ses collèges consultants de McKinsey pour trouver une idée de start-up à lancer. Il avait fait chou blanc simplement parce que tous les bons créneaux étaient déjà pris. Cette fois-là, comme il savait qu'il s'attaquait au marché français, Fabrice ne s'est pas échiné à trouver une idée originale. Il a suffi de transposer un modèle américain qui marche. Comme par exemple eBay, une start-up qui a eu la géniale idée de faire de la vente aux enchères sur Internet et qui venait de s'introduire en Bourse. Un modèle bête comme chou, mais typiquement adapté au réseau et rentable de surcroît. Fabrice s'est plongé dans les documents financiers qu'eBay a publiés sous le contrôle de la Securities and exchange commission (SEC), la COB américaine. C'était pratique : tout était disponible gratuitement sur le site Web de la SEC, www.sec.gov. Sans complexe, Fabrice a fait du copier coller : les plans stratégiques à 5 ans, les tableaux d'exploitation, les projections de marché. Et il est allé jusqu'à reproduire case pour case l'organigramme de direction. En mettant juste son nom dans la case « CEO » : *Chief executive officer*, c'est plus moderne que PDG. Voilà pour le *business plan* ! Puis tout s'est enchaîné. Aucland, la start-up de Fabrice, a trouvé sans peine les 5 millions nécessaires, a démarré à l'automne 1998 et a très vite quitté la pizzeria désaffectée pour de jolis bureaux à Sophia Antipolis. Dès le début de l'année 1999, Fabrice a commencé à vouloir constituer un premier tour de table plus conséquent.

Fabrice est confiant. Il sait qu'il aura l'embarras du choix. Certes, il est un peu en retard sur iBazar, le pionnier des enchères en ligne en France. Mais déjà, le petit milieu de la Net économie n'a que le nom d'Aucland sur les lèvres. Le site Web vient enfin d'être lancé quelques semaines plus tôt. Comme il n'y avait pas d'objets en vente, Fabrice a mis la famille à contribution. Il a raflé tous les jeux Nintendo de son petit frère de 15 ans, ainsi que toutes les cassettes vidéo de sa maman, pour les mettre aux enchères sur le site. Quant à papa... Depuis le début, il accompagne son fiston dans les rendez-vous avec des investisseurs. Fabrice s'est dit que ses cheveux gris feraient bonne impression aux financiers. Et puis il a confiance dans le jugement paternel : Grinda senior PDG d'une société spécialisée dans la dératisation a fait fortune à Miami. Quand Fabrice lui a dit qu'il quittait McKinsey pour créer son entreprise, il n'était pas très chaud. Mais il a été surpris de voir que la sauce prenait aussi vite. Et son orgueil de père a été plutôt chatouillé de voir que son fils s'en tirait aussi bien. Lors de la tournée des investisseurs, Grinda père et fils ont ainsi été assaillis de propositions. Cinq au moins, qui valorisent la société à 200 millions de francs. Il leur reste encore à rencontrer l'équipe d'Arnault.

Charam Becharat ne s'étonne même pas de voir débarquer ce couple bizarre. Pour lui, la situation est simple. Il n'est pas question de faire l'impasse sur le marché prometteur des enchères en ligne. Le leader iBazar refuse catégoriquement de céder la majorité de son capital. Charam doit donc absolument mettre la main sur son challenger Aucland. Ce serait un coup magnifique. Depuis quelques mois, on ne parle plus que de cette start-up dans les journaux. Son PDG a tout pour devenir une star du Net. Charam déploie des trésors de séduction pour convaincre les Grinda. Bernard Arnault lui-même entre en scène, pour un rendez-vous à l'improviste avec le jeune Fabrice, pas mécontent d'une telle faveur. Difficile de résister à une cour aussi empressée. Le 17 juillet, quelques jours après le rachat de Nomade, Fabrice Grinda signe. Bernard Arnault prend 51 % du capital de la start-up pour 115 millions de francs. Un cyber-millionnaire est né.

A la pêche aux start-up

En cet été 1999, l'ambiance n'a jamais été aussi frénétique avenue Hoche. Bernard Arnault appelle Charam sur son portable toutes les dix minutes. Il ne tient plus en place. Avec la montée en puissance de LibertySurf, il rentre dans la catégorie des poids lourds du Net. Mais il veut aller plus loin et créer un incubateur, c'est-à-dire une structure qui héberge et investit dans des toutes jeunes start-up. Soft Bank, la société de Mayasochi Son, le magnat japonais de la *high tech*, est son modèle. Le nom de code de ce projet : Europ@web. Il représente un tournant stratégique radical pour Arnault. Il n'est en effet plus question de collectionner les participations minoritaires mais de construire un vrai groupe. En désaccord, Telio, l'homme qui a fait découvrir la Silicon Valley à Arnault, est sur le départ. Lui, il aurait souhaité poursuivre une stratégie purement financière de portefeuille, mais Arnault en a décidé autrement. Plus ambitieux, le PDG de LVMH veut désormais devenir un industriel du Net. D'où la naissance d'Europ@web, dotée d'une corbeille de 500 millions d'euros, soit 3,3 milliards de francs, qui viennent se rajouter aux 2 milliards de francs qu'Arnault a déjà sortis de sa poche pour ses emplettes américaines ! La stratégie industrielle d'Europ@web est encore un peu floue. Il y a certes LibertySurf, le vaisseau amiral, qui sort renforcé de l'acquisition de Nomade. Mais tout le reste du portefeuille reste à constituer. Les équipes d'Europ@web n'ont pas d'idée préconçue. Elles veulent investir tous secteurs confondus, pour ne surtout pas rater l'émergence d'un Yahoo ! français !

Cet été, Charam Becharat ne prend pas de vacances. Sous la canicule parisienne, il travaille comme un forcené et rencontre à peu près tout le milieu du Net français. Il tente ainsi sa chance auprès d'Orianne Garcia et d'Alexandre Roos. En vain. Les deux fondateurs de Caramail semblent même dubitatifs quant à la stratégie d'Europ@web, qui veut en effet être présent sur tous les fronts. Enchères, musique, immobilier, vente de vins. Et même finance ! Charam a ainsi déniché Olivier de Montety, 34 ans. Ce Sciences-Po Bordeaux a commencé comme courtier et il a créé Fimatex, le service de broker en ligne de la Société Générale. Olivier de Montety voyait plus grand, imaginait déjà élargir l'offre de Fimatex et lancer une banque en ligne. Mais il s'est vu opposer une fin de non-recevoir et a du coup préféré démissionner. Quand il a rencontré Arnault, début juillet, il n'avait même pas eu le temps de peaufiner son *business plan* qui se résumait à quelques lignes sur son Palm Pilot. Mais son idée, très simple, créer une banque exclusivement sur le Net, a tout de suite captivé Bernard Arnault. Le PDG de LVMH ne détesterait pas clouer le bec à un Michel Pébereau, le PDG de BNP, ou à un Daniel Bouton, de la Société Générale, en allant chasser sur leurs propres terres. Quatre jours après, Olivier apprend qu'on lui a attribué un bureau provisoire avenue Hoche. Et qu'Europ@web va injecter 82 millions d'euros (545 millions de francs). Il débarque le 15 juillet avec une ramette de papier. Et commence à travailler sur le projet Zebank, la première banque 100 % Internet.

Surchargé sous les dossiers d'investissements, Europ@web recrute à tour de bras. Charam commet d'ailleurs un crime de lèse-LVMH en court-circuitant la toute-puissante DRH de la société, qui a toujours fait la pluie et le beau temps dans le groupe. Mais en cette rentrée 1999, la nouvelle économie a pris le pouvoir et Charam, le chouchou du patron, n'a que faire des récriminations des crocodiles de LVMH. Il veut des gens à lui. Des gens comme lui. Pendant l'automne et l'hiver 1999, des hordes de X, Enarques, Normaliens débarquent ainsi avenue Hoche. Tous recrutés par Egon Zehnder, un cabinet de chasseurs de tête dont les dirigeants sont l'épouse de Charam et l'un de ses copains de promotion à Polytechnique ! Déjà à l'étroit avenue Hoche, Europ@web cherche à déménager dans de nouveaux locaux. Dans la bande de Charam, ce petit groupe surdiplômé, au QI dépassant les 150, on a les mêmes codes, la même éducation, la même tournure d'esprit. On s'éclate en travaillant nuit et jour. Il faut investir, toujours et encore. 30 millions dans Alafolie, le site du mariage, 92 millions dans Wine And Co, le spécialiste du vin, 50 millions dans Mzz.com, un site musical. A peine née, la tornade Europ@web fait pleuvoir les millions, au grand dam du petit milieu des capitaux-risqueurs traditionnels, peu habitués à de telles méthodes. Bernard Arnault est ravi. A côté de ce rouleau compresseur, les timides incursions dans le Web de son ennemi juré, François Pinault, font figure d'aimables plaisanteries. La presse, admirative devant l'audace du PDG de LVMH, catalogue d'ailleurs déjà PPR de « ringard du Net ». François Pinault a peut-être soufflé le contrôle de Gucci à son rival, mais sur le terrain du Net, Arnault remporte la bataille haut la main.

Mais que fait Pinault ?

Ce vendredi 19 mars 1999, le jour du raid éclair de François Pinault sur le groupe de luxe italien Gucci, convoité par Bernard Arnault, est une date de déclaration de guerre. Une guerre totale. D'ego, de pouvoir et de milliards. En revendiquant des ambitions dans le luxe, chasse gardée d'Arnault, le milliardaire breton François Pinault savait parfaitement ce qu'il faisait. La guerre avec Arnault ? En construisant son empire, il a pris goût à ce genre de combats. Depuis l'affront Gucci, tout est prétexte à conflits. L'establishment français doit maintenant choisir son camp : on est soit Arnault, soit Pinault. Mais rarement les deux à la fois. Jusqu'à présent les deux plus grands capitalistes privés français avaient pris grand soin de ne jamais se croiser à un carrefour de la vie des affaires. Leur ascension s'est réalisée en parallèle, chacun dans son coin, mais avec les mêmes vieilles recettes et la même complicité d'un gouvernement socialiste qu'ils détestent pourtant tous les deux. En 1984, Arnault, grâce au gouvernement Fabius, hérite de Boussac, un vaste empire en déconfiture (des filatures mais aussi Dior, Conforama, le Bon Marché). Il dépècera la bête et en cédera certains bouts, entassant les plus-values. Avec la même tactique, Pinault rachète, lui, en 1987 pour un franc symbolique le groupe papetier Chapelle Darblay qu'il revend trois ans après. Les deux empires se construiront sur les mêmes fondations de ce capitalisme à la française, où se mêlent joyeusement jeux d'influences et promesses non tenues, argent privé et décision publique. Est-ce parce qu'ils se ressemblent finalement beaucoup que les deux hommes se haïssent tant ? Arnault, le polytechnicien du nord de la France, joueur émérite de piano, et Pinault, le Breton self-made-man, grand connaisseur d'art moderne, ont poussé le vice à avoir pendant longtemps la même responsable de la communication, Anne Méaux. Mais après la déclaration de guerre du 19 mars, elle a dû, elle aussi, choisir son camp. Elle part avec François Pinault.

La presse se délecte à compter les points de ce duel de luxe. Le microcosme parisien épie chaque mouvement de l'un, anticipe la contre-attaque de l'autre. Les dîners en ville ne parlent que de cela. Les deux hommes exaspèrent autant qu'ils fascinent, mais ils ne laissent jamais indifférents. Bizarrement, la frénésie d'achats de Bernard Arnault sur le petit marché de l'Internet français semble laisser de marbre son ennemi intime. C'est d'autant plus curieux que toutes les études de cabinets de consultants disent la même chose : avec l'arrivée de l'Internet c'est tout le métier de la distribution qui sera demain menacé. Or la distribution, c'est précisément le cœur de l'empire de Pinault. Avec son groupe PPR, il contrôle les grands magasins du Printemps, La Redoute, Conforama et surtout la Fnac. L'absence de réaction de Pinault inquiète les marchés. Que fait-il ? A-t-il perdu la main et l'envie de se battre ? Et si Pinault était en train de passer au travers de cette révolution industrielle ? François Pinault laisse dire. En silence, il consulte beaucoup dans le petit hôtel particulier boulevard de La Tour-Maubourg qui abrite le siège social de sa holding financière Artémis. Son fils François-Henri, 36 ans, diplômé d'HEC, lui sert de rabatteur. Il lui fait rencontrer des jeunes de la nouvelle scène de l'Internet français, pour le tenir au courant. Evidemment cela finit par se savoir. Toutes les start-up de la nouvelle économie française viennent déposer un dossier chez Artémis, espérant, eux aussi, profiter de la guerre d'ego entre Pinault et Arnault, en faisant monter les enchères. Au sein d'Artémis, une petite équipe, dirigée par Evrard de Montgolfier, issu de la même promotion d'Harvard que Charam Becharat, son homologue chez Arnault, passe son temps à décortiquer tous les *business plans*. Début 1999, un ou deux dossiers par jour était un rythme de croisière normal. Mais depuis septembre, Evrard de Montgolfier en reçoit parfois dix, par jour, sur son bureau. La petite équipe croule sous le travail, ne sait où donner de la tête ni où ranger ces kilomètres de papier. Projets de Web agencies, sites de contenus en tout genre, portails de e-commerce... tout finit par s'entasser dans des cartons, que l'on descendra plus tard à la cave. Car Artémis fait sa difficile. Elle reçoit, consulte, calcule mais n'investit pas. Ou très peu. Des petites participations dans des start-up américaines avant tout spécialisées dans de la technologie pure et dure. Mais presque rien dans des sites Web français. François Pinault souhaite avant tout se faire une petite idée de la révolution technologique promise par l'UMTS, cette nouvelle licence de téléphonie mobile qui permettra de consulter depuis son portable tous les trésors d'Internet et notamment la vidéo. Actionnaire de référence de Bouygues, la maison mère de Bouygues Télécom, le troisième opérateur français, François Pinault est concerné au premier chef par cette révolution. Car qui dit UMTS dit des milliards de francs d'investissement. En prenant quelques participations à droite et à gauche dans ces start-up américaines de technologie, Pinault veut commencer à défricher cet épineux dossier. Quant à l'Internet français et les promesses mirifiques du e-commerce, il laisse à son lieutenant Serge Weinberg, le patron de PPR, le soin de faire le tri.

Serge Weinberg est bien ennuyé. Cet ancien chef de cabinet de Fabius, quand celui-ci était ministre du Budget en 1981, ne croit pas à l'Internet. Ou du moins il reste très sceptique. Il ne croit pas à la menace de cet Amazon dont tout le monde lui rebat les oreilles à longueur de journée. La vie de Serge Weinberg serait tellement plus simple si le directeur général adjoint de la Fnac ne s'appelait pas François-Henri Pinault, fils de son père et grand fana d'Internet. Passionné d'informatique et tous les gadgets technologiques de la planète, François-Henri baigne dans le Web depuis longtemps. Il adore cela. Et quand il prend la direction adjointe de la Fnac en 1997, il veut en faire son chantier personnel. Sa marque de fabrique à lui. Une façon de faire oublier qu'il est le fils de son père, l'héritier promis à la plus haute marche. Au moins, se dit-il, avec Internet, je suis crédible. Alors il veut aller vite. Dès l'été 1997, il part dans la Silicon Valley rencontrer ce qui se fait de mieux sur le Net américain. Il prend rendez-vous chez Amazon, le cyber-libraire qui promet de révolutionner la distribution du livre et des produits culturels. A cette époque, Amazon aux Etats-Unis c'est la start-up qui compte. Au même titre qu'un Yahoo ! Evidemment le vulgaire responsable des relations internationales qui reçoit François-Henri ne connaît pas la Fnac et ignore totalement que son interlocuteur est le fils de l'une des plus grandes fortunes françaises. Le fils Pinault n'est pas du genre à s'en offusquer. Il est ici pour lui parler de son projet de partenariat entre la Fnac et Amazon, une fois que l'Américain sera décidé à venir s'installer en France. La discussion est amicale, décontractée. Mais son interlocuteur lui répond que ce projet est prématuré car la France n'est pas une cible prioritaire d'Amazon. On se quitte bons amis et on se promet de rester en contact. Au moment de se lever de sa chaise, François-Henri voit passer dans l'embrasure de la porte une tête qui se met à crier, dans un grand rire sonore, que le site vient d'atteindre la barre des 1,5 million de clients. « C'est Jeff Bezos, notre boss », croit devoir expliquer le directeur des relations internationales. Quand il rentre en France, le fils Pinault est remonté comme une pendule. Il veut lancer au plus vite un site de e-commerce digne de ce nom. Un Fnac.com avec de vraies ambitions. Et un peu plus consistant que le malheureux site Fnac.fr qui sert actuellement de vitrine au groupe. Le développement d'Amazon l'a convaincu que l'avenir de la distribution passe aussi par le Net. Weinberg est hésitant. Mais a-t-il vraiment le choix ? Le Tout-Paris sait pertinemment que François-Henri deviendra demain le vrai patron du groupe. Alors Serge Weinberg se fait violence. En décembre 1997, il signe dans la plus grande discrétion un chèque de 300 millions de francs à François-Henri Pinault pour lui permettre d'assurer pendant cinq ans le développement du site de la Fnac. Aucune autre enseigne du groupe ne bénéficiera de telles largesses.

Sur la défensive, Serge Weinberg décide lui aussi de partir cet été 1999 dans la Silicon Valley voir de ses propres yeux ce qui s'y passe, comprendre ce mythe américain. Il part avec son nouveau directeur de la stratégie, Bruno Cremel, 33 ans, énarque et inspecteur des finances comme lui, tout frais sorti de la direction du Trésor. Serge Weinberg est venu aux Etats-Unis avec une seule interrogation en tête. A tous les interlocuteurs qu'ils rencontrent, il pose la même et obsessionnelle question : « Quand allez-vous devenir profitable ? » Ce jour-là les deux Français visitent la start-up Babycenter.com, spécialisée dans la vente de produits pour les bébés. Elle vient de lever 150 millions de dollars pour un chiffre d'affaires de deux millions de dollars, pas même celui du rayon petite enfance du Printemps Haussmann ! Serge Weinberg et Bruno Cremel sont tous les deux plantés au beau milieu d'un immense plateau où une centaine de jeunes de 25 ans s'agitent en tous sens. Au bout de dix minutes, deux salariés finissent par s'approcher pour leur dire qu'ils n'ont pas beaucoup de temps à leur consacrer. Alors Serge Weinberg pose vite sa question :

« Avec un si petit chiffre d'affaires quand est-ce que vous espérez gagner de l'argent ?

— Ce n'est pas le problème. Il faut aller vite, saisir les opportunités et se vendre à un bon prix », répond le salarié, manifestement interloqué par la question du patron de PPR.

Serge Weinberg n'en demande pas plus. Cela lui suffit pour renforcer ses convictions. Pour lui, l'économie américaine est en train de faire gonfler une bulle spéculative qui finira par éclater un jour. Et le souffle de la déflagration finira bien par rabattre l'arrogance de ces post-adolescents. Mais Weinberg repart tout de même ébranlé de son séjour. Toute cette effervescence, cette créativité, cette folle dépense d'énergie lui font peur. Les Etats-Unis lui ont donné l'impression de rouler à 200 kilomètres à l'heure. Que va-t-il sortir de cet immense laboratoire américain où tout le monde travaille nuit et jour comme des fous, euphorisé par cette drogue Internet ? En arrivant à Paris, il sait qu'il ne pourra pas rester seul sur les toits de ses magasins à regarder déferler les vagues de la nouvelle économie sur l'Europe. Même s'il est hors de question de suivre la trace de Bernard Arnault, il faudra bien en être aussi. Ne serait-ce que pour calmer l'appétit technophile du fils prodige François-Henri.

King of the Net

« Pierre, ce que vous demandez, c'est tout simplement impossible. » Ce jour de septembre 1999, Pierre Besnainou est enfermé dans son bureau, rue de Berri, avec Christophe Parcot. Il y a quinze jours, Christophe a abandonné Charam Becharat et les bureaux d'Europ@web de l'avenue Hoche pour s'embarquer dans l'aventure LibertySurf. Mais, aujourd'hui, il est venu présenter sa démission. Christophe craque. A LibertySurf, tout est allé si vite. La société prépare une campagne télévisée pour la fin de l'année. Il va falloir piloter la fusion de Nomade. Le rythme de travail est démentiel. Son nouveau patron lui mène la vie dure. Pierre fait irruption dans son bureau toutes les deux minutes pour lui réclamer des dossiers. Et voilà qu'il lui demande en plus de préparer l'introduction en Bourse de la société ! Ce fou a prévu son IPO pour mars 2000. Alors que la société s'est lancée il y a 4 mois à peine !

Mais quand Christophe Parcot ressort du bureau de Pierre Besnainou, il est chargé d'une nouvelle pile de classeurs. Pierre Besnainou lui a sorti son grand numéro. Irritant, insistant, il n'hésite pas à sortir les violons et jouer la partition du mélo ! Et cela marche. Besnainou mène son petit monde par le bout du nez. Pendant tout l'automne 1999, le pauvre Christophe Parcot ne voit pas la lumière du jour. Le compte à rebours a commencé et Pierre Besnainou veut absolument doper l'audience du site le plus vite possible pour présenter le meilleur bilan qui soit aux investisseurs. Avec l'acquisition de Nomade, LibertySurf a déjà gagné 3 millions de visiteurs en plus. Ce n'est qu'un début. Christophe Parcot est chargé de pister d'autres proies. En octobre, LibertySurf rafle l'opérateur de télécoms AXS pour réduire sa dépendance à France Télécom.

Puis quelques jours après, c'est le tour de Respublica, un site de communautés. A la fin de l'année, Pierre est déjà à la tête d'un véritable empire. Le groupe vient de déménager dans un immense building à Saint-Ouen sur le périphérique au grand désespoir des fondateurs de Nomade obligés de quitter le Silicon Sentier. Début 2000, LibertySurf compte désormais 610 000 abonnés, qui consomment en tout quelque 120 millions d'unités téléphoniques. Bernard Arnault est sur un petit nuage. La fantastique croissance de LibertySurf le comble d'aise. Sur Internet, son ennemi François Pinault est encore quasi inexistant et LibertySurf donne désormais des cauchemars aux géants comme Wanadoo de France Télécom ou AOL France, piloté par Vivendi. Tous les lundis matin, Bernard Arnault consacre ainsi près de deux heures à Pierre Besnainou et ses équipes. Il se passionne pour la campagne de publicité télévisée que prépare le groupe, donne son avis sur les couleurs et le graphisme du site : il connaît même le prénom du tout jeune *web designer* de l'équipe. Et bien entendu, il suit de très près les plans d'introduction en Bourse. Bernard Arnault tient absolument à ce que LibertySurf soit coté au Règlement mensuel, avec France Télécom et autres Michelin. Quelle consécration ! Le patron sait qu'il a eu raison de faire confiance à un Pierre Besnainou. Fin 1999, le PDG de LVMH a ainsi été élu par le prestigieux magazine *Business Week* comme l'une des 25 personnalités du Net les plus influentes de la planète. Il est le seul Français à faire partie de ce palmarès. Grâce à Pierre Besnainou, Bernard Arnault est tout simplement en train de devenir l'empereur du Net européen.

CHAPITRE 4

Messier et Bon sont dans un bateau

Jean-Marie Messier.com est né

29 janvier 1998. En ce matin ensoleillé, une foule noire de costumes cravates se presse devant l'Entrepôt, un cinéma d'art et d'essai, niché au fin fond du XIVe arrondissement à Paris. L'Entrepôt est un endroit bohème, branché, un poil underground. C'est justement pour cela que Jean-Marie Messier, le PDG de la Compagnie Générale des Eaux, a décidé d'y tenir sa conférence de presse. Aujourd'hui, Jean-Marie Messier ne va pas parler d'eau, d'environnement, de propreté. Il va parler de futur, d'Internet, de convergence entre la télévision, le Web, le téléphone. Aujourd'hui, c'est la naissance officielle de Jean-Marie Messier.com.

Le patron de la CGE vient de rafler 55 % du capital d'AOL France. Avec ses millions de clients aux Etats-Unis, AOL est l'une des plus belles signatures Internet du monde. Jean-Marie Messier a passé ses vacances de Noël à négocier ce *deal* et la lettre d'intention vient à peine d'être signée. A vrai dire, l'accord n'est même pas finalisé. Qu'importe. Jean-Marie Messier a tenu à convoquer la presse dès que possible pour annoncer la nouvelle. Car

J2M, comme le Tout-Paris l'appelle, veut être le premier patron à parler publiquement d'Internet. Il savoure l'idée de damer ainsi le pion à Michel Bon, le PDG de France Télécom, encore bien silencieux sur ce sujet. Pour l'occasion, J2M a réuni du beau linge. A ses côtés, il y a Pierre Lescure, le PDG de Canal +. Lescure ne connaît pas grand-chose au Web, mais il est néanmoins une pièce maîtresse de la stratégie de convergence de Messier qui compte marier les abonnés de Canal + et ceux d'AOL, leur proposer des offres couplées Internet-télévision. Et puis, venu tout spécialement d'Allemagne, voilà Thomas Middelhof, l'homme fort du groupe de médias Bertelsmann, avec qui Jean-Marie Messier est à tu et à toi. Mâchoires carrées, petites lunettes fines, ce quadragénaire est sur le point de prendre les rênes de Bertelsmann. C'est lui qui a engagé la vénérable maison allemande dans la révolution Internet en signant dès 1994 un joint venture avec AOL Europe. Tous deux catholiques, pères de cinq enfants, les deux hommes qui se sont rencontrés dans un *steakhouse* à New York s'apprécient. Ils sont faits de la même trempe, ils ont le même âge, ils viennent de prendre le pouvoir. Ils n'ont encore rien bâti, doivent encore imprimer leur marque. Et ils veulent aller vite, très vite. Internet est leur nouveau credo. « Convergence », « autoroutes de l'information », « révolution Internet ». Assis côte à côte à cette table, Jean-Marie et Thomas font valser les mots, les concepts, avec une délectation visible. Aujourd'hui ils sont les conquérants du cybermonde.

Jean-Marie Messier a toujours voulu faire de la vieille CGE un groupe sexy, moderne, un groupe de NTIC. Les NTIC, ou Nouvelles Technologies de l'Information et de la Communication. Il n'y a que cela qui l'intéresse. Les NTIC sont bien plus glamour que le retraitement des déchets, la presse adore, en parle et Jean-Marie Messier aime quand on parle de lui. En 1995, quand J2M succède au sphinx Guy Dejouany, la Générale est encore un conglomérat hétéroclite de 2 714 filiales, dont les activités vont de l'eau à la santé, en passant par l'immobilier. Mais Messier a déjà repéré deux pépites. SFR, l'activité téléphone mobile. Et la participation minoritaire que la CGE détient dans Havas. C'est-à-dire du multimédia, des jeux vidéo, des maisons d'édition prestigieuses, de la presse, avec des titres comme *L'Express* ou *L'Expansion* et, surtout, c'est un pont jeté vers Canal +, détenu à 19 %. Le téléphone et les contenus : pour Jean-Marie Messier, voilà les deux chantiers prioritaires. Côté téléphone, tout commence dès septembre 1996, date de la création de Cegetel. A la tête de Cegetel, J2M place un de ses hommes, Philippe Germond, un quadra qui a fait ses armes chez Hewlett Packard France. Sa mission est simple : transformer Cegetel en France Télécom bis. La déréglementation du marché des télécoms est prévue pour début janvier 1998 et il n'est pas question de passer à côté. Bien sûr, pour jouer dans la cour des grands, il faut beaucoup d'argent. Les investissements se chiffrent en milliards. Et la Générale des Eaux n'a pas un sou vaillant. Elle est même surendettée. Qu'importe. Jean-Marie Messier, l'ex-banquier d'affaires, a su choisir un directeur financier brillant et imaginatif : Guillaume Hannezo, le Mozart des montages financiers. Grâce à la cascade de joint ventures complexe imaginée par ce dernier, Cegetel réussit à faire payer à ses partenaires, comme l'anglais BT, l'essentiel de ses investissements. C'est aussi grâce aux subtiles acrobaties financières d'Hannezo que Messier accomplit la deuxième partie de son plan, menée tambour battant, parallèlement à la campagne du téléphone : mettre la main sur les contenus d'Havas. Février 1997, la Générale rafle 30 % du capital Havas (actionnaire de référence de Canal +). Sans y mettre un sou. Depuis, les choses n'ont pas traîné. Les activités comme Havas Voyages sont en cours de cession. L'absorption totale d'Havas est aujourd'hui imminente. Ainsi que le limogeage de Pierre Dauzier, l'indéboulonnable PDG d'Havas. Le plus fidèle lieutenant de J2M est déjà en place : Eric Licoys, de 15 ans son aîné, qu'il a connu avant la Générale des Eaux, alors qu'il travaillait chez Lazard, la crème des banques d'affaires. Fin 1997, Jean-Marie Messier a donc placé deux pions sur son puzzle de la convergence. Les tuyaux sont là, avec Cegetel et SFR. Les contenus, aussi, avec Havas et Canal +, tombés de facto dans l'escarcelle du groupe.

Il manque la pièce la plus importante, la pièce pour joindre tuyaux et contenus : un fournisseur d'accès à Internet. Pour l'instant, face à France Télécom et son Wanadoo ou à Lagardère et son Club-Internet, la CGE est inexistante et n'a toujours pas d'accès Internet. Il y a urgence. Il faut combler cette lacune quitte à aller chercher des compétences et du savoir-faire ailleurs. Voilà pourquoi Jean-Marie Messier a tellement tenu à faire cette joint venture avec AOL, une marque reconnue de l'Internet. Pour parachever le tout, dans quelques mois, il va enfin dévoiler le nouveau nom de la Générale des Eaux. Bref, sur le papier, le puzzle est enfin complet. Il ne reste plus qu'à tout faire marcher.

Do you Wanadoo ?

Chez France Télécom, l'accord signé entre Vivendi et AOL a fait l'effet d'une bombe. Directeur de la branche grand public et homme de confiance de Michel Bon, Jean-François Pontal vient de convoquer dans son bureau Gérard Emery, le directeur de la division multimédia et père de l'Internet à France Télécom. Pontal ne tourne pas autour du pot longtemps : « Il n'y a aucune raison de se faire avoir par la bande à Messier comme ça sans réagir. On ne va pas rester challenger toute notre vie. Wanadoo doit être le numéro un », dit-il. Partagé entre un sentiment d'injustice et de profonde satisfaction de voir qu'Internet est enfin devenu un sujet suffisamment important pour se faire enguirlander, Gérard Emery ne pipe pas mot. Il devine que Michel Bon, sûrement furieux du coup d'éclat de Messier, va peut-être manifester un peu d'ambition pour son bébé, Wanadoo. L'énorme machine France Télécom endormie par le succès français du minitel va enfin comprendre que l'Internet mérite un peu plus que les habituels sarcasmes, sur le mode du « ça marchera jamais votre truc », longtemps entendu dans les couloirs du siège.

Gérard Emery a pris l'habitude de travailler dans son îlot, des bureaux isolés à Malakoff, loin du siège. Depuis l'été 1995 et la création de France Télécom Interactive, une sorte de coquille qui regroupe un petit embryon d'activités sur le Web, des participations dans des chaînes de télé et de quelques services interactifs, il mène sa barque tout seul avec sa petite équipe. C'est dans l'anonymat complet que Wanadoo voit le jour le 2 mai 1996. L'équipe d'Emery a longtemps hésité à choisir le nom de baptême de son fournisseur. Chacun avait son favori. Les ingénieurs soutenaient le classique FT.net, mais la marque était déjà déposée. Les nostalgiques plaidaient pour FT.36, en hommage au minitel, l'illustre grand-père de l'Internet. Enfin ceux du marketing étaient prêts à se battre pour défendre Wanadoo, un anglicisme – un comble pour France Télécom – sorti de nulle part, qui évoque de lointains lagons des mers caraïbes et signifie en argot anglais « je vais le faire ». Après bien des heures de débat, « *I wanna do* » a fini par l'emporter.

A cette époque, Michel Bon a d'autres chats à fouetter que de s'intéresser aux bidouillages Internet de Gérard Emery. Il vient de débarquer à la présidence de France Télécom et il a en poche une feuille de mission plutôt casse-gueule. Il doit négocier avec les syndicats l'impossible : le changement de statut de l'entreprise et la mise en Bourse d'une partie de son capital. Avec EDF et la SNCF, France Télécom est le troisième mammouth du capitalisme à la française. Depuis des années, il coule des jours paisibles, en bon vieux monopole, sous la tutelle, certes capricieuse, mais finalement assez confortable de Bercy. Chasse gardée des X-Télécom, la maison a été élevée dans la culture du défi technologique et du service public. Ici, les clients s'appellent des usagers, les salariés des agents et la politique commerciale, aménagement du territoire. Les mots de marché et de profit sont des gros mots. Le capitalisme est un territoire reculé où vivent des barbares aux pratiques inconnues. C'est toute cette vieille culture que Bon va devoir changer. Car le grand saut dans la concurrence est prévue pour janvier 1998. Or qui dit fin du monopole dit, pour Michel Bon, nécessairement ouverture du capital de l'entreprise publique. Mais encore faut-il en convaincre le gouvernement. Nommé par Juppé, il assiste avec horreur au printemps 97 à la victoire de la gauche. Et il repart immédiatement avec son bâton de pèlerin pour convaincre les socialistes. Après des semaines de harcèlement, il obtient à l'arraché le feu vert pour ouvrir une première tranche du capital de son entreprise.

Ce n'est qu'à l'été 1997 que Michel Bon se rappelle subitement l'existence de ce Wanadoo. Contraint et forcé. A Hourtin, lors des universités d'été du PS, Lionel Jospin, aiguillé par DSK, se pique d'un discours entièrement consacré aux nouvelles technologies et sonne le clairon de la mobilisation générale pour rattraper le retard français en matière d'Internet. A juste titre, Michel Bon se sent visé. L'ex-monopole est en retard. Parti après tous les autres dans la course à l'accès Internet, il n'a toujours pas rattrapé AOL, numéro 1 en France. Depuis quelques mois, il fait à peu près jeu égal avec Club-Internet, le fournisseur d'accès du groupe Lagardère. Il faut agir. Maintenant que Michel Bon a franchi avec succès l'examen de passage de l'entrée en Bourse, en octobre 1997, il a l'esprit plus libre. Et regarde d'un peu plus près ce qui se passe à Wanadoo. A coups de baisses de tarifs massives, le fournisseur d'accès de France Télécom a presque rattrapé son retard sur AOL. La courbe des abonnés explose et atteint fin 1997 la barre des 100 000. Une progression de 488 % d'une année sur l'autre. Si bien que Gérard Emery veut maintenant frapper un gros coup et réaliser la première grosse fusion de l'Internet français : marier Wanadoo et Club-Internet. Michel Bon est séduit. Après l'annonce de Messier, cette fusion avec Club-Internet ferait un si bon effet ! Il charge son protégé Nicolas Dufourcq, un jeune HEC, énarque et inspecteur des finances comme lui, d'épauler Emery dans ce dossier délicat. Ce qui n'est évidemment pas dans le goût de ce dernier. Les négociations traînent en longueur. France Télécom ne veut surtout pas lâcher sa pépite Wanadoo tandis qu'Arnaud Lagardère n'est pas, lui, très chaud pour partager le pouvoir. Les journalistes s'impatientent. Mais que fait Michel Bon ? La presse restera sur sa faim : les deux sociétés jettent l'éponge. Wanadoo reste seul. Gérard Emery est meurtri. Il tient Nicolas Dufourcq, le chouchou de Michel Bon, pour principal responsable de cet échec. A partir de là, la relation entre les deux hommes va devenir exécrable. Chaque dossier devenant l'objet d'une véritable bataille d'ego. L'ingénieur polytechnicien contre le jeune énarque ambitieux. Le techno contre le politique. Le vieux contre le jeune.

En septembre 1998, la bataille d'influence entre Emery et Dufourcq vire largement à l'avantage du jeune ambitieux. Gérard Emery sent bien qu'il lui faut partir avant de risquer de se voir un jour débarqué sans ménagement. Il quitte son bébé et rejoint France Télévision. Entre-temps, le rouleau compresseur France Télécom s'est mis en branle. Tout au service du nouveau roi Wanadoo. Cette gigantesque bataille du Net n'est pas sans effrayer les malheureux salariés de France Télécom, qui depuis la privatisation, ont vu leur univers chamboulé. Ils sont des milliers à avoir changé de métier du jour au lendemain. Ici à Pau, ce sont des garagistes qui entretenaient le parc de voitures de l'entreprise qui doivent, du jour au lendemain, enfiler un nouveau costume pour vendre du pack Wanadoo. Là-bas, à Boulogne-sur-Mer, c'est le dernier centre de radio maritime qui est transformé en plateau téléphonique dédiée à Wanadoo. Des trains entiers de salariés qui viennent du téléphone fixe viennent renforcer les troupes des agences commerciales pour vendre des mobiles et Wanadoo. Drôle de chambardement. Mais Michel Bon a décidé que Wanadoo deviendrait le leader de l'Internet. Alors chez France Télécom, c'est marche ou crève. Wanadoo dispose maintenant de la force de frappe d'une myriade d'agences, dispersées sur tout le territoire français. Des moyens financiers de la maison mère, confortablement assise sur la manne du téléphone. Qui pourrait résister à un tel rouleau compresseur? Personne. Fin 1998, Wanadoo passe devant ses concurrents, avec plus de 500 000 abonnés à son compteur. Michel Bon est un homme heureux.

Frères de sang

« C'est vrai, je pense que j'ai un peu plus de chose à dire sur les télécoms et Internet que M. Messier. C'est normal, après tout, c'est mon métier. Pour la Générale des Eaux, tout ceci est encore très nouveau. » Quand Michel Bon décoche des piques, il le fait, l'air de rien, avec un grand sourire naïf. Pourtant, aujourd'hui, en ce 3 février 1998, il n'est pas mécontent d'avoir rabattu le caquet de

Messier. Michel Bon a été invité à parler de la révolution des nouvelles technologies pour l'ouverture du salon *high tech* COMDEX. Autour de la table, il n'y a que du beau linge : Lionel Jospin, Bill Gates et Serge Tchuruk, PDG d'Alcatel. Jean-Marie Messier va intervenir lui aussi. Mais bien plus tard. Son nom a été relégué, loin dans le programme, comme un invité de second rang.

Entre « Monsieur Bon » et « Monsieur Messier » (pas de Jean-Marie et de Michel, entre ces deux-là), la guerre est déclarée. Et les coups volent bas ! Les deux concurrents inondent ainsi les journaux de communiqués de presse plus ou moins spécieux, où chacun se proclame leader du marché. A tel point que l'ART, l'autorité de régulation des télécoms, a été obligée de rappeler les deux larrons à l'ordre. Dans cette guerre de l'image, Messier, qui enchaîne les interviews, a pris l'avantage. Perfectionniste, il ne néglige aucun détail pour soigner son image de patron jeune et branché, se fait photographier sur les pistes de ski, bronzé, le portable à l'oreille, impose à ses collaborateurs de se jucher, lors des conférences de presse, sur des tabourets de bars haut perchés, pour faire plus cool. Et il ne perd pas une occasion de dénigrer son rival, accusé de profiter de sa situation d'ancien monopole pour entraver la concurrence. Il a mobilisé une batterie d'experts judiciaires et a attaqué France Télécom auprès de l'ART, ainsi qu'à Bruxelles. Lui, le rapide, le faiseur de *deals*, ne se sent vraiment pas sur la même longueur d'onde que son prudent homologue de France Télécom, qui s'est tâté pendant des mois et des mois pour savoir si oui ou non il allait collaborer avec Club-Internet. Le genre d'atermoiements que Messier ne peut pas comprendre ! Quant à Michel Bon, il supporte de moins en moins les beaux discours de J2M, de 10 ans son cadet. Il a été choqué par la prise à la hussarde d'Havas, laquelle a entraîné l'éviction de Christian Brégou, le patron du pôle édition, un homme qu'il respecte. Pour protester, il a d'ailleurs claqué la porte du conseil d'administration d'Havas. Jean-Marie Messier l'énerve, d'autant plus qu'il gagne largement plus que lui. Messier et Bon s'horripilent, mais, ironie du sort, ne cessent de se croiser. Conférences *high tech*, colloques Internet, rendez-vous à l'ART. Le couple infernal ne passe pas inaperçu. Visage anguleux, joues creusées, le svelte Michel Bon dépasse d'une bonne tête le rondouillard Jean-Marie Messier, au visage poupin. Bon et Messier ou les Laurel et Hardy du Net.

Pourtant et c'est peut-être cela qui les agace le plus, ces deux-là ont bien plus de points communs qu'ils ne veulent bien le penser. Ces deux Grenoblois, issus d'une bourgeoisie aisée, ont tous deux été des élèves brillants, studieux, qui ont intégré les meilleures écoles. Polytechnique et ENA pour Messier, ESSEC, Sciences-Po, ENA pour Bon. Après l'ENA, ils ont tous deux pris la voie royale de l'inspection des finances. Ils dévalent les mêmes pistes de ski, à Courchevel ou Val-d'Isère. Ils ont l'un et l'autre la carte famille nombreuse (4 enfants pour Bon, 5 pour Messier). Leurs gigantesques bureaux ont des portes capitonnées, des baies vitrées et des grands tableaux au mur. Ils sont de tous les réseaux. Bon est un membre du Siècle ou de la Fondation Saint-Simon, deux cercles de dirigeants très fermés, Messier, un brin snob, assure préférer le club des 40, le cénacle des jeunes managers interdit aux plus de 50 ans (et donc à Michel Bon!). Jean-Marie Messier et Michel Bon ont la même histoire, les mêmes repères. Ils ont été tous les deux parachutés, au milieu des années 90, à la tête de groupes dont l'histoire est intimement liée à l'Etat français. France Télécom était, il y a encore peu, la direction générale des PTT et la Générale des Eaux, groupe d'influence s'il en est, a prospéré grâce aux contrats avec les collectivités locales. Les deux Net patrons de l'Hexagone sont en fait les plus purs produits d'un certain capitalisme à la française.

Après l'ENA et l'inspection des finances, Bon choisit l'itinéraire de beaucoup de hauts fonctionnaires : le pantouflage. Il passe 10 ans dans la banque, au Crédit National et au Crédit Agricole. Mais c'est en 1985 que sa carrière démarre vraiment. Au sein de Carrefour, Michel Bon découvre le capitalisme familial à l'ancienne. Il s'en sort plutôt bien, internationalise le groupe, développe le chiffre d'affaires, mais sa propension à faire parler de lui agace ses actionnaires. En 1992, il est viré. Avec plusieurs millions de francs d'indemnités. Mais les hauts fonctionnaires ne sont jamais au chômage. La seule chose qu'ils risquent, c'est d'atterrir dans des endroits un peu inattendus. Après Carrefour, Michel Bon se retrouve ainsi directeur de l'ANPE. Il passe deux ans à y ronger son frein. Jusqu'à un jour de septembre en 1995, où, sur un quai de gare, son portable sonne. C'est Alain Juppé, le Premier ministre. Un de ses anciens camarades de promotion à l'ENA. « Allô Michel, c'est Alain. Accepterais-tu de prendre la présidence de France Télécom ? » Le malheureux Michel Bon n'a même pas le temps de répondre. La communication est coupée, son portable n'a plus de batterie. Qu'importe. Le voilà nommé PDG quelques jours plus tard. Un PDG par hasard. Car Bon ne doit cette offre d'emploi qu'à l'incroyable psychodrame qui s'est joué au ministère de l'Industrie pendant l'été. C'est là, en effet, que se noue l'avenir de France Télécom, c'est là que ses PDG sont choisis ou démis. Marcel Roulet, qui préside la maison depuis 10 ans, n'a pas l'heur de plaire au nouveau gouvernement et il a été débarqué. Tout l'été s'est passé à trouver un remplaçant. Pas de veine. Au bout de quelques jours, le candidat retenu a jeté l'éponge, effaré devant le sac de nœuds que représentait la privatisation de France Télécom. Et c'est ainsi que Michel Bon, après ce magistral cafouillage politico-économique bien français, a été repêché in extremis.

Tandis que Michel Bon découvre les joies des têtes de gondoles à Carrefour, le jeune Messier débute en politique. A 29 ans, il devient le directeur de cabinet de Camille Cabana. Là, Messier planche sur les privatisations, notamment sur celle d'Havas. C'est lui qui invente les fameux noyaux durs, ces cascades de participations croisées qui devaient servir de verrou anti-OPA et vont devenir le symbole même de ce capitalisme de réseaux à la française. Repéré par Balladur, il devient quelques mois plus tard son plus jeune conseiller. A 32 ans, il se décide, lui aussi, à pantoufler. Mais pas n'importe où. La prestigieuse banque d'affaires Lazard ne joue pas dans la même cour que les Goldman Sachs et autres Merrill Lynch. Dans les grandes américaines, ces symboles du tout-puissant capitalisme anglo-saxon, on parle ROI (*return on investment*), *bonus*, *equities*, on fait tomber les *deals* à la chaîne, sans états d'âme. La maison Lazard est un parfait condensé du capitalisme d'influence à la française. Ses associés gérants sont des aristocrates des affaires, qui, dans les coulisses de l'establishment, tirent les ficelles, font et défont les alliances entre les puissants. C'est là que Jean-Marie Messier fait ses armes. A coups de déjeuners, de petits déjeuners, il cultive un carnet d'adresses déjà bien étoffé à l'ENA et à l'X et rencontre le Tout-Paris des affaires. Le jeune prodige est chassé de toutes parts. Didier Pineau-Valencienne chez Schneider veut en faire son dauphin. Feu Ambroise Roux, le parrain du capitalisme français, l'a pris sous son aile. Il imaginerait bien son poulain succéder à son vieil ami Guy Dejouany, PDG de la vénérable Générale des Eaux. En décembre 1994, Jean-Marie Messier devient le directeur général du groupe. Quelques mois après la nomination de Michel Bon à France Télécom, il est consacré PDG de la Générale des Eaux.

L'un a été adoubé par le Premier ministre, l'autre par le

parrain de l'establishment. En cette fin d'année 1998, Michel Bon et Jean-Marie Messier ont cependant jeté aux orties leurs encombrants habits d'héritiers du capitalisme français. Malgré la victoire surprise de la gauche aux législatives qui risquait de remettre en question la privatisation de France Télécom, Michel Bon a réussi à rentrer en Bourse. Il a fait son premier *road show* auprès des investisseurs, France Télécom fait désormais partie du CAC 40. Ce n'est plus un monopole depuis le 1er janvier et grâce à Wanadoo, c'est le premier acteur Internet en France. Et lui, l'énarque, l'étudiant de l'ESSEC allergique aux ordinateurs, tombé par hasard dans le bain des télécoms, disserte aujourd'hui avec aisance sur les merveilles de l'Internet à haut débit. Jean-Marie Messier lui aussi a effectué un grand ménage. La réputation de la Générale a été lavée, l'épisode des « affaires » est clos. Et Messier a enfin pu céder l'immobilier, ainsi que l'activité santé, dégageant ainsi plusieurs milliards pour financer ses nouvelles ambitions dans la communication. Histoire de solder le passé, il a rebaptisé Vivendi la Générale des Eaux et quitté le siège historique, rue d'Anjou, pour le prestigieux immeuble 82, avenue de Friedland, l'ancien siège de *L'Express*. Désormais, les deux PDG n'ont d'yeux que pour cette fabuleuse nouvelle économie, qui aux Etats-Unis fait tourner la tête aux marchés. Ils pérorent Net, stock-options, e-commerce. Ils veulent ressembler aux nouvelles stars de la nouvelle économie. Jeff Bezos, PDG d'Amazon, ou Tim Koogle, PDG de Yahoo!, étaient des inconnus il y a 2 ans. Aujourd'hui, le gotha des affaires mondiales, fasciné et terrifié, les a même cooptés à son traditionnel rassemblement de Davos. Ces hommes représentent l'avenir, la modernité. Messier et Bon savent qu'ils n'ont pas grand-chose à voir avec les barbares de la Net économie, mais ils ont bien l'intention de ne pas laisser passer le train.

Moi.com

« Tant pis si ce n'est pas prêt. Il faut absolument qu'on communique dès la rentrée sur un projet Internet. Les marchés n'attendent que cela. Et puis on a déjà le nom. Moi.com, c'est plutôt pas mal. » Dans son jet privé qui le ramène de la Californie à Paris, Jean-Marie Messier est excité comme une puce. Alex Berger, le conseiller de Pierre Lescure, un Franco-Américain qui se passionne pour le Web et qui, ces derniers mois, est devenu le gourou Internet de la galaxie Vivendi-Canal, vient de lui parler du projet Moi.com. Ce n'est pas vraiment un projet d'ailleurs. Plus le résultat des cogitations de quelques individualités, qui, à Canal ou Cegetel, s'intéressent au Web. L'idée serait de mettre en commun les différentes compétences Internet de Canal, de l'ex-Havas, de Cegetel, d'agiter le tout, de réaliser quelques synergies. Bref, de faire de la convergence. Alex Berger veut réfréner l'enthousiasme de Messier. Moi.com n'en est qu'au stade du concept. Ce n'est qu'un nom de code, pour rire. Et voilà que le patron imagine déjà la conférence de presse et la présentation aux analystes, avec un logo Moi.com, en grand !

Pour Jean-Marie Messier, il y a urgence. En cette rentrée 1999, l'action de Vivendi est malmenée de toutes parts. Messier est en bisbille avec Rupert Murdoch, le PDG de BskyB, qui n'a pas apprécié que Vivendi rentre à la hussarde dans son capital, il y a quelques mois. En octobre, alors que Jean-Marie Messier est en rendez-vous avec un investisseur aux Etats-Unis, ce dernier lui tend un communiqué de presse Reuter, où il apprend... sa propre démission ! Ces tentatives de déstabilisation, Messier en est persuadé, émanent bien entendu de Murdoch. Pourtant les malheurs de l'action Vivendi ne proviennent pas que de sombres désirs de vengeance d'un vieillard amer. Après une longue lune de miel, les marchés financiers ne comprennent plus la stratégie de Vivendi. Incapable de résister à un beau *deal*, J2M a racheté une fortune US Filter, un leader du traitement de l'eau, puis Sithe, une société d'électricité, qu'il revend un an plus tard. Et ses projets de convergence restent bien flous. L'alliance avec AOL a fait long feu. AOL France s'est fait damer le pion par Wanadoo et en est réduit à se battre avec Club-Internet, pour conserver la place de second. La collaboration avec les Américains, qui rechignent à adapter leur modèle au marché français, a été chaotique. Bref, un an à peine après la signature du protocole d'accord, Jean-Marie Messier ne cache plus qu'il est décidé à revendre sa participation dans AOL France. Le patron de Vivendi a conscience que la position de son groupe dans la bataille du Net est désormais plus que fragile.

Et pourtant, Messier est toujours aussi déterminé à prendre le virage de la nouvelle économie. Pendant sa semaine en Californie, il a passé quelques jours avec Pierre Lescure à Sun Valley. C'est là, sous les palmiers et le ciel bleu, que se regroupent tous les ans les décideurs d'Hollywood, les Michael Eisner (Disney) et autre Gerald Levin (Time Warner). Cette année, à Sun Valley, les seigneurs d'Hollywood n'avaient qu'un mot à la bouche : Internet. A l'été, Yahoo! vaut déjà presque deux fois Disney. Les invités d'honneur, ce sont bien sûr les nouveaux riches, Tim Koogle, PDG de Yahoo!, et Steve Case, PDG d'AOL. Entre deux conférences sur la convergence entre cinéma et Web, Messier a fait un saut à San Francisco pour parler affaires avec Mayasochi Son, le Bill Gates japonais. Ce dernier vaut aujourd'hui 6,4 milliards de dollars. Messier est impressionné.

Le PDG de Vivendi n'a pas le choix. Il ne va tout de même pas passer à côté de cette formidable explosion Internet sur les marchés ! Il doit absolument injecter un peu de carburant nouvelle économie pour doper son cours de Bourse. C'est pour cela qu'il a décidé de s'associer avec Mayasochi Son pour lancer Atviso, un incubateur, le mot à la mode en cette rentrée 1999. Avec ses 600 millions de francs, celui-ci ne se fatigue pas à dénicher des pépites, mais se contente d'aider des start-up américaines déjà installées à lancer leur filiale en Europe. Messier compte également reprendre le concept de moi.com, c'est-à-dire regrouper toutes les compétences Internet du groupe sous un même chapeau. Il sait que les marchés aiment bien les beaux organigrammes. Du tout nouvel Atviso, aux branches Internet d'Havas, de Canal, en passant par Viventures, le fonds de capital-risque du groupe, toutes les activités Internet du groupe sont rassemblées au sein d'une même entité : VivendiNet. Pour la diriger, Messier, fin politique, choisit un tandem. Franck Boulben, un polytechnicien fluet au look sérieux, ressemble à tous les jeunes managers efficaces et organisés que Messier apprécie tant. Le rondouillard Alex Berger, conseiller de Pierre Lescure et promoteur de moi.com, est un électron libre, un saltimbanque beau parleur, désordonné, enthousiaste. A lui de jouer les ambassadeurs et de faire la passerelle entre la maison Canal+ et Vivendi, une lourde tâche. Avec VivendiNet, doté d'une enveloppe d'investissement de 1,6 milliard d'euros (10,6 milliards de francs), Messier compte bien faire de l'ombre au géant Wanadoo. Le champ d'activité de VivendiNet est bien plus large. Jeu en ligne, grâce à Flipside.com d'Havas, éducation, régie publicitaire. VivendiNet veut même constituer une société mixte avec Peugeot pour concevoir la voiture communicante du futur.

Bien sûr, en interne, la constitution de VivendiNet a entraîné quelques grincements de dents. Vivendi est une maison très politique où, dans le secret des couloirs, les conflits se règlent au poignard. Avec toutes les fusions, celle d'Havas, puis celle avec Canal +, la situation s'est envenimée. Les barons d'Havas, de Canal et de Cegetel sont à couteaux tirés. VivendiNet cristallise toutes les jalousies, les rancœurs, les dissensions. Dans les hautes sphères du pouvoir, les cadors de Vivendi ont en effet compris qu'il fallait faire de l'Internet pour plaire au chef. Web, Web, Web. Depuis un an, c'est le nouveau mot d'ordre du groupe. Dans le château d'Auvers-sur-Oise, ancienne demeure de la comtesse de Ségur, propriété du groupe, les séminaires Internet se succèdent. Alex Berger et son franglais vient de plus en plus souvent « évangéliser » les équipes. Il parle de convergence, de révolution. Vivendi veut devenir une Net compagnie. Et puisque le mariage avec AOL a fait long feu, Messier souhaite désormais s'allier avec Yahoo! en Europe. Les négociations s'éternisent.

« Seigneur ce que c'est grand ! » En ce début d'année 2000, Jerry Yang, le fondateur de Yahoo!, en t-shirt informe comme à son habitude, vient de découvrir l'immense et solennelle salle du conseil de Vivendi, avec sa table ovale et ses fauteuils en cuir et sa vue sur l'Arc de Triomphe. Aujourd'hui, les équipes de Yahoo! débarquent au 82, avenue de Friedland, dans ce splendide siège, aux murs de bois blond, dessiné par l'architecte Wilmotte, où des huissiers en costumes noir corbeau les ont escortés jusque dans l'ascenseur. Ils sont ébahis. Pour ces enfants nourris au lait de la Silicon Valley, c'est un choc de culture. A Santa Clara, sur le campus de Yahoo!, un grand bâtiment environné de verdure, les vélos traînent dans les couloirs, certains salariés se déplacent en roller, les fauteuils et les tables sont violets et jaunes, aux couleurs de la société! Et le PDG travaille comme tout le monde dans un petit espace de 8 m^2, totalement ouvert. Yahoo! est fier de sa culture start-up, fier de son indépendance. Et face à cette batterie de costumes cravates dans ce cadre somptueux du 82, avenue de Friedland les dirigeants de Yahoo! ont l'impression d'être dans un autre monde. Mais c'est cela, une Net compagnie à la française. Le clash des cultures aurait-il été trop violent ? En tout cas, Messier et Yahoo ! ne feront pas affaire. Après des mois de négociations, le dossier tombe dans les oubliettes.

« *Bienvenue dans la vie.con* »

En ce début d'année 2000, Michel Bon, lui, se frotte les mains. Tous les coups de Messier, le tombeur de *deal*, se retournent contre lui : les marchés doutent désormais de la stratégie de leur ex-idole. Et lui, Michel Bon, lui qu'on accusait d'immobilisme, rigole bien. C'est vrai, il n'est pas du genre à se précipiter. Mais sa stratégie, plus prudente, moins éclatante, a porté ses fruits. L'action France Télécom est désormais à plus de 120 euros, soit 3 fois plus qu'à l'introduction en Bourse. Wanadoo est le leader incontesté de l'Internet et construit, pas à pas, un véritable empire.

Michel Bon se réjouit d'avoir fait confiance à Nicolas Dufourcq. C'est vrai, ce jeune homme de 35 ans pouvait paraître un peu léger par rapport au vieux briscard Gérard Emery. Mais Michel Bon a pris très vite Dufourcq sous son aile et lui a construit un parcours sur mesure. Il l'a d'abord mis sur tous les dossiers sensibles : le changement de statut du groupe, la question des retraites. Et puis il a fini par l'envoyer se frotter avec les ennemis d'en face, ceux de Vivendi, pour arracher le contrôle d'une filiale commune, l'ODA, l'Office des Annonces, qui gère les fameuses Pages Jaunes. L'ODA était détenue moitié-moitié par France Télécom et Havas. Quand Messier a voulu absorber Havas, il a dû jouer les équilibristes. Car son ennemi juré France Télécom détenait 5 % d'Havas et pouvait lui mettre des bâtons dans les roues. En échange de ces fameux 5 % du capital d'Havas, Messier a dû faire des concessions. Et se résoudre à vendre la régie publicitaire ODA, l'une des pépites d'Havas. Nicolas a négocié d'arrache-pied. Six mois. Sou après sou. Finalement France Télécom s'en est tiré en payant les fameux 50 % de Vivendi, 2,65 millions de francs. Un bon prix. Car les Pages Jaunes de l'ODA sont une splendide machine à générer du cash. Et c'est une formidable vitrine sur le Net pour attirer les internautes sur le portail de Wanadoo. Si bien que Messier s'est résolu à aller chercher en Angleterre une participation dans Scoot, un opérateur anglais spécialisé dans les Pages Jaunes. Payée à prix d'or. Avec un tel pied de nez à J2M, Michel Bon a toutes les raisons de faire maintenant une confiance absolue à Nicolas Dufourcq.

Nicolas est devenu le boss incontesté de Wanadoo. Le jeune homme a su très vite se rendre indispensable. Quand Bon doit parler d'Internet, c'est Nicolas Dufourcq qui lui écrit ses discours. Le patron de Wanadoo a le mérite d'être jeune, ce qui commence à être très bien vu, en cet automne 99, où l'on ne parle plus que de startuppeurs. Bien sûr, cet énarque n'a pas le look typique des *yetties*. Plus à l'aise en droit administratif qu'en informatique, il quitte rarement sa cravate et préfère les pantalons en flanelle aux jeans. Mais le jeune patron comprend vite que Wanadoo a tout à gagner à se donner des airs de start-up du Net. Une entreprise fun, décontractée et surtout pas... publique. Alors Dufourcq embauche à tour de bras des salariés venus du privé. Ici on oublie les 35 heures, la culture syndicale et les avantages maison. On fonce. On organise des grandes fêtes avec du champagne, de la techno et de la neige artificielle. Mais Dufourcq ne veut pas en rester là. Il rêve lui aussi à un grand groupe Internet sur le modèle de ses aînés américains. En septembre 1999, il frappe un grand coup en rachetant le cyber-libraire Alapage.com. Contre un chèque de 300 millions de francs, France Télécom reprend une des toutes premières boutiques de commerce électronique française. Là encore, Vivendi se mord les doigts. Havas a lui aussi un cyber-libraire, BOL, une joint venture avec Bertelsmann. Mais BOL ne décolle pas. Et le plus rageant c'est que, jadis, Havas a failli s'allier avec Amazon et Alapage. Ce monstre serait certainement devenu le leader de l'e-commerce français ! Trop tard. Aujourd'hui, c'est France Télécom qui, grâce à Alapage, a pris les devants. Le rouleau compresseur Wanadoo est en marche. France Télécom n'hésite plus à utiliser son énorme machine commerciale pour imposer au forceps les produits de sa filiale Internet. Michel Bon n'a plus aucun scrupule : il veut être le leader de l'Internet français. Et tant pis s'il faut en passer par quelques écarts avec le droit de la concurrence. Les concurrents pestent. Accusent France Télécom d'abuser de sa position d'ex-monopole. Club-Internet va jusqu'à déposer une plainte devant le Conseil de la concurrence. Sans être retirée, celle-ci ira vite mourir dans les dédales de la procédure.

Et la frénésie d'achats de Wanadoo continue. Dufourcq achète Marcopoly, un vendeur d'électroménager. Et d'autres petites start-up de contenu. Wanadoo regarde tous les dossiers de start-up en France et en Europe, recrute à tour de bras. A travers Innovacom, son fonds de capital-risque, France Télécom multiplie les prises de participation dans des start-up Internet en vue. Et n'oublie plus de le dire haut et fort. L'action de France Télécom grimpe jour après jour. Le marché financier regarde maintenant avec envie cette entreprise 100 % Internet et rêve de la voir un jour en Bourse. Michel Bon est hésitant : pourquoi coter séparément sa filiale alors que tout le groupe bénéficie de la valorisation boursière de Wanadoo ? Le problème c'est que les Allemands de Deutsche Telekom vont mettre en Bourse leur filiale Internet T-Online. Avec une valorisation de plus de 50 milliards d'euros, ils risquent de faire une razzia sur tout l'Internet européen et donc de marginaliser les Français. La dernière semaine de février 2000, Michel Bon cède : Wanadoo aura son IPO.

Le 2 mars 2000, Michel Bon annonce, en grande pompe, la métamorphose de France Télécom. Changement de peau, de logo et de discours. L'ancienne administration des PTT se rêve désormais en Net Compagnie. Et tant pis si ses activités Internet représentent moins de 0,5 % du chiffre d'affaires du groupe et continuent de perdre de l'argent. L'important est d'y croire et de faire rêver. L'imposante campagne publicitaire décline partout la nouvelle signature « Bienvenue dans la vie.com », comme autant de promesses d'un monde meilleur, plus beau, plus juste et plus riche... La perspective de voir un jour Wanadoo faire son entrée en Bourse a fait littéralement exploser le cours de France Télécom. En une journée le titre gagne 25 % pour atteindre 219 euros, 7 fois le cours de l'introduction. Fraîchement converti à l'Internet, Michel Bon jubile. Il peut enfin rivaliser avec son vieil ennemi Jean-Marie Messier. Son groupe vaut maintenant en Bourse autant que Vivendi, TotalFina et STMicroelectronics réunis, soit les trois premières capitalisations boursières de Paris. Avec la bénédiction des pouvoirs publics, Bon est devenu le roi de l'Internet français. L'apôtre de la « vie.com ». Dans les couloirs de France Télécom, le nouveau slogan de la maison provoque les ricanements. Certains agents, résolument hostiles à ce changement, se sont vite trouvé un autre cri de ralliement quand ils se croisent dans les couloirs : « Bienvenue dans la vie.con ».

CHAPITRE 5

Panique dans la vieille économie

Noël en famille

Chaque année, le dernier samedi qui précède le 25 décembre, Bertrand Collomb fête Noël chez sa belle-famille. Il en est ainsi depuis qu'il connaît sa femme Caroline. Le patron de Lafarge a toujours été fidèle. A sa famille, à l'amitié et à son entreprise dans laquelle il a fait toute sa carrière depuis sa sortie de Polytechnique. Figure influente du patronat français, au physique d'hidalgo, il a choisi de faire carrière dans le ciment. Et de ne pas en sortir. Ce samedi soir de décembre 1999, Bertrand et Caroline se rendent, comme prévu, chez Christian Wirth, un des deux frères de Caroline. Dans son grand appartement du boulevard Haussmann, celui-ci reçoit chaque année la trentaine de membres de la famille. Une tradition depuis la mort de leur mère Louise. Auparavant, tout le clan se retrouvait, deux ou trois jours, à « Beau Désert », la grande propriété familiale du Loiret, où les petits-enfants avaient l'habitude de passer leurs mois d'été à monter à cheval. Louise a longtemps été l'âme de la famille. Une grand-mère active et autoritaire. Un caractère de feu, parfois brutal, souvent injuste. On l'adorait ou on la détestait. Elle menait le domaine, ses chevaux et ses petits-enfants à la baguette. Pour

Louise Wirth, il n'y a jamais eu, dans la vie, beaucoup de place pour les seconds. Elle aimait les premiers en tout, les diplômes, le cheval et la discipline. Et elle le disait haut et fort. La première génération a respecté à la lettre ces consignes. Les deux filles Caroline et Adeline ont fait du cheval leur activité principale, comme maman. Les deux garçons, Didier (diplômé de Polytechnique) et Christian ont tous les deux travaillé dans la chimie, exactement comme papa. La deuxième génération, elle, a vite ressenti le besoin de prendre ses distances avec « Beau Désert ». Beaucoup de petits-enfants sont partis, une fois leur diplôme en poche, respirer un autre air à l'étranger. Faire leur vie, loin du regard du clan familial. Ils ont appris à ne pas trop faire de bruit, à attendre leur heure. Mais ce Noël 1999, chacun est bien décidé à prendre le chemin du retour.

La famille Wirth est au complet, à l'exception de Stéphanie, la fille de Bertrand et de Caroline Collomb. Etudiante à l'ESSEC, elle est en Inde à Bangalore, la Silicon Valley indienne, en stage chez Unilever, le géant mondial de l'agroalimentaire. Mais son frère aîné Alexis, 28 ans, diplômé d'une école d'ingénieur et déjà banquier d'affaires à New York, a fait le déplacement. A l'aube du nouveau millénaire, il se sent des vocations de grand messager. Il traverse l'Atlantique pour venir annoncer au Vieux Continent que la révolution de l'Internet est en train de tourner une page du capitalisme. Toute la petite communauté financière de Wall Street en est persuadée. Beaucoup de ses copains américains n'ont pas attendu le mois de février, celui où l'on touche le bonus de l'année précédente, pour partir créer sa start-up. Rien ne résistera à cette déferlante. Ce jour de Noël, le fils de Bertrand Collomb respire l'arrogance de cette nouvelle économie américaine. Pour lui, cela ne fait aucun doute : une nouvelle génération d'entrepreneurs est en train de prendre le

Panique dans la vieille économie 111

pouvoir. L'innovation technologique va renverser les vieilles positions acquises des mammouths européens. Il le pense si fort, qu'il ne peut pas s'empêcher de le clamer. A son père d'abord. La discussion démarre sur des chapeaux de roues. Pour le patron de Lafarge, son fils est victime d'une hallucination collective. Emportés dans une bulle, les marchés financiers ont perdu le sens du réel. Comment, sans le moindre dollar de bénéfice, toutes ces nouvelles sociétés peuvent-elles espérer survivre ? Timothée et Jérôme, les deux cousins, jubilent. La belle affiche que voilà : le fils contre le père. Le moderne contre le classique. Un jeune banquier américain contre un vieil industriel français. Un diplômé des télécoms contre un X-Mines, tous les deux passés par la prestigieuse université américaine de Stanford. Les deux cousins ont tout de suite rejoint le camp d'Alexis. En créant il y a déjà deux ans sa start-up, Beweb, Jérôme a déjà basculé dans l'autre monde. Tandis que Timothée, habitué de la Silicon Valley et salarié de la filiale européenne d'un groupe américain de logiciels, pense lui aussi à créer son entreprise. Au cœur de la fête, il y a aussi le beau frère de Timothée, Eric Pelletier, consultant chez Booz Allen et Hamilton, mordu de nouvelles technologies. Pièce rapportée, il reste à l'écart de la conversation. Mais il n'en pense pas moins. Il a déjà investi à titre personnel dans plusieurs projets de start-up. Aux Etats-Unis et en France. Il a déjà feuilleté des centaines de *business plans* de création d'entreprise. Le week-end, le soir à la maison et au bureau. Pour dénicher la perle, celle que demain tout le monde s'arrachera. Toute cette effervescence l'excite beaucoup. Il est convaincu que si les grands groupes traditionnels français restent assis sur leurs certitudes, leurs positions seront demain menacées. Or qui dit menace dit conseil en stratégie guerrière. Verre de champagne à la main, Eric Pelletier tient à quelques centimètres de lui un gros poisson de premier choix en la personne de Bertrand Collomb. Mais chez les Wirth on ne

mélange pas famille et business. Et surtout pas un soir de
Noël.

Invitée de dernière minute, la nouvelle économie secoue, sans aucune précaution, ce dîner familial. Et si un
nouveau monde était en train de sortir de terre ? Loin, très
loin, de Beau Désert et de ses certitudes. Les petits-enfants
y croient. Si Louise était vivante, on pourrait lui dire que
l'on n'a plus nécessairement besoin de faire l'X pour
réussir dans la vie. Alexis est décidé : en février, il quitte
la banque d'affaires et se met pour de bon à un projet de
création d'une start-up Internet. Bertrand Collomb ne sait
que penser. Il aimerait redire à son fils que les marchés
financiers sont en train de générer une bulle qui va bien
finir par éclater. Il aimerait le mettre dans la confidence de
l'énorme opération qu'il est en train de préparer en secret.
Lui avouer que cet emballement boursier lui fait peur.
Mais à quoi bon ? Puisque la nouvelle génération veut le
pouvoir, qu'elle le prenne...

Le massacre des dinosaures

Deux semaines après ce Noël familial, Bertrand Collomb lance une OPA sur son concurrent anglais Blue
Circle. Une opération énorme. Une proie de premier ordre,
qui permettrait à Lafarge de monter sur la première marche
des cimentiers mondiaux. Voilà qui normalement devrait
réjouir les marchés financiers. Début janvier, Bertrand
Collomb part donc avec son directeur financier faire la
traditionnelle tournée des investisseurs américains, pour
vendre son projet. Avec plus de 40 % du capital, les fonds
de pension américains sont de loin les premiers actionnaires de Lafarge. Depuis le début des années 90, les chefs
d'entreprise français ont dû apprendre à composer avec

eux. Et ils n'aiment pas cela. Se faire dicter sa conduite par un jeune impétueux, rarement âgé de plus de 35 ans, qui décide d'investir des milliards de dollars selon son bon vouloir, n'est pas franchement très agréable. Après un premier arrêt à New York et avant de s'envoler pour la côte Ouest, le PDG de Lafarge atterrit à Boston pour rendre visite à une dizaine de gérants de fonds de pension. Dans une petite salle sans âme, Bertrand Collomb déroule son argumentaire depuis maintenant dix minutes. Il faut faire simple, précis, concis. Convaincre que le rachat de Blue Circle sera demain créateur de richesse pour les actionnaires. Détailler ces promesses de synergies industrielles entre les deux entreprises dont raffole tant le marché financier. Rassurer sur le niveau d'endettement du futur groupe. Et surtout réaffirmer que grâce à cette opération, Lafarge sera demain le leader mondial du secteur, la référence. Bertrand Collomb termine sa présentation. Il n'a pas été interrompu une seule fois. Un début de silence s'installe.

« Votre projet fait beaucoup de sens. C'est une très belle histoire industrielle. Mais le marché n'est pas dans un bon état d'esprit pour entendre ce type d'histoire. Hier peut-être, mais aujourd'hui... » Le jeune homme sourit. Une façon aimable de dire : « Désolé Monsieur, mais nous ne pouvons rien pour vous. » Bertrand Collomb n'insiste pas. On se quitte cordialement en se faisant la promesse de se revoir bientôt. Le patron de Lafarge est dépité. Ingénieur à la culture positiviste, il a toujours cru au marché, à son efficacité et à sa rationalité. Libéral il a construit sa vision du monde sur celle de cette main invisible qui gouverne les marchés mondiaux. Or que lui dit le marché ? Qu'il se fiche pas mal de sa fusion. Que l'important n'est pas que son projet soit bon, créateur de valeur pour l'actionnaire, mais qu'il soit à la mode. Or aujourd'hui le marché ne veut pas entendre parler d'industrie. Puisque toutes les valeurs technologiques flambent, les investisseurs, les gérants de fonds de pension veulent croquer de la nouvelle économie. Tant pis pour Lafarge. Dès janvier, son cours de Bourse amorce une chute libre. Trois mois plus tard, le prix de l'action baisse d'environ 20 %. Maigre consolation pour Bertrand Collomb : Lafarge n'est pas un cas isolé. Tous les vieux dinosaures de l'industrie française se font massacrer par les marchés financiers. Des stars du capitalisme français comme Saint-Gobain, Pechiney, Usinor ou Schneider... Une mise au pilori qui n'a rien à voir avec leurs performances économiques. Saint-Gobain par exemple a réalisé en 1999 les plus beaux résultats financiers de son histoire et ceux de 2000 s'annoncent tout aussi excellents. Son cours plonge pourtant d'environ 30 %. Bertrand Collomb est excédé. Pour boucler son OPA, il a besoin de procéder à une augmentation de capital. Et donc de soutenir son cours de Bourse. Cette sanction des marchés risque de faire capoter tout son montage financier. D'autant que Blue Circle se débat comme un beau diable pour résister au français et essayer coûte que coûte de faire grimper son action. L'entreprise annonce mi-mars en pleine bataille boursière la création d'un site Web de vente de ciment « ecement.com » pour doper le cours de Bourse. Habile...

Depuis son retour d'Inde, Stéphanie Collomb ne reconnaît plus son pays. Comme si la France avait contracté un drôle de virus. Le campus de l'ESSEC court dans tous les sens après des *business plans*. La Bourse est obsédée par les *dotcoms*. Ses copains ne parlent que de stock-options. Fidèle à lui-même, son père lui donne l'impression de ne pas avoir pris la mesure de ce changement. Mais pourquoi s'obstine-t-il ? Pourquoi Lafarge ne céderait pas lui aussi à cette mode des annonces Internet ? Pourquoi ne pas s'offrir un beau communiqué de presse sur les nouvelles technologies ? Juste pour réveiller le cours de Bourse du groupe. Une petite louche de marketing boursier. Cela ne peut faire que du bien. Bertrand Collomb n'écoute pas les arguments de sa fille. En mars, le jour de la présentation de ses résultats annuels, alors que la bataille boursière avec Blue Circle commence à faire des étincelles, Bertrand Collomb répond à sa fille par la presse interposée. « Si on s'appelait Lafarge.com, notre OPA sur Blue Circle serait sûrement plus facile. Mais voilà, ce n'est pas le cas... ».

L'exode

S'il n'y avait que la Bourse... Mais voilà que ces grands groupes ont maintenant du mal à recruter. Il faut faire des pieds et des mains pour aller, à la sortie des grandes écoles, arracher les jeunes diplômés aux mirages de cette nouvelle économie. Quand on s'appelle Renault ou Airbus, que l'on bénéficie d'une forte image de marque, ça va encore... mais pour les Saint-Gobain et autre Lafarge, c'est évidemment plus difficile. Quant aux groupes informatiques et aux SSII, ils voient partir par grappes entières leurs ingénieurs, attirés par l'aventure du Web. Du jour au lendemain, la France découvre qu'elle manque d'informaticiens et de programmeurs. En l'espace de quelques mois, leurs salaires d'embauche s'envolent d'environ 30 %. Les Apple, IBM et autre Hewlett Packard inventent des super-bonus pour faire rentrer, vaille que vaille, ces nouvelles recrues dans la grille des salaires. Mais rien n'y fait. Le pouvoir est en train de changer de main. Fini le temps des CDD à répétition, de stages non rémunérés, des procédures d'embauches qui duraient des semaines. Depuis la mi-1999, la règle du jeu a changé : on se fait désirer, on exige des stock-options, des avantages en nature. Ces jeunes trentenaires ont connu la crise du début des années 90 : ils tiennent leur revanche. Ce n'est pas tous les jours que l'on peut claquer la porte au nez de son employeur. Alors ils en profitent. Les grands cabinets de conseil comme Andersen Consulting, Mercer, At Kearney ou McKinsey, voient d'un seul coup partir entre 10 % et 20 % de leurs effectifs. Des jeunes surtout, mais aussi quelques vieux qui veulent changer d'air. Ces énormes machines mondialisées, qui menaient grand train depuis plus de 20 ans, n'ont rien vu venir. Elles ont pendant longtemps été considérées comme la voie royale par tous les diplômés des grandes écoles françaises de gestion. Une sorte de sas obligatoire pour se formater aux règles universelles du « reporting mondial ». La sélection à l'entrée de ces cabinets était démente. Les horaires affolants. Mais les salaires confortables. C'était le prix à payer pour se faire ensuite débaucher par une grande et belle entreprise. Les cabinets de conseil n'ont pas senti se lever ce vent de révolte. Après la première vague d'exode, ils essayent de créer des systèmes de stock-options, de lancer des concours internes de création d'entreprise, de se donner une image dans le vent. En vain. Même les hausses de salaires de plus de 20 % ne retiennent plus personne. Les jeunes diplômés veulent maintenant respirer un nouvel air. Entrer dans la nouvelle économie. Coûte que coûte.

Viva la revolución !

Le nouveau millénaire a débuté le lundi 10 janvier 2000. Ce jour-là, tombe sur les écrans de l'AFP une nouvelle qui fait l'effet d'un coup de tonnerre. Le fournisseur d'accès à Internet, AOL, rachète Time Warner. La *dotcom* avale tout cru le vieux dinosaure. C'est fait. La nouvelle économie a pris le pouvoir. La forteresse est tombée, et les ex-seigneurs des affaires, arc-boutés sur leurs positions établies, tremblent d'être emportés dans la tornade. N'en déplaise aux sceptiques, la révolution Internet n'était pas que virtuelle. Les marchés délirent peut-être, c'est vrai, mais bulle ou pas bulle, les faits sont là. AOL, moins de quinze ans d'âge, vient de gober son ancêtre, le presque centenaire Time Warner. AOL fait 7 milliards de dollars de chiffre d'affaires, contre 27 milliards pour Time Warner. Mais grâce à une capitalisation deux fois supérieure, il n'a fait qu'une bouchée du mastodonte. Une fusion, c'est du réel, du concret. Les barbares qui réinventent les règles de l'économie sont dans la place. Rien ne sera jamais plus comme avant.

Jean-Marie Messier a appris la nouvelle la veille. Il est en week-end dans sa maison de campagne de Rambouillet. A 18 heures, son portable sonne. C'est son ami Thomas Middelhof, le patron de Bertelsmann, qui est déjà au courant de cet incroyable rebondissement. Messier est abasourdi. Le *deal maker* qu'il est ne peut qu'applaudir ce coup de maître. J2M est frustré. Le monde change, c'est une partie d'échecs planétaire qui se joue là. Alors que Vivendi reste sur la touche. Dans l'instant, le patron de Vivendi appelle tous ses plus proches collaborateurs pour les prévenir de cet invraisemblable coup de théâtre. Il y a urgence. Vivendi doit réagir. S'allier, acheter, fusionner, que sais-je encore. J2M ne tient plus en place. Il déteste être parqué dans l'ombre, condamné à l'inaction, comme un simple observateur. Il lui faut revenir sur la scène des *deals*. Mettre un coup de turbo aux négociations en cours. Pendant toute la semaine qui suit, dans les couloirs du siège, avenue de Friedland, l'ambiance est survoltée. Excité comme une puce, Alex Berger fait la navette entre le siège de Canal +, l'avenue de Friedland et les tours de la Défense, où sont hébergés Vivendi Net et Cegetel. Sonne le tocsin. Dramatise. Annonce la chute de Vivendi : il faut que tout le monde comprenne que l'univers a changé, et que ceux qui ne réagiront pas et ne s'adapteront pas sont morts.

Les vendeurs de menace

« Aller vite ! » C'est le mot d'ordre de tous les grands cabinets de consultants de la planète. La fusion AOL Time Warner devient d'un seul coup un formidable argument. Ces start-up de l'Internet sont déjà là, prêtes à débarquer et à faire la peau et les poches à ce vieux capitalisme français ! Les ignorer serait suicidaire. Prendre le temps de voir venir signifierait une mort lente mais certaine. Les grands mammouths du capitalisme européen le savent bien : l'innovation n'a jamais été leur fort. Jusqu'à présent leur puissance financière avait toujours réussi à repousser les assauts des plus agiles qu'eux. Le combat capitaliste entre David et Goliath s'est presque toujours soldé de la même façon : par une offre de rachat. La gentille PME était avalée par le grand méchant groupe. Jusqu'à la prochaine menace. Mais à l'ère de la nouvelle économie, la donne a changé. Les petits ont aujourd'hui un allié d'une puissance quasi nucléaire : le marché financier. Grâce à lui, une seule idée peut lever des millions de dollars. Le combat du gros contre le petit devient beaucoup plus équilibré. D'où cette terrible frousse qui s'empare de beaucoup d'industriels. De l'autre côté de l'Atlantique, plus personne n'est à l'abri. A chacun son envahisseur. L'industrie automobile américaine doit faire face à un dénommé Autobytel, une start-up qui fait un malheur. En offrant sur le Net un comparatif complet des prix des voitures et la possibilité de commander celle de son choix, elle commence à faire du mal aux concessionnaires traditionnels. La grande distribution, elle, a Amazon. En l'espace de cinq ans, le premier libraire du monde sur le Net a fait grimper son chiffre d'affaires jusqu'à 1,6 milliard de dollars en 1999, soit une hausse de 170 % par rapport à l'année précédente. En informatique, enfin, Dell, seul fabricant de PC à avoir choisi le Net comme unique canal de distribution, est en train de tailler des croupières au leader mondial Compaq. Voilà ce que récitent, sur des pages entières, les cabinets de conseil. Avec de magnifiques tableaux, des flèches dans tous les sens et des courbes qui partent toujours vers les sommets...

« Vendre de la menace » est un vrai métier. C'est un métier de consultant. Dans la grande famille mondiale du *consulting*, il existe une règle non écrite mais incontournable : dire, ensemble, la même chose au même moment. Une question d'efficacité : plus on est nombreux à vendre une menace, plus celle-ci est crédible. Pour Internet, c'est le Boston Consulting Group (BCG) qui va tirer le premier. Début 1999, deux de leurs consultants vedettes, Philip Evans et Thomas Wurster, publient *Blown to bits* ou « comment la nouvelle économie transforme votre stratégie ». Un livre de chevet pour patron insomniaque. Le message est facile à comprendre : avec Internet, le modèle de l'entreprise traditionnelle est mort. Il faut donc tout reprendre à zéro. L'armée mondiale des consultants a toujours besoin d'un *Petit Livre rouge*. Une seule et même référence, pour effrayer leurs clients. L'industrie du *consulting* en a bien besoin. Car après les systèmes d'information intégrée, le bogue de l'an 2000 et la mise en place de l'euro, il faut maintenant trouver autre chose. Un nouvel attrape-gogo ! Bref, ce qui s'appelle en jargon de consultant « un levier de croissance ». D'autant que partout fleurit déjà une multitude de « Web agencies », mélanges d'agence de publicité et de société de conseil qui viennent brouter elles aussi l'herbe du grand pré de l'Internet. Il n'y a pas d'autres choix que de plonger. « Internet ? Ça va être un raz de marée social bien plus violent que la refonte du secteur de la sidérurgie au début des années 80. Pour l'instant c'est relativement calme. La mer clapote. Mais attendez-vous, d'ici à quatre ou cinq ans, à ce que la déferlante emporte tout sur son passage... », voilà ce qu'aime par exemple raconter à ses clients Robert

Branche, vice-président de Mercer Management Consulting [1], un des plus gros cabinets de conseil au monde. Jusqu'à la fin de l'année 1999, ce discours laisse de marbre une grande partie de l'establishment français. Mais depuis Noël, la menace est enfin prise au sérieux. Le poisson mord.

Cours du soir

Les patrons français veulent comprendre l'Internet. L'emballement de la Bourse les a pris au dépourvu. Depuis janvier, c'est l'affolement. A chacun ses gourous Internet, ses séminaires ou autres voyages d'étude dans la Silicon Valley. Depuis la fin 1999, l'agenda de Jean-Michel Billaut, le patron de l'Atelier, est plein. Il est demandé partout. Le comité directeur de la banque d'affaires Rothschild lui envoie, chaque soir pendant une semaine, une Mercedes de fonction avec chauffeur, qui doit le déposer au siège social de la banque pour le traditionnel cours du soir. Billaut est reçu partout comme le prophète de la grande Toile. Même Jacques Chirac le convie, plusieurs fois, à l'Elysée en tête-à-tête. Quand Billaut est indisponible, les grands groupes français se ruent à l'Echangeur, rue des Archives, pour une formation accélérée. Cet espace de plusieurs centaines de mètres carrés ressemble à une mini-Cité des sciences de l'Internet, spécialement conçue pour ces patrons que les nouvelles technologies rebutent. Pour quelques milliers de francs, un comité de direction au grand complet passe la journée à manier la souris devant un écran. Début janvier, avant que l'ensemble du réseau de concessionnaires y vienne en formation, tout le comité de direction de Renault est là autour de Louis Schweitzer.

---

1. *Le Nouvel Economiste*, 24 mars 2000.

Chacun passe de stand en stand de démonstration, pour toucher du doigt la révolution Internet.

Il y a bien sûr des sceptiques comme Bertrand Collomb. Ou des irréductibles comme Michel-Edouard Leclerc, patron des hypermarchés Leclerc, pour qui tout ce discours n'est que charabia de charlatan. La menace du bogue de l'an 2000, pourtant vendue par les cabinets de conseil, n'a-t-elle pas accouché d'une souris ? Peut-être. Mais au début de l'année 2000, pressée par les analystes financiers et les journalistes, la grande majorité des patrons français cède : se construire une stratégie Internet devient d'un seul coup d'une brûlante nécessité. Religieusement, on réécoute les paroles de Jack Welch, le big boss de General Electric, la plus grosse capitalisation boursière au monde. A l'été 98, celui-ci avait déjà annoncé le début d'un immense chantier : réinventer toute son entreprise autour d'Internet. Dans le petit monde des grands capitalistes, une parole de Welch vaut beaucoup plus cher que n'importe quelle étude de cas d'un cabinet de conseil. Le patron de GE est plus qu'un incontournable gourou. En traversant, avec la même constance, toutes les modes, il est devenu la référence. Quand Jack Welch entre d'un pas décidé, sans lampe de poche, dans une forêt par une nuit noire, on peut le suivre les yeux fermés. Pire, ne pas le faire serait une grossière erreur de management. Alors une grande partie du CAC 40 de la Bourse de Paris suit comme un seul homme la petite lumière du boss de GE. Un patron a horreur de se retrouver tout seul. Il préfère toujours avancer avec le troupeau. Quitte à avoir tort avec lui. C'est ainsi. Se payer une mission de consultant garantit au moins une chose : on n'est plus tout seul à se tromper. Et cela, ça n'a pas de prix !

Fenêtres.com

Ce jour de janvier 2000, le patron de Saint-Gobain, Jean-Louis Beffa, est furieux. Un projet d'étude sur son entreprise réalisé par une banque d'affaires américaine vient d'atterrir sur son bureau. Bon joueur, l'analyste en charge de la note lui demande s'il a quelques corrections à y apporter avant publication. Grand copain de Bertrand Collomb (ils étaient dans la même promo de l'X), Beffa est fait du même bois que le PDG Lafarge : en bon ingénieur qu'il est, il aime l'industrie et ses bonnes vieilles usines. Mais surtout, il peste contre ces jeunes blancs-becs de 30 ans qui, à peine sortis de leur grande école, intègrent une banque d'affaires pour donner des leçons de management. Y compris à lui, Jean-Louis Beffa, considéré, par ses pairs, comme un des plus brillants capitaines de l'industrie française. Que dit cette fichue note ? Tout simplement que Saint-Gobain risque, à cause de la concurrence sur l'Internet, de perdre environ 20 % de son chiffre d'affaires dans la distribution de ses produits grand public. Beffa connaît par cœur le cercle infernal : une telle note risque de faire les choux gras des analystes, qui, dans une belle unanimité, conseilleront aux investisseurs de céder une partie de leurs actions Saint-Gobain. Ensuite tout s'enchaîne comme une mécanique parfaitement huilée. L'action chute. Les journalistes écrivent des articles sur le plongeon boursier. Et les analystes dégradent la note de l'entreprise après les mauvais articles. Et l'action chute à nouveau. Ainsi de suite jusqu'en enfer... L'idéal de Jean-Louis Beffa serait bien sûr de n'avoir de comptes à rendre à personne, sauf à lui-même. Il est capitaine, Saint-Gobain est son navire. Un point c'est tout. Mais avec cette énorme vague Internet, Beffa perd un peu pied. Il en parle à Jean-Marie Messier, qui siège à son conseil d'administration. « Mais pourquoi n'annonces-tu pas la vente de tes fenêtres

Lapeyre sur Internet ? » lui répond tout de go J2M. Déstabilisé, Beffa lui répondra par une moue dubitative. En attendant, il faut recevoir cet analyste et le convaincre à tout prix qu'il se trompe. La rencontre est brève, argumentée de chiffres que les conseillers de Beffa sont allés piocher partout dans les filiales du groupe, au plus près du terrain. L'analyste écoute la démonstration du PDG de Saint-Gobain. Il semble à moitié convaincu. La note sortira quelques semaines plus tard, légèrement moins pessimiste : Beffa ne s'est pas agité en vain. Encouragé, il va aller plus loin. Le 12 avril, il convoque la presse. L'annonce est d'importance : Lapeyre, le fabricant de fenêtres, filiale de Saint-Gobain, aura bien son site Internet. Le portail Build2pro, la nouvelle start-up du groupe spécialisée dans le e-commerce pour le bâtiment, veut quant à elle réaliser en 2005 un chiffre d'affaires de deux milliards de francs. Rien que cela ! L'action Saint-Gobain gagne 3 % dans la journée. Après avoir perdu 23 % depuis le début de l'année c'est toujours cela de pris.

Don't worry be Wappy

Surtout ne pas se laisser surprendre par un concurrent. Voilà ce qui obsède les stratèges de la communication des grands groupes. Car au royaume de la nouvelle économie, partir en seconde position signifie perdre la bataille. Le 16 février 2000, Jean-Martin Folz, le patron de PSA, Peugeot et Citroën, reçoit la presse au siège social, avenue de la Grande-Armée, pour présenter des résultats annuels excellents. Depuis quelques jours, il prépare cette consécration médiatique, plus de deux ans après avoir succédé à Jacques Calvet à la tête du groupe automobile. Mais après presque une heure de présentation, Jean-Martin Folz change de ton. « Puisqu'il faut parler d'Internet eh bien parlons-en », dit-il, un rien agacé. Projetées sur l'immense écran, trois misérables transparents Internet ont été rajoutés en catastrophe par le service de communication. Et ça se voit. « Nous avons été les premiers en Europe à ouvrir un site Web, mais nous ne croyons pas à un plan stratégique à long terme. L'important est notre capacité à réagir au coup par coup », annonce Folz. Personne n'est dupe. Voilà la réponse du berger à la bergère. De PSA à son concurrent Renault. Car quelques jours auparavant, la marque au losange avait invité une cinquantaine de journalistes au dernier étage de Beaubourg, chez Georges, le nouveau restaurant dessiné par Stark, pour présenter en grande pompe sa stratégie Internet. Un plan d'action à cinq ans doté d'une belle enveloppe d'un milliard de francs, dont 500 millions rien que pour l'année 2000. De l'Intranet, au commerce de véhicules neufs et d'occasion sur Internet... un kit complet pour damer le pion à ces start-up qui, sur le modèle de l'américain Autobytel, sont décidées à venir concurrencer le réseau de concessionnaires des constructeurs automobiles. Le tout enrobé d'un beau papier cadeau culturel : la visite, en exclusivité, de la galerie d'art moderne de Beaubourg, quelques jours avant son ouverture au public. Quel rapport entre une Clio et un Pollock ? Aucun, bien sûr. Mais Renault veut s'acheter à bon prix un brevet de branchitude. Une façon d'affirmer que les dinosaures français ne sont pas tous ringards. Qu'ils ne font pas que polluer et licencier. Qu'eux aussi savent parler jeune.

Du Web Bar à l'Echangeur en passant par le café Ephémère, tous les grands groupes se ruent dans ces endroits branchés pour annoncer leur plan Internet. On tombe la veste, on enlève la cravate, on peaufine son franglais. Les gourous en communication conseillent de distiller quelques gouttes de la Messier *touch*. Même la disciplinée et militaire DGA, la Direction générale à l'armement, sort de son bunker de la porte de Vanves pour venir au Web

Bar présenter ses expériences d'achat de fournitures sur Internet. Le plus sérieusement du monde, lors de l'annonce de ses résultats, le jeune Edouard Michelin, fils de son père, présente comment l'automobiliste peut, grâce au Web, commander son pneu favori et le colorier à sa guise avec du vert, du jaune et du rouge. La presse adore ! Alors évidemment, à côté de cette débauche d'effets, les trois misérables transparents de présentation de Jean-Martin Folz ont donné ce jour-là une fâcheuse impression d'improvisation. Chez PSA, on en a bien conscience. Jean-Martin Folz veut sa revanche. Le 1er mars, à l'occasion du salon automobile de Genève, il a mis en scène une vraie cérémonie. Avec J6M, lui-même, sans cravate mais avec son traditionnel tabouret de bar. L'idée est bien sûr de reprendre l'avantage sur Renault. La salle du parc des expositions de Genève est bondée de journalistes venus de toute l'Europe pour assister au premier vrai mariage franco-français du *click and mortar*, de la bonne vieille industrie automobile avec Internet. Le show est cette fois parfaitement rodé. Les deux patrons adoptent d'entrée le tutoiement (alors que Jean-Martin Folz vouvoie la presque totalité de son comité exécutif avec qui il travaille pourtant tous les jours), se donnent du « Jean-Marie » et du « Jean-Martin », comme s'ils étaient copains à la ville. Ce qui n'est pas le cas. Mais puisqu'il faut s'inventer une posture Internet, un ton décontracté, un parler cool. A ce petit jeu, Jean-Martin Folz, brillant X-Mines mais plutôt maladroit face au brouhaha médiatique de la nouvelle économie, fait figure d'élève, à côté du maître Jean-Marie Messier. De quoi sont-ils venus parler ? De la naissance de la voiture communicante. De la création du premier vrai portail pour l'automobiliste européen, grâce auquel il pourra dès demain consulter, depuis sa voiture, ses mails, réserver son hôtel, éviter les bouchons, se faire aider en cas de panne... Le tout grâce au WAP, un protocole de communication qui permet de transmettre du texte, des images et des pages

Web sous la forme de données numériques sur un écran de téléphone mobile. Debout, un bout de fesse posé sur leur tabouret de présentateur de télévision, les deux patrons euphoriques fanfaronnent : « Bienvenue avec Wappy dans le monde du plus de services, plus de sécurité, plus de confort pour l'automobiliste. » C'est pour tout de suite, dès demain. Et de conclure par le jeu de mots : « *Don't worry, be Wappy* », en référence au tube planétaire du jazzman Bobby Mac Ferrin, « *Don't worry, be happy* ». Du grand art : Louis Schweitzer peut remballer sa camelote...

Force 8

Un temps à ne pas mettre un marin dehors. Même sous trinquette et deux ris dans la grand-voile. Le bulletin météo de ce samedi de novembre 1997 est catastrophique : un vent de force 8, avec des rafales à 9, est prévu pour toute la journée. La pluie qui s'abat, comme des gifles, sur Lorient a fini de tuer toute velléité de sortie en mer. Ce week-end de voile entre copains est loupé. « C'est vraiment trop con. Pour une fois que l'on a réussi à se retrouver tous les trois », lâche Bruno Cremel, en tentant de sortir sa tête de la cabine pour constater que le ciel est toujours aussi bouché. Passionnés de voile, Bruno, Philippe Collombel et Alexis Galley, tous les trois trentenaires, sont amis depuis peu. Philippe, consultant chez Cap Gemini, et Alexis, qui travaille chez Pechiney en Angleterre, se sont rencontrés au mariage de Bruno. Le courant est passé tout de suite. Et depuis, cette petite bande essaye de se réunir pour faire des entraînements d'hiver à la Trinité-sur-Mer ou des virées le temps d'un week-end, sans les nanas. Pour l'heure, il va falloir tuer le temps. Assis dans le carré de la cabine, Philippe et Alexis sont déjà partis dans une conversation *business* comme ils les aiment. Ces deux-là rêvent de faire quelque chose ensemble, de monter un projet, de créer une entreprise. Depuis déjà plusieurs mois Philippe Collombel essaie de vendre aux grands groupes bancaires français, un projet de banque en ligne sur le Net. A chaque fois, il s'est vu gentiment reconduire vers la sortie. « C'est pas le moment », « c'est trop cher », « ça ne marchera pas »... Désespérant ! Philippe et Alexis ont beau retourner le *business plan* dans tous les sens : ils ne voient pas la faille. « Ce type d'entreprise peut gagner de l'argent. Beaucoup d'argent », s'emporte Philippe. Les deux compères sont décidés : ils travailleront les week-ends s'il le faut, mais ils feront aboutir ce projet. Enarque, inspecteur des finances à la direction du Trésor, Bruno reste à l'écart de la conversation. L'Internet et lui, c'est pas vraiment ça. Il préfère attendre que le vent veuille bien se calmer un peu. Il ne se calmera pas.

Deux ans vont s'écouler jusqu'à ce rendez-vous, mi-1999, avec Daniel Bernard, le patron de Carrefour. Philippe et Alexis n'y vont pas par quatre chemins. Ambiticux, ils proposent d'emblée le grand soir Internet au numéro un de la grande distribution. Ni plus ni moins qu'un nouveau Carrefour. Avec deux métiers flambant neufs : la banque et la vente de voitures. Et de nouvelles ambitions dans le tourisme. Le tout bien sûr grâce à Internet. L'idée est simple : en gardant le contact avec la foule de consommateurs qui viennent pousser leur caddie dans un hypermarché, l'entreprise peut s'ouvrir de nouveaux horizons. Philippe et Alexis en sont persuadés : Carrefour gâche un extraordinaire potentiel de développement dans ses nouveaux services. Il suffirait de pas grand-chose, un peu de Web, quelques accords avec d'autres industriels et la révolution Carrefour serait en marche. Un véritable rouleau compresseur qui écrasera tout sur son passage. En échange de ce plan d'attaque, les quatre associés exigent 1 % du capital de la future filiale Internet du groupe. C'est déjà beaucoup. Car si l'on en croit les marchés financiers, une future introduction en Bourse de @Carrefour ferait de ces jeunes ambitieux de véritables milliardaires. Problèmes : Daniel Bernard n'a jamais eu un grand appétit pour les nouvelles technologies et en plus il vient de se lancer dans une délicate opération de fusion avec son concurrent, Promodès. Mais voilà qu'on lui apporte sur un plateau une stratégie Internet prête à consommer tout de suite. Daniel Bernard se laisse convaincre. Et tant pis si les prétentions financières de ces quatre impétueux doivent faire grincer des dents en interne. Qu'a-t-il à perdre ? Pas grand-chose. Si ce plan réussit, il devient le digne successeur de Jack Welch. S'il échoue, personne n'en saura rien ou pas grand-chose. Les quatre compères sont embauchés. Et chacun promet que les détails de ce contrat resteront strictement confidentiels. Début février, la petite équipe se met au travail sous l'autorité d'un Américain spécialement débauché pour l'occasion. Le 30 mars, à l'occasion de l'assemblée générale des actionnaires, Daniel Bernard frappe un grand coup. Il annonce un plan d'investissement d'un milliard d'euros en trois ans dans l'Internet. Un record français. Philippe et Alexis sont sur un nuage.

Entre-temps, Bruno Cremel a, lui aussi, basculé par-dessus bord. En 1998, il quitte la direction du Trésor pour prendre le poste de directeur de la stratégie du groupe de distribution PPR. En septembre 1999, à la suite de son voyage dans la Silicon Valley avec son patron Serge Weinberg, Bruno finit par le convaincre de créer une filiale 100 % Internet, PPR Interactive. Une sorte d'incubateur et de fonds d'investissement qui a pour vocation de prendre des participations dans des start-up, qui travaillent dans le e-commerce. Lui, le jeune inspecteur des finances qui, un an plus tôt, ne connaissait rien à l'Internet, se retrouve à piloter la stratégie d'investissement d'un des tout premiers groupes de distribution français. En cette fin 1999, nos trois marins se retrouvent à surfer sur la vague de la nouvelle économie. Puisse ce jour de novembre 1997 et ce coup de vent force 8 être bénis des cieux...

« *Papa, tu ne voudrais pas devenir notre administrateur ?* »

Sur le campus de l'ESSEC, la fille de Bertrand Collomb trépigne. Depuis son retour d'Inde, Stéphanie aimerait se consacrer à plein temps à son projet de création de start-up. Comme tout le monde. Elle enrage de devoir assister à ces maudits cours obligatoires où elle a l'impression de perdre un temps fou. Aujourd'hui, par exemple, elle doit se rendre à une conférence sur les fusions et acquisitions donnée par un consultant de McKinsey, une des références mondiales du conseil. Puisqu'il faut y aller, elle ira. Stéphanie comprend vite que l'intervenant du jour a repéré qu'elle était bien la fille de son père. Au moment d'aborder l'exemple de l'OPA de Lafarge sur Blue Circle, il lui lance un petit sourire complice et entendu. Pour lui, cela ne fait aucun doute, l'offre de Collomb est un peu chiche. Avec une Bourse obsédée par la nouvelle économie, le patron de Lafarge aurait dû mettre le prix pour se faire remarquer des investisseurs. Il a joué petit bras, et ça risque de lui jouer des tours. Le plus cruel est que Stéphanie est d'accord. Son père est définitivement trop raisonnable. En mai, ce que beaucoup redoutaient dans le clan Collomb se confirme : l'OPA de Lafarge sur Blue Circle échoue. Le français n'a réussi à acheter que 44 % du capital du britannique. C'est une formidable claque. Le PDG de Lafarge n'avait jamais été programmé pour l'échec. Il ne sera pas le leader mondial du ciment. Pour changer d'air et se reposer après ces quatre mois de tension, il décide de s'offrir, avec sa femme Caroline, un vrai week-end dans leur maison de campagne. Stéphanie y sera aussi. Avec un copain de l'ESSEC, elle travaille sur son *business plan* et élabore un argumentaire pour lever des fonds auprès des capitaux-risqueurs. Leur projet avance. Il y a plusieurs semaines, elle a demandé des conseils à Eric Pelletier, le consultant de la famille, qui avait déjà donné quelques tuyaux à son beau-frère Timothée avant qu'il se décide, lui aussi, à créer sa start-up.

« Soyez plus sobre. Ça ne sert à rien d'employer des mots comme révolutionnaire. Ça finira par se retourner contre vous », dit Bertrand Collomb. Le ton est un rien professoral. Paternel. Les deux associés hochent la tête, comme deux bons élèves. Bertrand Collomb ne lève pas les yeux et continue la lecture du document de présentation que Stéphanie lui a finalement demandé de lire. Le PDG de Lafarge est un peu excédé par l'arrogance de cette nouvelle économie française. A peine 30 ans, un seul mot à la bouche : la révolution. Lui qui pensait passer un week-end tranquille à la campagne, le voilà à éplucher le *business plan* de sa fille. A vérifier les projections de chiffre d'affaires. Un mélange de fierté et de méfiance l'habite. Et si sa fille et son fils avaient raison ? Aurait-il osé, comme eux, créer son entreprise, à la sortie de Polytechnique ? Il pose le document sur la table basse du grand salon, et se repasse le film de ses quatre derniers mois et de son OPA ratée. Quand Stéphanie interrompt sa rêverie : « Papa, tu ne voudrais pas devenir administrateur de notre start-up ? »

CHAPITRE 6

Buzz machine

Funky management

28 octobre 1999. Dans la splendide salle du Cirque d'hiver, à Paris, la musique techno hurle à pleins décibels. Sur la piste, il y a des jongleurs, des cracheurs de feu. L'alcool coule à flots, les petits fours sont délicieux. Ce soir, c'est Spray qui invite. Le portail suédois fête le lancement de sa version française. Personne ne sait trop bien ce que fait Spray, mais Spray est déjà une star à Paris. Depuis quelques mois tout le monde ne parle que de cette société, cool et branchée. De *Libération* au *Monde*, Spray a eu droit à une avalanche d'articles élogieux avant même d'être officiellement lancé en France. En inventant le concept du *funky management,* elle incarne l'entreprise du troisième millénaire. Et alors que ses confrères start-up peinent pour attirer journalistes et autres faiseurs d'opinion à leurs fêtes, malgré des montagnes de petits fours et des rivières d'alcool gratuit, Spray, auréolé par sa réputation, s'est, lui, payé le luxe de rationner les invitations. Ce soir, il faut être à la fête de Spray et pas ailleurs. Bref, Spray a réussi à créer le *buzz*.

Spray, c'est le concept à la mode. Les journalistes viennent en pèlerinage à Stockholm pour visiter le temple du *funky management*. Dans l'entrée, une girafe géante en peluche, une magnifique corbeille de fruits en libre service, des sofas profonds. A droite, il y a le sauna, la salle de gym. A gauche, des salles de réunion aux lumières tamisées, dont l'éclairage a été savamment étudié pour déstresser les salariés. En jeans et t-shirt, en baskets voire patins à roulettes, ceux-ci vont et viennent, se reposent devant la télévision ou le baby-foot, se servent dans le distributeur de boissons gratuit. Bien sûr Spray a son gourou. Avec son look déjanté – crâne rasé, lunettes transparentes à ventouses, combinaison noire techno – le charismatique Kjell Nordstrom, professeur et chercheur en économie à l'université de Stockholm, et cofondateur de la start-up, est un concentré de *buzz* à lui tout seul. Spray lui sert de laboratoire pour expérimenter ses théories sur le management. Kjell est en train d'inventer un nouveau type d'entreprise, une entreprise idéale. Il a un concept fort. Il en a écrit un livre, best-seller dans tous les pays d'Europe : *Funky Business*. L'ouvrage est vite devenu le *Petit Livre rouge* de la nouvelle économie. Le sortir de sa poche est devenu un réflexe pour séduire les journalistes et les analystes financiers. Car la condition sine qua non pour générer du *buzz*, c'est-à-dire exister, c'est d'être *funky*. Bref, les DRH et les patrons de start-up qui veulent être dans le vent ont compris qu'ils avaient tout intérêt à potasser les écrits de Kjell.

Apôtre de la créativité, le gourou est partisan du chaos dans les organisations, milite pour la suppression des organigrammes et autres carcans hiérarchiques. Kjell Nordstrom est persuadé que le rapport de forces entre les salariés et l'entreprise s'est renversé. La preuve : en ce début d'année 2000, les start-up se battent pour recruter et ce sont les salariés qui dictent leurs conditions. Demain, Kjell en est sûr, les salariés seront des stars. Des talents qu'il faudra choyer : plus de temps libre, plus d'argent, plus de flexibilité. Demain, les salariés seront rémunérés comme des joueurs de foot ou des artistes. Au cachet, à la mission. L'entreprise, selon Kjell Nordstrom, sera *cool*, moderne, *funky*. Performante parce que créative et à l'écoute de ses salariés. Et pour l'instant, tout le monde y croit. Les journalistes adorent qu'on leur parle du Mai 68 de l'entreprise. Les jeunes diplômés fantasment sur cette start-up mythique. Chez Spray, on croule sous les CV et les candidatures spontanées. Tout le monde a entendu parler de l'ambiance. La musique dans les couloirs, les pots, les week-ends avec toute l'équipe. Sans compter les mythiques soirées au Queen, la célèbre boîte de nuit parisienne, et dans d'autres endroits inédits. Ici, on travaille en famille. Les salariés ont composé leur hymne. C'est une bande de copains qui vivent ensemble 24 heures sur 24, se disent tout (c'est la règle). Les patrons de l'entreprise retroussent leurs manches, rangent les caisses de bière et nettoient la cuisine comme tout le monde. Dans le cyber-communisme à la suédoise, il n'y a ni patrons, ni hiérarchies. Chez Spray, on a appelé cela l'organisation spaghetti. Un plat de spaghetti de l'extérieur paraît tout emmêlé, mais vous pouvez saisir une nouille et en voir le début et la fin. C'est la même chose chez Spray. Tout est structuré autour de projets, donc Spray n'a plus besoin d'avoir des chefs de ceci, de cela. Sur les cartes, on a même supprimé les titres : ils font tellement vieille économie ! Spray fait mouche. Pour ne pas rester à la traîne, les entreprises plus classiques tentent d'ailleurs tant bien que mal d'adopter ses coutumes. Chez VivendiNet, dans l'austère tour de la Défense, on installe des *baby-foots*. Les salariés de la banque JP Morgan, eux, reçoivent une note de service où on leur conseille vivement d'abandonner le port de la cravate. En ce début d'année 2000, il faut à tout prix avoir l'air *funky*. Puisque c'est ce que réclament les marchés et les médias...

L'école suédoise du buzz

Jambes fuselées gainées de noir, port altier : ex-mannequin, Kajsa est une blonde glacée, à la distinction tout hitchcockienne. Lunettes en écailles, chevelure décolorée, costume noir et baskets Nike : Ernst, le dandy branché, cultive de faux airs d'Andy Warhol des *dotcoms*. Le tandem de Boo, une autre start-up suédoise spécialisée dans la vente de sportswears branchés, est en train de faire un carton. Boo a la chance d'avoir des PDG très « vendeurs », qui font les délices des photographes. Alors que le lancement du site n'est prévu que pour novembre, la revue de presse de Boo pèse déjà lourd. Tous les journaux et magazines, qu'ils soient underground, économiques, mode, grand public, se sont fendus de leur petit laïus sur Boo. Créer du *buzz* semble être une seconde nature chez les Suédois. Là-bas, la folie du Net a démarré très tôt. Aujourd'hui, les Suédois se sentent déjà à l'étroit sur leur marché intérieur et s'attaquent la conquête de l'Europe. Au deuxième semestre 1999, l'invasion a submergé la France, avec l'arrivée, entre autres, du portail Spray, du cyberdisquaire Boxman, ou de Boo. Ces jeunes pousses venues du Nord n'ont qu'une obsession : accroître leur notoriété, construire une marque grand public, un Coca-Cola du Net. Pour cela, elles ne reculent devant rien. A l'été 1999, Boxman, complètement inconnu, a seulement trois personnes dans son bureau français, mais il s'offre déjà des campagnes d'affichage 4 mètres sur 4, dans tout Paris. Du jamais vu !

Les start-up françaises assimilent très vite la leçon des suédoises. Elles n'ont pas le choix. Trop de concurrence, trop de nouveaux noms, trop de nouvelles marques. Pour une start-up, créer le *buzz*, c'est la seule façon de se faire remarquer, donc d'exister. C'est le plus court chemin pour séduire les futurs investisseurs. Il faut faire vite. Coca-Cola a mis 50 ans à créer une marque mondiale. Il a suffi de cinq ans à Yahoo ! et trois ans à Amazon pour parvenir au même résultat. Les start-up qui se créent chaque jour ne jurent plus que par le *first mover advantage*, cette prétendue prime au premier entrant. Il faut attaquer vite et fort, gagner de l'audience, des parts de marché. Dans cette bataille à la notoriété, les relations publiques et la publicité sont les nerfs de la guerre. Pour gagner plus de parts de marché, mais surtout pour montrer sa puissance. Et tant pis s'il faut brûler 80 % de l'argent levé au premier tour de table. La crédibilité gagnée est le meilleur atout pour réunir rapidement un second. Et glaner encore plus d'argent pour à nouveau le dépenser en publicité !

Au diable l'avarice ! Ce n'est tout de même pas tous les jours qu'on vit une révolution. Les publicitaires, eux, s'amusent comme des fous. Une révolution, c'est tellement plus inspirant que des packs de lessive. Après avoir promis qu'elle nous « ferait aimer l'an 2000 », France Télécom lyrique invente son célèbre « bienvenue dans la vie.com ». LibertySurf convoque allégrement Lénine et Che Guevara. La société de Bourse en ligne Selftrade – dont le nom a été trouvé par le frère du PDG, le publicitaire écrivain Frédéric Beigbeder – joue la provocation jusqu'au bout et récupère Karl Marx pour vanter les mérites du e-capitalisme. Tout le monde se lèche les babines. Les publicitaires et les agences de relations publiques qui engrangent les honoraires. Mais aussi toutes les sociétés qui, de près ou de loin, travaillent sur l'Internet. Car quand LibertySurf dépense des millions pour communiquer sur la révolution Internet, tous ses petits confrères en bénéficient par contrecoup. Pour une société du Web, la meilleure façon de faire de la pub est encore d'acheter des bandeaux publicitaires sur les sites des autres. Elle touche ainsi les internautes, son public de prédilection. Et, puis elle peut être sûre qu'elle récupérera sa mise au bout du compte. Car les campagnes publicitaires des uns font les revenus des autres. Revenus qui seront immédiatement injectés en dépenses de publicité sur les sites de la concurrence. La boucle est bouclée. C'est cela, la plus grande beauté de la machine à *buzz* ! Elle profite à tout le monde.

Fashion victim

Un concept tendance, un nom de société tendance, un timing parfait. A 32 ans, Jacques Kluger est un jeune homme dans le vent. Il vient de quitter son job d'avocat en septembre pour créer sa start-up, au nom furieusement nouvelle économie : dans Koobuy City, il y a ainsi l'inévitable double OO, pour rester dans l'esprit Wanadoo, et le K, la lettre du moment, que le Net français a déclinée à toutes les sauces. Koobuy City est, bien sûr, un site B2C. Les investisseurs et les médias n'ont en effet plus que ce mot à la bouche. Personne ne sait très exactement ce que le « bitoussi », comprenez *business to consumer*, recouvre, mais en gros, il représente la masse indistincte de tous les sites qui s'adressent d'une façon ou d'une autre au grand public, du site de vente de vins au portail musical... Koobuy City a choisi un créneau à la mode : l'achat groupé. Le principe est simple, très Web. Il s'agit de rassembler le maximum d'internautes pour les inciter à acheter ensemble, mettons des téléviseurs, ce qui, in fine, leur permettra de faire baisser les prix auprès des fournisseurs. Bref, pour payer moins cher, les internautes ont tout intérêt à rameuter leurs amis sur Koobuy City et donc à faire grimper l'audience. Génial, non ?

Jacques Kluger a tous les atouts pour créer un bon *buzz*. Il est tellement nouvelle économie ! Il pense déjà à son IPO. Il ne jure bien sûr que par le *first mover advantage*.

Ne connaissant rien à la technologie, il a sous-traité la conception de son site à une société extérieure et, du coup, il n'a mis que deux petits mois pour lancer son site. Il s'affaire à ouvrir des bureaux aux quatre coins de l'Europe. D'autant que Jacques Kluger a un splendide joker dans sa manche. Pierre Bellemare, un ami de son père, siège à son conseil d'administration. La belle affaire ! Rien de tel qu'une vedette de la télé pour faire de l'œil aux journalistes.

Ces derniers ont de quoi se régaler. Depuis quelques mois, tout le show-biz semble s'être mis au Net. Aux Etats-Unis, une flopée de start-up se sont offert les services de Robert De Niro, Whoppi Goldberg ou Cindy Crawford. L'important est de saupoudrer un *business plan* d'un peu de glamour. William Shatner, alias Capitaine Cork dans la série Star Trek, est carrément devenu directeur de la communication pour PriceLine.com, spécialisée dans les enchères sur le Net. D'autres stars, comme Steven Spielberg, sont allées jusqu'à créer leur propre start-up, initiatives largement relayées par la presse. La France n'est pas en reste. Thierry Lhermitte joue les *business angels*. Aux côtés d'André Lévy-Lang, ex-PDG de Paribas, il est administrateur d'Apollo Invest, une société d'investissement dans le Net. Anne Sinclair, déchue de son trône de 7 sur 7, rayonne à nouveau, au poste de directrice d'e-TF1. Le journaliste Michel Field ne jure plus que par la télé sur le Net. Jean-Marc Morandini, l'animateur de l'émission « Tout est possible », a son site d'e-commerce. Les médias adorent ce mélange des genres. Bref, avec Pierre Bellemare, célèbre pour ses « Histoires extraordinaires » et son émission de télé-achat, Jacques Kluger a de l'or dans les mains. La moisson n'a d'ailleurs pas tardé. Le jeune homme commence à récolter des coupures de presse issues des titres les plus prestigieux comme *Le Monde interactif*, *L'Expansion*, *Libération*. Il est crédible, on le prend au sérieux. D'ailleurs il vient justement de conclure un tour de table de 17 millions de francs. Jacques Kluger a tout pour décrocher le jackpot.

Fils/fille de pub

« Moi ? Je suis juste un choix marketing. » Elle éclate de rire, puis descend une rasade de Coca Light. Orianne Garcia est une fille sans complexes. Oui, elle est en retard d'une heure, désolée, elle ne s'est pas réveillée, elle a fait la fête hier. Oui, elle est jolie, grande, rousse. Oui, elle utilise impunément le fait d'être une femme et d'avoir un sourire craquant pour poser sur les couvertures des magazines. Oui, elle exploite sans vergogne son image pour doper la notoriété de Caramail. Et alors ? Quand elle a décidé de travailler avec Alexandre et Christophe, Orianne ne connaissait de toute façon rien à l'informatique ni à la finance. Concevoir un site, le faire marcher, fouiner dans les livres de comptes et les tableaux d'exploitation ? Très peu pour elle. Il fallait cependant bien qu'elle s'occupe. Il a donc été décidé que ce serait elle qui représenterait l'image de la société. Les deux garçons avaient horreur de répondre au téléphone, à la presse, de parler en public. Tout ce qu'Orianne adorait. Et puis arborer une fille PDGère, pour une start-up, c'était vraiment chic. Caramail voulait être un site grand public, ouvert à tous et prouver qu'Internet n'était pas réservé aux adolescents boutonneux, le nez plongé dans l'informatique. Mettre en avant la jolie Orianne, aux antipodes de cette image repoussoir, était la meilleure façon de le faire.

La stratégie de Caramail a merveilleusement fonctionné. En ce début d'année 2000, Orianne est sans conteste la reine de l'Internet français. Le 4 février, Jacques Chirac reçoit à déjeuner quelques Net-entrepreneurs triés sur le volet, dont François-Henri Pinault. Mais c'est vers Orianne qu'il se précipite d'abord. Il l'a reconnue : la grande rousse était déjà de la fête en juillet dernier, à la garden-party de l'Elysée. Aujourd'hui, Orianne est à la place d'honneur, à la gauche du président de la République, ravi d'être en aussi galante compagnie. Orianne attire tous les flashs des photographes. Membre de Croissance Plus, jury du concours des Clics d'or pour les écoles, oratrice préférée des conférences sur le Net, membre de la commission sur les nouvelles technologies du Sénat, elle est partout. Elle est si rafraîchissante, si photogénique, cette jeune fille rieuse, dans ce milieu *high tech* désespérément masculin ! Fine mouche, Orianne a habilement utilisé ses atouts de femme pour prendre l'avantage médiatique sur ses concurrents. Elle sait aussi bien parler au sérieux *Les Echos* ou aux titres de presse informatique qu'à la presse people. Peu avare en anecdotes sur sa vie privée, intarissable sur son cocker Némésis ou sur son enfance en Alsace, elle est un sujet en or pour les publications grand public comme *Paris Match*, qui lui consacre quatre pages début 2000. Et puis bien sûr, elle est devenue la chouchoute des magazines féminins, qui l'ont adoptée dès 1998. Orianne peut disserter sur les chiffons et la mode – elle adore Kenzo, Dolce et Gabbana –, zapper sur la décoration intérieure – toute sa collection de porcelaines avec des dessins de vache a été photographiée pour le magazine *Maisons de France*. Sans oublier, l'inévitable question : « Orianne, est-ce que ce n'est pas trop dur d'être une femme, etc. » Là-dessus, Orianne a sa réponse toute faite et sait blaguer avec humour sur ces personnes qui l'appellent en lui demandant si elle est la secrétaire de M. Garcia. Orianne collectionne les prix et les décorations. En décembre 1999, elle était aux côtés de l'actrice Sabine Azéma et de la journaliste Ruth Elkrief pour recevoir le prix Whirlpool de femme de l'année. Et pour fêter ses 20 ans, *Madame Figaro*, qui a choisi vingt femmes « d'exception » pour son numéro spécial, l'a même retenue aux côtés de Laetitia Casta et Claude-Andrée Deshays, la spationaute ! Orianne est devenue une vedette. Un jour, pour son émission « Trois fois Net » Florian Gazan lui avait demandé de remplacer au pied levé Charlotte de Turckheim qui souffrait d'une gastro-entérite. Orianne a crevé l'écran. Elle s'est vu proposer un poste de co-animatrice, en tant que fondatrice de Caramail. Elle passe désormais tous les dimanches matin à la télé, sur France 3. Une magnifique publicité gratuite pour le site !

9 février 2000. Dans la salle du Barrio latino, une foule compacte de journalistes piaffe. Le suspense a été habilement entretenu, le lieu de la conférence révélé au dernier moment, dans un e-mail sibyllin « Caramail Spray, info ou intox ? RV demain au Barrio latino, 9 h 00 ». Aujourd'hui, Orianne la reine du *buzz* a particulièrement soigné la mise en scène pour sa consécration. Elle apparaît, avec une bonne demi-heure de retard, descendant lentement l'escalier au milieu de la salle aux côtés d'Alexandre et de Johan Ihrfelt, le PDG de Spray, un ancien mannequin, aussi photogénique que les fondateurs de Caramail. Derrière le trio trottine calmement l'inévitable Némésis, le petit chien noir d'Orianne. Une belle photo pour un beau deal. Spray, la start-up la plus *cool* du moment, qui rachète le pionnier Caramail ! Orianne rayonne. Avec plus de deux millions de membres, 12 000 nouveaux inscrits chaque jour, Caramail, le deuxième site le plus consulté après Wanadoo, a pu négocier des conditions de rachat inespérées. Ils ont obtenu des garanties solides : ils conservent leur poste et pourront continuer à mener leur barque comme bon leur semble. Bref, rien ne va vraiment changer dans leur quotidien. Et surtout, Orianne et Alexandre vont toucher beaucoup d'argent. Ils ont réussi à obtenir une valorisation astronomique : 600 millions de francs. Une

démontration éclatante que quelques grammes de *buzz* peuvent se transformer en lingots d'or.

Fabrice Grinda en est lui aussi persuadé. Le *buzz* sera son allié, d'autant qu'il est dangereusement en retard sur ses concurrents. i-bazar, leader du secteur, s'est lancé en France, quand il était encore en train de gratter des présentations chez McKinsey à New York ! Pour compenser, Fabrice décide donc méthodiquement d'employer le *Blitzkrieg* médiatique. En avril 1999, le site d'Aucland n'est pas encore prêt. Qu'à cela ne tienne. Fabrice convoque tout de même une conférence de presse. Les articles pleuvent. Chez i-bazar, on enrage. i-bazar a beau être leader sur le marché, il est totalement ignoré par les médias. Il faut dire que la société n'a même pas encore préparé de dossier de presse ! Le contraste n'en est que plus cruel avec un Fabrice Grinda, qui passe le plus clair de son temps à se vendre et faire parler d'Aucland. La stratégie du jeune homme est étudiée au millimètre près. Pour décrocher, à l'arraché, des rendez-vous avec les journalistes, Fabrice harcèle de coups de fil toutes les rédactions. Sa règle est de toujours se déplacer chez son intervieweur : c'est plus facile d'obtenir un rendez-vous et cela permet d'éviter les annulations de dernière minute. Tandis qu'Orianne joue de la carte « femme », Fabrice utilise la carte « jeune ». 24 ans, petites lunettes, visage enfantin de premier de la classe : il a l'image parfaite du petit surdoué Internet. Cela tombe bien : la France veut justement son Bill Gates à elle ! Fabrice sait jouer les caméléons. Il adapte son look en fonction des titres de presse qu'il rencontre. Il peut remettre son costume cravate. Ou encore adopter « le total look Steve Jobs », selon ses propres mots : comme le charismatique PDG d'Apple, icône de la nouvelle économie, il arbore alors nonchalamment un col roulé noir élimé et un pantalon en toile Gap. Fabrice gère ses relations journalistes avec ferveur : son fichier presse comporte 300 contacts, bien plus que son fichier clients. Ce garçon est une perle pour les journalistes. A 5 heures, quand l'heure du bouclage approche dans les quotidiens, il est toujours disponible pour les malheureux qui terminent un article fleuve sur la nouvelle économie et ont désespérément besoin de l'avis d'un expert sur l'entreprise, les stock-options, l'innovation, les start-up, le Nasdaq. Fabrice Grinda par-ci, Fabrice Grinda par-là. Il n'a fallu que quelques mois pour que le jeune entrepreneur s'impose comme un incontournable du Net. Voilà une valeur sûre. En septembre 1999, Bernard Arnault n'a-t-il pas investi 120 millions de francs dans Aucland, le plus gros investissement jamais consenti dans une start-up ? Fabrice Grinda fait désormais partie de la jeune garde Internet d'Arnault. Il représente la nouvelle élite, le nouvel establishment. Une révolution a toujours besoin d'avoir un visage. Grâce à Orianne et Fabrice, la révolution Internet n'est plus abstraite. Orianne et Fabrice sont des cyber-millionnaires. Des entrepreneurs. Les symboles de cette nouvelle génération qui prend le pouvoir.

Chirac au pays des start-up

« Chirac, pédé. » Sur la porte du vieil ascenseur qui mène à la boîte de nuit du Gibus, un des temples mythiques de la nuit parisienne, l'inscription gribouillée au marqueur est noyée au milieu d'une forêt de tags. Elle n'échappe pourtant pas à l'œil de Claude Chirac, la fille du président de la République, en charge de sa communication. « Il faudra m'enlever ça », dit-elle d'un ton sec à Laurent Edel qui acquiesce immédiatement d'un hochement de tête honteux. Malgré ce graffiti désobligeant, Claude Chirac est ravie. Voilà un splendide décorum pour le président de la République. Un vieil immeuble industriel, du 18, rue du Faubourg-du-Temple, longtemps occupé par des petits ateliers de couture et maintenant reconverti dans l'Internet. Et puis ce nom : Republic Alley. Une splendide trouvaille marketing. Une contraction de Silicon Valley avec République, comme le nom de la grande place parisienne voisine. Une sorte de marque déposée de la nouvelle économie à la française. Quatorze start-up vivent ici, se partagent 2 000 m^2 qui jouxtent ceux de la boîte de nuit culte du Gibus. Il y a un peu de tout : un site boursier, un vendeur de plantes, un portail destiné aux femmes, un autre pour les retraités, un spécialiste de la télévision sur Internet. On ne peut pas trouver meilleur endroit pour rattraper la fameuse gaffe du « mulot » : lors de l'inauguration de la Grande Bibliothèque nationale de France, devant les caméras, Jacques Chirac avait été pris en flagrant délit d'ignorance de ce qu'était une souris d'ordinateur. A quelques jours de la grande fête d'Internet, il est temps de rattraper le coup. De redonner au Président une image d'homme politique dans le vent. Claude Chirac est donc venue en repérage, vérifier que tout est en place, qu'il n'y aura pas cette fois de dérapage incontrôlé. Elle voit déjà les titres dans la presse : « Jacques Chirac au pays des start-up » ou « Le Président à la rencontre de cette nouvelle France qui gagne ». Quelle affiche !

Et quel décor. L'immeuble du 18, rue du Faubourg-du-Temple est un morceau d'histoire à lui tout seul. Il appartient à Sarah Gutmann, la grand-mère de Laurent, propriétaire depuis les années 50. A l'époque le bâtiment industriel abritait une entreprise de fabrication de machines pour les travaux publics. Tout est pratiquement resté en l'état. Un immense loft, sur quatre étages et 10 000 m^2, mélange de structures métalliques et de briques sous une immense verrière. Idéal pour accueillir des start-up du Net à la recherche de locaux branchés. C'est ici que Laurent Edel couve, comme un papa poule, les jeunes barbares du nouveau monde. Il a inventé de toutes pièces un cérémonial fait de bric et broc. Les gilets en peau de mouton, fabriqués dans les anciens ateliers de couture de sa grand-mère deviennent le costume attitré du startuppeur. Et tous les visiteurs sont amenés à se recueillir devant un autel bouddhiste dédiée au Dieu VC (prononcez vi-ci, pour *venture capitalist*), ces investisseurs de la nouvelle économie. Chaque vendredi soir, on organise des fêtes pour déposer des offrandes à ces nouveaux financiers, boire du cognac tonic et rêver de faire la peau à « ces crevards de la vieille économie ». Laurent Edel a tout compris du *buzz*. Il a très vite assimilé comment fonctionne la machine médiatique, ce qu'elle aime, ce qu'elle mange. Il va d'abord lui vendre son folklore exotique, son rêve de révolution capitaliste. Puis le destin magnifique de Sarah Gutmann, sa grand-mère. Née en Pologne, puis déportée dans les camps d'Auschwitz, Sarah débarque avec son mari Haïm en banlieue parisienne le lendemain de la guerre. Le jeune couple se lance dans le commerce de cuir brut et finit par acheter l'immeuble du Faubourg du Temple. Après avoir encaissé la crise du textile, puis accueilli le Gibus, voilà le bâtiment en train de renaître de ses cendres industrielles grâce à la nouvelle économie. Laurent Edel vient de fabriquer la première Mamy des start-up.

Evidemment les journaux tombent en pâmoison. Tout le monde veut venir voir Sarah, raconter cette formidable histoire. L'immeuble de Republic Alley est né. Mais Laurent Edel commence à se lasser de son rôle de super-concierge médiatique. Il s'agite beaucoup mais toujours pour le compte des start-up de l'immeuble. Il n'est toujours pas payé, ou alors des bricoles. Même si on parle déjà beaucoup de lui dans les médias, il n'est finalement pas grand-chose sur la planète de la nouvelle économie française. Un efficace entremetteur, un excellent communicant. Rien de plus. Il veut maintenant créer son entreprise. Pas besoin de chercher midi à quatorze heures. Tout est là, à ses pieds. L'immeuble bien sûr. La marque : Republic Alley. Le concept : un incubateur, une sorte de pépinière de start-up qui, en échange de prestations diverses et variées (conseil, locaux, recherche de financement...), négocie une part du capital qui sera revendu ensuite, une fois que l'entreprise marchera sur ses deux pieds. Si bien que Republic Alley devient deux choses à la fois : un immeuble et un projet d'incubateur. En grand magicien du *buzz* qu'il est, Laurent Edel va exploiter avec maestria cette confusion. Ce 2 mars 2000, Jacques Chirac ne sait évidemment pas qu'il va être l'objet d'une prise d'otage médiatique...

En ce début d'après-midi, dans la foule qui attend le président de la République, massée devant le grand portail du 18, rue du Faubourg-du-Temple, un homme d'une petite quarantaine d'années, lunettes à écailles de consultant et t-shirt noir aux couleurs de Republic Alley, se tient en retrait. Bizarrement, alors que tous les visages sont comme aimantés par les caméras de télévision, lui tourne le dos dès qu'il croise un objectif. Comme s'il ne souhaitait pas être vu. C'est que Gilles Labossière est venu incognito. En fin de matinée, il était encore au siège de LVMH, en costume cravate, pour se faire embaucher au poste de directeur financier du groupe. Une fois sorti de son rendez-vous, il a marché comme si de rien n'était, puis il s'est mis à courir jusqu'à sa voiture. Pas de temps à perdre s'il veut ne pas rater l'arrivée de Jacques Chirac à Republic Alley. Là dans le coffre, une tenue de rechange l'attend : un jeans, des baskets, un t-shirt noir Republic Alley. Il se change en quatrième vitesse, excité comme un gamin qui part faire l'école buissonnière. Comme s'il changeait en même temps de vie. Car depuis trois mois, Gilles Labossière est perdu. Il ne sait pas où il va, ni ce qu'il veut faire. Au mois de novembre dernier, il est resté prostré, enfermé pendant trois jours, dans la pièce qui lui sert de bureau dans son pavillon de la banlieue parisienne. A ruminer la même question, jusqu'à en devenir fou : faut-il oui ou non accepter la proposition de Lazard, la prestigieuse banque d'affaires française ? Peu d'HEC de sa génération auraient longtemps résisté à ce pont d'or : un poste de banquier d'affaires, avec la perspective de devenir très vite associé gérant. Mais Gilles a toujours rêvé de créer un jour son entreprise. En cette fin d'année 1999, le train de la nouvelle économie lui fait terriblement envie. Sa femme le pousse à monter dedans. Tout comme son grand copain Charles d'HEC et à l'époque membre comme lui de l'équipe de rugby. Gilles dit finalement non à Lazard. Quelques jours plus tard, une relation commune lui fera rencontrer Laurent Edel qui lui parle de son vague projet d'incubateur. Il hésite. Avec ses cheveux en bataille, ses petites lunettes d'intello branché, ses tenues technoïdes et ses grands discours sur la mort prochaine du capitalisme, Laurent Edel est, à lui tout seul, le résumé de cette nouvelle économie française. Exaltante, naïve, et parfois exaspérante. Charles est séduit. Mais il a deux enfants et sa vie est déjà bien lancée sur l'autoroute des responsabilités. Il doute. Cet Edel est-il sérieux ? Est-ce encore de son âge de sauter dans le vide ? Ce 2 mars, alors qu'il regarde Jacques Chirac sortir de sa voiture de fonction, être accueilli par Laurent Edel, Gilles ressent immédiatement un frisson d'excitation. Et si la vraie vie, c'était ça ?

Le sourire aux lèvres, Jacques Chirac est comme en campagne. Direct, chaleureux. Il monte au quatrième étage visiter Trading Central, un site d'information boursière créé par deux copains qui se sont connus à Londres, dans la City. Très vite, ils ont eu envie de créer leur société. Mais pas en Angleterre. En France, juste pour faire mentir les vieilles idées reçues sur la création d'entreprise. Evidemment Jacques Chirac adore cette histoire. Les deux fondateurs profitent de sa venue pour parler stock-options. « On y viendra, c'est sûr », leur assure le président de la République. Puis ce sera la visite de Newsfam, le site féminin, créé par Chine Lanzmann, une ancienne de Canal + devenue la petite copine de Laurent Edel. Elle fait l'article de son magazine féminin en ligne, explique que désormais on peut recevoir son horoscope chaque jour par e-mail. « Formidable », s'esclaffe Jacques Chirac, ravi d'apprendre que son horoscope lui conseille de « faire l'amour le samedi ». Après Newsfam, un petit tour par Plantes-et-Jardins et ses conseils de jardinage en ligne, puis un arrêt au stand de Streampower.Net, une start-up spécialisée dans la télévision sur Internet. Une petite table ronde pour finir et retour à l'Elysée. Au moment où le président de la République remonte dans sa voiture sous les acclamations des badauds, Gilles Labossière sait qu'il ne pourra plus faire marche arrière. Dire non à l'aventure de Laurent Edel serait un gâchis terrible. Avant la visite de Jacques Chirac, Republic Alley n'était qu'un immeuble paquebot qui abrite des start-up dont le seul point commun est de payer leur loyer à Sarah Gutmann. En quittant le 18, rue du Faubourg-du-Temple, le Président laisse derrière lui un projet d'entreprise clé en main, avec un fabuleux capital de notoriété. Demain toute la presse européenne connaîtra Republic Alley et l'aura assimilé à Laurent Edel. Demain, l'incubateur existera avant même d'exister. Gilles est décidé : il dira non à LVMH et gardera son t-shirt.

CHAPITRE 7

La Bourse pète les plombs

Concours de beauté

Ce jour de juin 2000, une canicule lourde et moite est tombée d'un seul coup sur Paris. S'il n'écoutait que lui, Michel Meyer enfilerait bien un short et des tongs. Après tout, chez Multimania, il est chez lui, comme à la maison. Toujours en jeans et baskets. Gros pull en hiver, et t-shirt en été. Mais aujourd'hui, Michel reçoit. Avec son copain de toujours Olivier Heckmann, il organise, depuis plusieurs jours, un grand concours de beauté. Un *beauty contest* des meilleures banques d'affaires de Paris, spécialisées en IPO, c'est-à-dire en introduction en Bourse. Car c'est décidé, Multimania ira en Bourse. Et le plus tôt possible. Depuis les premiers bidouillages de « Virtual Baguette », accroupis dans la salle de bains de leur studio de la Silicon Valley, Olivier et Michel ne pensent qu'à ça. C'est pour eux deux à la fois une consécration, un nouveau départ et la certitude de devenir riches. Même si ses trois années à la tête de Multimania n'ont pas modifié sa démarche adolescente et nonchalante, Michel Meyer, et sa barbe rousse un rien baba-cool, n'est plus seulement ce bon copain fidèle. Il a pris goût à sa nouvelle casquette de manager et rêve maintenant de pouvoir et d'empire, de faire de son Multimania le nouveau Yahoo! français. De convertir le rêve américain en une grande et belle saga hexagonale. Or pour grossir vite, son entreprise a besoin d'être cotée en Bourse. C'est un passage obligé. Aux Etats-Unis, les valorisations financières des entreprises de la nouvelle économie sont telles que les start-up, une fois cotées sur le marché, disposent d'une cagnotte, prête à l'emploi. Avec l'envolée du Nasdaq, une nouvelle monnaie est née. Une monnaie qui a l'odeur et le pouvoir de la monnaie, sans en avoir aucun attribut de souveraineté. Juste de la *e-currency*, c'est-à-dire du papier, des actions. Plus le prix de cet assignat est élevé, plus son pouvoir d'achat est important. Désormais pour mettre la main sur un concurrent plus petit, une entreprise de la nouvelle économie ne débourse plus un seul dollar de sa poche, mais troque son action contre trois, quatre ou cinq actions de sa proie. Pour réaliser le rêve de son fondateur, Multimania a besoin de cette miraculeuse *e-currency*. Voilà pourquoi, malgré cette chaleur équatoriale, Michel Meyer a tenu à ne pas paraître trop négligé. Aujourd'hui, il a rendez-vous avec la banque d'affaires Merrill Lynch. L'une des plus belles banques d'affaires du monde. L'assurance d'une introduction en Bourse réussie et d'une entrée immédiate dans le classement des fortunes françaises.

Rien ne ressemble autant à un banquier d'affaires qu'un autre banquier d'affaires. Même costume gris ou bleu marine (Hugo Boss ou Smalto), nœud de cravate à l'anglaise (Hermès), chemise blanche ou bleu ciel, souliers noirs à lacets (Church) ou mocassins (Weston). Les deux émissaires de Merrill Lynch ne dérogent pas à ce strict cahier des charges vestimentaire. Assis de l'autre côté de la grande table de réunion, Karim Oyarzabal et Peter Bradshaw forment une belle paire de trentenaires, tirés à quatre épingles, jusqu'aux boutons de manchette. Sûre d'elle, de son pouvoir et de sa foi capitaliste. Diplômé de Polytechnique,

Karim, 36 ans, entre dans la banque d'affaires après plusieurs années passées chez Bouygues à superviser de grands chantiers internationaux. Anglais, vivant à Londres, Peter Bradshaw a d'abord travaillé pour le compte du milliardaire George Soros. Il a fait partie de la petite équipe qui le conseille dans ses investissements. Il entre chez Merrill Lynch en 1997, mais continue à jouer au tennis avec Soros presque toutes les semaines. Pas grand-chose pourtant ne le prédisposait aux délices de la finance mondiale. Il est diplômé d'histoire après avoir consacré plusieurs années de recherche à l'influence de la famine sur le commerce des esclaves au XVIIIe siècle. Lorsqu'ils rentrent dans le bureau de Michel Meyer, ni Karim, ni Peter ne connaissent quoi que ce soit à Internet. Nommé responsable de la petite équipe des analystes européens spécialisés sur Internet à la fin du printemps, Peter a eu à peine le temps de se mettre au parfum des « dot.com ». Quant à Karim il découvre. Pour l'instant, tous deux n'ont fait que lire la littérature américaine sur la question. Et notamment la prose de l'analyste vedette de la maison, Henry Blodget. Avec Mary Meecker de la banque Morgan Stanley ou Abby Joseph Cohen de Goldman Sachs, Blodget est l'incontournable gourou de l'Internet américain. En décembre 1998, il est le premier à écrire que l'action Amazon, la cyber-librairie américaine, atteindrait, dans les prochains mois, 400 dollars, soit le double de son cours. Quatre semaines plus tard, la prophétie se réalise. A 32 ans, Henry Blodget, petit analyste chez CIBC Oppenheimer, est arraché à prix d'or par Merrill Lynch. Et depuis, chaque mot de Blodget fait office de parole d'évangile. Dévorées par tous les analystes financiers du monde, les études (des pavés qui peuvent dépasser les 500 pages) de ces stars de Wall Street font et défont, à elles seules, les cours de Bourse de la planète financière. Ils tiennent la nouvelle économie entre leurs mains. Et donc le futur patrimoine de Michel Meyer.

Parfaitement interchangeables sur le plan vestimentaire, Karim et Peter ont pourtant deux rôles très différents dans la grande machinerie parfaitement huilée des banques d'affaires. A chacun sa place. Une « muraille de Chine », selon l'expression employée dans le milieu, opaque et infranchissable, séparerait même les deux hommes. Peter est analyste financier. Il passe une partie de son temps à publier des études sur des entreprises, pour conseiller les grands fonds de pension de la planète dans leur choix d'investissement. A l'occasion de chaque IPO ou opération de fusion, sa petite équipe rédige une énorme étude, sorte d'argumentaire de vente où Merrill Lynch apporte sa caution sur la qualité et du sérieux du *deal*. Plusieurs centaines de pages remplies de graphes, de courbes et de ratios économiques pour dire tout le bien qu'elle pense de l'opération et recommander l'achat. Aux commerciaux de la banque de vendre ensuite des paquets entiers d'actions à ses principaux clients investisseurs, Merrill Lynch prélevant bien sûr à chaque fois une petite commission. Karim est, lui, un homme de l'ombre. Il vend des idées de *deals* à des patrons en mal d'imagination : ici une fusion, là une cession ou une introduction en Bourse. C'est selon. Il a toute une palette de solutions à leur disposition. Pour convaincre, il faut savoir jouer de son bagou, de son carnet d'adresses ou de son flair. Evidemment plus le *deal* est gros, plus la facture présentée ensuite à l'entreprise est salée (les commissions pour une IPO pouvant atteindre jusqu'à 8 % du montant de l'argent levé en Bourse). En théorie, Peter a le pouvoir de refuser l'IPO de Multimania. S'il considère que le *business plan* de la start-up est fumeux ou que ses managers post-adolescents ne sont décidément pas à la hauteur, il peut mettre son veto. Car réaliser l'IPO d'une start-up, sexy mais chancelante, dont le cours de Bourse s'effondrerait quelques jours seulement après son introduction, éclabousserait la réputation de

Merrill Lynch. Comment réagirait alors un grand investisseur après avoir fait confiance aux recommandations de la banque d'affaires ? Il partirait tout simplement chez la concurrence. Sur le papier, Peter est a priori totalement libre de dire non au projet. Mais dans le cas présent, il n'a pas d'état d'âme. La nouvelle économie débarque tout juste en Europe. Et comme Multimania est l'une des références françaises, il n'y a aucune raison de se faire du souci. Merill Lynch veut ce *deal*.

Même avec des fenêtres grandes ouvertes, Peter et Karim suent à grosses gouttes. Accablés par la chaleur, les deux banquiers maudissent leurs doubles nœuds de cravate. Malgré leur carte de visite prestigieuse, Karim et Peter choisissent de ne pas trop en faire, d'avancer profil bas. Difficile de faire autrement quand on ne connaît rien au métier de l'entreprise que l'on est censé conseiller. Karim joue même la carte de la franchise : « On apprendra en marchant », dit-il à Michel Meyer et Olivier Heckmann. Les deux fondateurs apprécient. On discute bien sûr valorisation, calendrier, prix de la commission. Michel Meyer veut aller vite. Le plus vite possible. Il songe à une introduction en Bourse dès le mois de novembre. Karim essaye de freiner les ardeurs du jeune patron. Multimania n'existe même pas depuis trois ans et son chiffre d'affaires est ridicule. En 1999, il n'a pas dépassé le 1,4 million d'euros. Cette année, il atteindra à peine les 6 millions d'euros. « Il faudrait au moins patienter jusqu'à la fin de l'année 2000 pour présenter un chiffre d'affaires digne de ce nom », prévient Karim. Michel Meyer laisse dire. La réunion se termine. On se quitte en se promettant de se donner des nouvelles très bientôt. Les deux émissaires de Merrill Lynch sont contents de leur prestation, mais ils savent que toute la profession attend son tour dans la salle d'attente. De fait, les deux fondateurs de Multimania recevront une dizaine de banquiers d'affaires. Tout ce qui se fait de mieux sur la place de Paris. A chaque fois, les mêmes questions : niveau de valorisation, prix d'introduction, calendrier. Une dizaine de jours plus tard, Karim Oyarzabal reçoit un coup de fil à son bureau boulevard Kléber. C'est Michel Meyer qui se lance : « On aimerait bien bosser avec vous. » Merrill Lynch fera l'IPO de Multimania. Tant pis si le montant de l'opération reste ridicule en comparaison des immenses *deals* de la vieille économie. L'important pour la banque d'affaires est d'acquérir vite une compétence Internet pour mieux la vendre demain auprès de plus grands groupes.

« *Vous parlez en francs ou en euros ?* »

Un long silence s'installe autour de la table de réunion. Pierre Besnainou, le patron de LibertySurf, a fini d'écouter la présentation que vient de lui faire son banquier conseil, Philippe Guez de la Deutsche Bank. Il tapote frénétiquement sur sa calculette quelques ratios financiers et replonge le nez dans les documents de la banque. A plusieurs semaines de l'introduction en Bourse de LibertySurf, Philippe Guez vient de lui annoncer la première estimation de la valorisation boursière de l'entreprise. Et de ce chiffre dépend bien sûr sa future fortune. D'après ses rapides calculs, Pierre Besnainou serait donc multimillionnaire : ses 2,6 % de LibertySurf vaudraient aujourd'hui une petite centaine de millions de francs. Pierre reste songeur. Dans ses rêves les plus fous, il avait, c'est vrai, fantasmé sur des chiffres encore plus extravagants, deux cents, trois cents millions de francs. Il doit revenir sur terre et faire confiance à l'évaluation de ses banquiers conseils. Finalement, détenir potentiellement cent millions de francs d'une entreprise qui n'a même pas un an d'existence, cela reste inespéré. On lui aurait annoncé cela quand il était encore chez AB Production à cogiter sur ses *business plans*, qu'il n'aurait jamais voulu y croire. Et puis cent millions de francs, c'est amplement suffisant pour mettre à l'abri sa famille pour le restant de ses jours. D'effacer de sa mémoire les mois pénibles qui ont suivi la mise en faillite de Kaisui, sa précédente entreprise. « Vous semblez déçu, Pierre », se décide à demander Philippe Guez. « Non, non... » répond le patron de LibertySurf. Son « non » veut bien sûr dire « oui, un peu ». C'est plus fort que lui. Lui le fils de marchand de vélos de Tunis a tellement rêvé de sa revanche... Le banquier de la Deutsche Bank se sent obligé de se justifier : « Un gros 3,5 milliards euros pour une entreprise qui a un an d'existence. C'est plus que raisonnable », dit-il. Pierre n'est pas sûr d'avoir très bien compris ce qu'il vient d'entendre. Son cœur se met à battre violemment. « Mais Philippe, vous parlez en francs ou en euros ? » « Mais en euros bien sûr », répond le banquier. Le patron de LibertySurf part alors dans un violent éclat de rire nerveux. « Ah bon, mais moi je pensais que vous parliez en francs... » Trois milliards cinq cents millions d'euros. Ou mieux encore vingt-trois milliards de francs. Ce qui revient au même, mais Pierre Besnainou aime quand il entend sonner les milliards. Avec 2,6 % du capital de LibertySurf, sa fortune dépasse donc les 600 millions de francs. Il n'en revient pas. Il refait plusieurs fois ses calculs pour être sûr de découvrir le même chiffre magique sur le cadran de sa calculette. Il avait à peine réalisé ce que 100 millions de francs représentaient concrètement. Et voilà qu'en quelques secondes sa fortune est soudainement multipliée par 6,5. Pierre Besnainou est perdu. Il ne sait plus trop quoi penser de cette providence tombée du ciel de la nouvelle économie.

Mais comment en est-on arrivé à ce chiffre ? Besnainou demande à Philippe Guez de reprendre sa présentation depuis le début. Mais cette fois avec les bons montants. « Tu sais, nos équipes sont restées relativement raisonnables. On n'est pas dans le haut de la fourchette », se justifie la banquier. La Deutsche Bank n'a pas, par exemple, calculé le prix d'introduction de LibertySurf sur celui de Terra Networks, la filiale Internet de Telefonica, le France Télécom espagnol, dont l'introduction au mois de novembre a connu un succès phénoménal. Selon ses calculs, chacun des 800 000 abonnés que devrait enregistrer LibertySurf au mois de février prochain peut se valoriser au prix de 4 400 euros. On est très loin des 15 000 euros par abonné de Terra Networks et encore en dessous de l'anglais Freeserve (5 500 euros par abonné). Les équipes de Philippe Guez ont donc plutôt joué la prudence. Malgré cela, LibertySurf vaudrait, aujourd'hui, en Bourse autant que le groupe industriel Legrand (dont le chiffre d'affaires est trente fois supérieur à celui du fournisseur d'accès) et rivaliserait avec le centenaire Michelin. Et tout cela en onze mois.

La Bourse est folle

Même si sa fortune est encore virtuelle, Pierre Besnainou est convaincu qu'elle est à portée de main. Il ne lui reste que quelques semaines à attendre avant une introduction en Bourse prévue, comme celle de Multimania, pour la mi-mars. D'ici là, il n'y a aucune raison pour que la Bourse arrête de flamber. Si l'on s'en réfère au scénario américain, la toute jeune nouvelle économie européenne dispose d'au moins trois ou quatre années devant elle. C'est le calcul que font tous les analystes financiers et banquiers d'affaires. Il va bien sortir de terre au moins un Yahoo!, un Amazon et un eBay européen. Il suffit de semer et d'attendre. Les premières introductions en Bourse de start-up ont toutes connu un extraordinaire succès. Les deux premières valeurs françaises, Artprice, un système d'enchères sur le Net, et Netvalue, sorte de médiamétrie du Web, toutes les deux introduites au mois de janvier, ont vu leur cours exploser. Le seul jour de son introduction en Bourse, Netvalue a gagné 440 %, ce qui valorisait l'entreprise à 4,2 milliards de francs pour un ridicule chiffre d'affaires de 2,6 millions de francs ! Depuis la cotation, en novembre 1999, de l'espagnol Terra Networks, toutes les marchés européens n'ont plus qu'un seul mot en bouche : Internet.

Le Nouveau Marché, cette mini-Bourse réservée aux PME *high tech* françaises, qui semblait être abandonné à une douce léthargie est, du jour au lendemain, monté à la verticale. Son homologue milanais a bondi de 330 % depuis sa création, en juin 1999. Toutes les Bourses européennes sont branchés sur l'encéphalogramme du Nasdaq... Or ce dernier est plus qu'euphorique : il est ivre de bonheur. Le jeudi 23 décembre 1999, à 12 h 07, il franchit les 4 000 points pour la première fois de son histoire. La Bourse américaine des valeurs technologiques affole les compteurs de l'économie mondiale. Il lui a fallu vingt-quatre ans pour atteindre les 1 000 points, trois ans pour se hisser à 2 000 points, onze mois pour dépasser les 3 000, et moins de deux mois pour arriver à la barre des 4 000. A ce rythme-là, le sommet des 5 000 points sera atteint dans deux mois et demi. Tout ce qui touche de près ou de loin à Internet reçoit l'imprimatur des marchés. Sans distinction. Les entreprises de médias, de téléphonie, d'informatique ou de jeux vidéo, sous prétexte qu'elles disposent dans leur tiroir d'un petit bout de contenu Internet, sont logées à la même enseigne que les américains Cisco, Yahoo! ou Amazon. Entre novembre et début mars, le cours de l'action Bouygues (premier actionnaire de TF1) est passé de 35 à 90 euros, celui de Vivendi de 65 à 130 euros, celui de M6 de 245 à 650 euros, celui de France Télécom de 95 à 219. Le « .com » est devenu, en l'espace de quelques semaines, un carburant boursier explosif. Jamais, dans l'histoire du capitalisme, un suffixe n'avait provoqué un tel délire général. Tout est bon pour faire illusion. Il suffit juste d'un communiqué de presse pour que la machine s'emballe aussitôt. Une annonce de création de portail, d'un programme d'investissements ou mieux encore de cotation d'une filiale 100 % Internet, et c'est la mise en orbite immédiate du cours de Bourse. Rien ne rebute les grands communicants. Même l'utilisation de faux nez pour entrer dans le bal très prisé des valeurs Internet. Trader.com, par exemple, n'est ni une société de trading ou un courtier en ligne, ni même une start-up Internet. C'est juste le nouveau nom d'une entreprise canadienne de petites annonces sur papier (qui détient, en France, *La Centrale des particuliers*) désireuse de s'introduire en Bourse. Loin d'agacer, ce nom d'emprunt plaît beaucoup. En particulier à Ernest-Antoine Seillière, le patron du Medef, qui en détient 29 %. Personne ne s'offusque de ces écarts de langage. La Bourse, pense-t-on, ne fait que son métier : elle anticipe les profits futurs. Bien sûr, les investisseurs savent que tout le monde ne sortira pas gagnant et que les usurpateurs finiront un jour par être découverts. Mais Pierre Besnainou est tranquille, en ce début d'année 2000. Il est persuadé que s'il ne devait rester demain qu'un seul survivant du Net français, ce sera Liberty Surf.

Boursorama.fr

En dehors de ses heures de travail, Philippe Guez, le banquier de Pierre Besnainou, n'en finit pas d'être sollicité. Les amis, des relations de la famille lui demandent sans cesse des bons tuyaux pour jouer en Bourse. A la fin de l'année 1999, il n'y prête pas vraiment attention, mais depuis janvier, c'est partout, tout le temps, lors de dîners ou en sorties. Agacé par tant de sollicitation, il a fini par trouver cette formule toute faite qui a au moins le mérite d'écourter rapidement la conversation : « Je ne peux rien dire car je change d'avis tous les jours. » En cette fin d'année 1999, la France n'a probablement jamais autant parlé de Bourse. Au café, dans les couloirs de fac, au boulot ou dans le taxi. Les performances hallucinantes des valeurs *high tech* commencent à donner des idées. Etudiants, jeunes cadres, « bo-bos » urbains en tout genre se posent la question : et pourquoi pas moi ? L'envie de tremper les doigts dans ce pot de confiture devient plus forte que tout.

Le nouveau temple de la Bourse s'appelle Boursorama. Créé par deux étudiants de Nancy, ce site n'a que 2 ans, mais il fait déjà partie des dix les plus visités. Graphes, cours, cotations, études d'analystes, conseils d'experts. Dans le royaume des boursicoteurs, tout est gratuit et les accros du marché peuvent assouvir sans frein leur passion. Boursorama est un véritable monde parallèle. Le site a eu la brillante idée de créer des forums de discussion où, en toute liberté, masqués sous un pseudonyme (« zig zig » ou « crameumeu64 »), le cadre en costume cravate, l'étudiant bohème ou la grand-mère suractive se retrouvent, s'échangent des tuyaux, des conseils, à toute heure du jour et de la nuit. La grande communauté Boursorama est divisée en clubs. Il y a la secte des adorateurs d'Infogrammes, une société de jeux vidéo, il y a ceux qui ne jurent plus que par France Télécom, il y a les irréductibles d'Integra. On cause rebond technique, analyse graphique, on s'extasie sur les courbes girondes des actions de son portefeuille (« eh les gars, j'ai pris 10 % en un jour »), on bavarde sur la dernière note d'analyse Merrill Lynch (« vous avez vu, France Télécom a encore superformé ! »), on s'insulte (« pourri, ton tuyau sur Netvalue ! »), on s'entraide (« ohé du bateau, quelqu'un sait-il comment obtenir du papier pour l'intro Multimania? »). On blague, on rit, on pleure. Car les boursicoteurs sont très cyclothymiques. Ils vivent à l'heure du Nasdaq et du CAC 40. Et la petite flèche qui donne la température du jour sur Boursorama détermine leur humeur. Rouge, c'est en baisse. Vague de déprime dans les forums. Vert, c'est la hausse. Et c'est automatiquement l'occasion d'effusions débridées virtuelles. En ce début d'année 2000, l'ambiance est au vert continu. Les boursicoteurs vivent dans une transe continuelle. Multiplient, multiplient encore, jonglent avec les pourcentages. 100 000 francs, 200 000 francs, 1 million. Il suffit d'attendre un jour, deux jours, sans lever le petit doigt, pour accroître son pécule. La roue de la fortune tourne. La France est devenue un immense casino. Où tout un chacun se rêve millionnaire.

Des années chiens

Le 3 mars 2000, au huitième étage de l'immeuble de la COB, rue du 4-Septembre, la grande salle du conseil, avec sa vue imprenable sur le Palais Brongniart, est allumée. Le gendarme de la Bourse de Paris tient, en toute discrétion, la réunion annuelle de son conseil scientifique. Un des plus prestigieux cénacles d'économistes est là, sagement assis autour de Michel Prada, le président de la COB. Presque toutes les sensibilités politiques sont réunies autour de la table : aux côtés des traditionnels libéraux comme Christian de Boissieu ou Patrick Artus, des hétérodoxes aux idées beaucoup plus critiques envers les marchés financiers comme André Orléan ou Michel Aglietta. Michel Prada compte beaucoup sur cet impressionnant concentré d'intelligence pour l'aider à y voir clair. Il ouvre le débat en rappelant à tous le thème de la réunion : « Que faut-il penser des valorisations de ces sociétés Internet ? » Pour l'occasion, l'analyste français de la petite banque d'affaires américaine Donaldson Lufkin and Jenrette, spécialiste des questions Internet, a été invité dans le but de mieux comprendre les méthodes de travail de la profession.

Sa tâche est rude. Depuis le mois de novembre, tous les experts de la finance moderne sont perdus. Quant aux analystes, ils courent après une réalité qui semble leur échapper. Leurs calculettes et leurs vieux cours d'étudiants en finance ne servent plus à rien. Aucune valorisation d'entreprises ne rentre dans les cases de leurs modèles d'évaluation. Ils ne savent plus trop à quel saint se vouer. Peuvent-ils conseiller à leurs clients d'arrêter d'acheter des actions Internet ? Leur dire que tout cela n'est que pure folie ? Impossible, rien ne semble, pour l'instant, freiner cette folle ascension. Il y a d'ailleurs une règle d'or pour un analyste : ne jamais jouer contre le marché. La question, pour lui, n'est pas de savoir si la Bourse a raison ou tort, mais uniquement de dire à son client si demain le prix de l'action qu'il a achetée va augmenter ou baisser. Un point c'est tout. Sur les bancs de l'université, on apprend que le prix d'une action évolue en fonction de l'anticipation des profits futurs d'une entreprise. Classiquement, les entreprises sont classées en fonction de leurs PE (*price earnings* en anglais, c'est-à-dire un ratio entre le cours de l'action et les bénéfices), dans une fourchette qui peut aller de 10 à 25, selon leurs mérites respectifs. Mais au paradis américain de la technologie, sur le Nasdaq, les PE changent totalement de galaxie : Yahoo ! se paye 470 fois ses bénéfices, eBay, le roi des enchères sur le Net, 460 fois. C'est pour le moins perturbant. Selon la théorie financière classique, ces chiffres sont tout simplement démentiels. Rien ne peut justifier de telles valorisations. Rien sauf... la réalité du marché. Alors si le marché y croit... Très vite, les analystes européens prennent le problème à l'envers : puisqu'ils n'arrivent pas à atteindre ces niveaux de valorisation avec leur calculette, ils vont partir du cours de Bourse actuel et inventer de nouvelles méthodes de modélisation. Les marchés européens seront ainsi en ligne avec ceux des Etats-Unis. D'abord, les analystes calculent les valorisations des entreprises *high tech* non plus en fonction du profit anticipé, mais du chiffre d'affaires espéré. Mais cela ne suffit toujours pas pour rattraper les cours des sociétés américaines. On retient alors le nombre officiel d'abonnés ou d'internautes. C'est encore insuffisant. Puis on finit par valoriser le nombre de clics comme autant d'espérances de recettes futures. L'idée est simple : les clics d'aujourd'hui font les chiffres d'affaires de demain et les profits d'après-demain. Pour justifier toute cette gymnastique comptable, la nouvelle économie s'est inventé un nouvel espace-temps : les « années chiens ». Avec l'Internet, l'accès au marché, le recrutement de nouveaux clients, le financement de l'activité, la progression du chiffre d'affaires... tout va beaucoup plus vite. Un obscur cabinet de conseil a décrété que tout allait, grosso modo, sept fois plus vite. En une année, la nouvelle économie aurait parcouru le même chemin que la vieille économie en sept ans, soit un rapport équivalent entre la durée de vie d'un chien et celle d'un être humain. En un an, le chien parcourt à peu près sept ans de vie humaine. D'où ces années canines et ces extravagantes valorisations boursières. Aujourd'hui, un clic sur un site Web équivaut exactement à plusieurs années de profit de la vieille économie.

La COB dans le brouillard

Après avoir raccompagné toutes ces sommités vers l'ascenseur, Michel Prada revient dans son bureau et tourne son fauteuil face à la fenêtre pour avoir la vue sur le Palais Brongniart. Le comité scientifique de la COB a débattu pendant trois longues heures pour finalement arriver à la conclusion suivante : rien, aucune méthode de calcul classique de la finance ne permet de justifier les niveaux de la Bourse actuelle. Le voilà maintenant bien avancé ! Si même les plus grands économistes reconnaissent ne rien comprendre à ce qui est en train de se passer...

Contrairement aux habitudes de la COB, aucun compte rendu de la réunion ne sera publié. Pour dire quoi ? Pour reconnaître que la machine s'emballe et que le régulateur n'y peut rien ou pas grand-chose ? Message délicat. Que faire ? Faut-il laisser fonctionner le libre jeu du marché ? Ou prendre le risque d'interdire purement et simplement l'introduction en Bourse de ces start-up, sans perspectives de profit à court terme ? Mais au nom de quel principe ? Après tout, une offre et une demande ont pris la peine de se rencontrer. On entend déjà le tollé qu'une telle interdiction pourrait provoquer. Elle réunirait tout le monde contre elle : les pouvoirs publics, les startuppeurs, les libéraux de tout poil... De toutes les façons, même s'il le voulait, le président de la COB ne pourrait pas jouer longtemps au Père fouettard. Toutes les places boursières européennes se livrent une farouche concurrence pour attirer chez elles les plus belles entreprises. Interdire la cotation d'une start-up ici c'est prendre le risque de la voir filer à Francfort, Bruxelles ou Londres et donc d'affaiblir la place de Paris. Ce serait ramer tout seul à contre-courant. En réalité, Michel Prada n'a qu'une seule crainte : et si parmi toutes ces jeunes pousses se cachait le nouveau Microsoft français ? Si tel était le cas, lui interdire l'accès au marché serait alors comme lui inoculer un poison mortel.

Ancien directeur de la comptabilité publique et du budget avant de passer à la présidence de la Banque publique des PME, Michel Prada a été élevé au biberon du service public. Il n'est ni un thuriféraire du marché, ni un de ses farouches opposants. Cet énarque essaye seulement de défendre la légitimité d'une COB, dotée de moyens d'action dignes de ce nom. L'idée d'un vrai gendarme et pas celle d'un pauvre épouvantail qui ne fait peur qu'aux enfants. Ses services viennent de l'alerter sur la demande de LibertySurf d'entrer, non pas au Nouveau Marché, mais au prestigieux Règlement mensuel, normalement réservé aux très grands groupes industriels. Pour une question de prestige et d'ego, Bernard Arnault y tient comme à la prunelle de ses yeux bleu acier. Pierre Besnainou lui aussi, évidemment. Le pool de banquiers d'affaires et d'avocats de Bernard Arnault a déjà entamé sa campagne de lobbying. Et menacé d'aller introduire LibertySurf à la Bourse de Francfort, si la COB refuse cette dérogation. Mais pour prétendre au Règlement mensuel, l'entreprise doit pouvoir présenter au moins trois années de chiffre d'affaires. Ce qui est tout simplement impossible puisqu'en 1997, LibertySurf n'existait pas. « Oui, répondent les juristes d'Arnault, mais plusieurs entreprises, comme Nomade, rachetées par LibertySurf, ont plus de trois ans d'ancienneté. » Sans compter que la valorisation du fournisseur d'accès gratuit est telle qu'elle risquerait d'écraser le reste des entreprises du Nouveau Marché. Réconforté par la caution financière d'un Bernard Arnault, la COB cède finalement, comme elle l'avait déjà fait pour Eurotunel et EuroDisney.

Une décision qui provoque immédiatement la fureur des concurrents de LibertySurf, accusant la COB de faiblesse, voire de lâcheté. Rien ni personne ne peut donc résister à la signature en or de Bernard Arnault ? La COB ne capitulera pas. Elle prend la peine de rédiger, sur le document d'introduction en Bourse, six longues pages d'avertissement pour mettre en garde le boursicoteur du dimanche du caractère spéculatif de LibertySurf. Six pages censées décourager n'importe qui de placer un franc d'économie. Sauf que bien sûr, en ce début du mois de mars 2000, personne n'a envie de prêter une oreille au chant de ces oiseaux de mauvaise augure.

« Vous avez cinq minutes »

Pour un après-midi de semaine, l'entrée du théâtre des Champs-Elysées est noire de monde. Une foule masculine en costume et cravate s'y presse, comme pour un soir de première. Plus d'une demi-heure avant la levée du rideau, les sièges sont déjà pris d'assaut. Dans les coulisses, Michel Meyer, le patron de Multimania, répète encore une fois son texte de présentation. Hier soir, il a eu du mal à trouver le sommeil. Mais à présent il se sent plutôt décontracté. Costume sombre, mais sans cravate, Michel sait qu'il joue très gros. Dans la salle, plus de 200 analystes européens l'attendent avec impatience. S'il réussit son passage, le reste du *road show* devrait bien se dérouler. Debout, derrière son pupitre planté au milieu de la scène, Michel commente les transparents qui s'affichent sur le grand écran. « Multimania : c'est 330 000 membres, 3,2 millions de pages Web créées, un chiffre d'affaires en progression de 1 100 % au dernier trimestre par rapport à la même période de 1998 », récite-t-il. Olivier Eckmann son acolyte est aussi sur scène mais en arrière-plan, assis derrière une table. Karim Oyarzabal et Peter Bradshaw, les deux banquiers de Merrill Lynch, sont dans la salle, encourageant du regard leur poulain. La voix de Michel est posée. Sans fioritures inutiles, il va à l'essentiel, comme lui avait recommandé Karim. Le traditionnel jeu de questions-réponses avec les analystes, qui peut parfois se transformer en chemin de croix, ressemble à une promenade de santé. Aucune question méchante ou pernicieuse. Après presque deux heures, Michel sort sous les applaudissements. « J'ai été comment ? » demande Michel à Karim. Le patron de Multimania a à peine le temps d'entendre la réponse et d'engloutir un litre d'eau fraîche, qu'il plonge dans la voiture louée par Merrill Lynch. Direction le siège social d'une grande compagnie d'assurances pour entamer ces *one to one*, ces fameux face-à-face avec les plus grands investisseurs européens. Ce soir, il prendra l'avion, pour Genève. Puis ensuite Munich, Francfort, Londres et Edimbourg. Une semaine de folie, à ne pas dormir, à tenir grâce aux nerfs, à répéter à chaque fois la même chose, à des gérants qui se ressemblent tous...

Le fait que Multimania ait une dizaine de jours d'avance sur le calendrier de LibertySurf n'inquiète pas Pierre Besnainou. Il se dit que l'appétit du marché pour Internet est tel qu'il y a largement de la place pour deux IPO. Aujourd'hui, l'avion privé spécialement affrété par la Deutsche Bank, doit atterrir à Denver. Cela fait maintenant plus de dix jours que le *road show* de LibertySurf a commencé. D'abord, dans les grandes capitales d'Europe et ensuite aux Etats-Unis, sur la côte Est, à Miami et enfin sur toute la côte Ouest. Un rythme de campagne électorale. Mais le patron de LibertySurf est totalement galvanisé. A Denver, plusieurs *one to one* avec de très gros fonds de pension l'attendent. Il se doit absolument d'être bon. Il en va du succès de l'introduction en Bourse de LibertySurf.

« Ecoutez, monsieur Besnainou, je pense que vous êtes très fatigué. Je ne peux vous consacrer que cinq minutes. Ce n'est donc pas la peine de me parler de votre projet. Je voudrais juste vérifier que vous n'êtes pas un charlatan... » C'est la première fois que Pierre Besnainou entend un gérant de fonds de pension lui parler ainsi. Pourtant l'homme assis en face de lui n'est pas un plaisantin. Il a décidé, si Besnainou veut bien se prêter à son petit jeu, de lui consacrer une ligne d'investissement de 90 millions de dollars (presque 500 millions de francs). A l'échelle des milliards de dollars que ce fonds de pension de Denver investit, ces 90 millions ne représentent évidemment que quelques broutilles. « J'ai donc cinq minutes, n'est-ce pas », reprend le patron de LibertySurf. Il regarde sa montre, comme s'il déclenchait son chronomètre, joint ses deux mains derrière la nuque comme pour amorcer une sieste, incline son fauteuil, croise ses deux jambes et se tait. Une minute passe, puis deux. Philippe Guez est effaré. Il guette dans le regard de l'Américain le début d'un signe d'exaspération. Pierre Besnainou, lui, reste dans sa position, les yeux vers le plafond. Les cinq minutes s'achèvent. Il se lève, serre la main du gérant, le remercie. Avant de sortir de la salle, il se tourne vers l'Américain et lui dit sur un ton très courtois : « Je tiens à vous dire que je respecte trop la valeur de l'argent pour accepter l'idée que vous puissiez investir dans mon entreprise uniquement sur ma bonne mine. » Et il sort. Cet après-midi, le patron de LibertySurf est encore persuadé que si les grands fonds d'investissement souhaitent acheter des actions de son entreprise c'est parce qu'ils croient en son *business plan*, en sa stratégie, en Liberty-Surf...

En réalité, les gérants de fonds se moquent de Liberty-Surf comme de Pierre Besnainou. Ils veulent du papier Internet. Et peu importe le reste. Tout le petit monde de la finance mondiale est logé à la même enseigne : ne pas acheter des actions de sociétés de la nouvelle économie les condamnerait. Les gestionnaires de Sicav et de Fonds communs de placement passent leur temps à comparer les performances des uns et des autres. Ils vivent avec, au-dessus de leur tête, une sorte de classement des meilleurs élèves établi en temps réel. Même si les gérants ne croient pas à ce new age économique, ils ne peuvent pas ignorer l'extraordinaire performance boursière de ces entreprises. Sauf à accepter d'être le dernier de la classe. Ce qui signifierait un salaire plus faible à la fin de l'année (une grosse partie de la rémunération des gérants est calculée en fonction de leur performance) et peut-être même la possibilité de se faire remercier. Qui veut prendre ce risque ? Evidemment personne. Alors les investisseurs achètent par paquets des actions de la nouvelle économie. Ils achètent tout. Et n'importe quoi. Ils ont une seule hantise : passer à côté d'un nouveau Microsoft ou d'un Yahoo ! européen. Ils diversifient le plus possible leur portefeuille et ratissent large. Avec un appétit particulier pour tous les leaders d'aujourd'hui. Alors quand le premier site de communautés (Multimania) et le premier fournisseur d'accès gratuit (LibertySurf) décident d'entrer en Bourse, il n'y a aucun doute à avoir : il faut acheter.

« *Pierre, vous vous droguez ?* »

Après Denver, Boston. Dans la salle de conférences d'un grand hôtel international, toute l'équipe de la Deutsche Bank, assise autour d'une immense table, prépare les derniers *one to one*. Pierre Besnainou est au milieu de la salle, téléphone portable en main, en pleine *conference call* avec des analystes financiers américains qui l'écoutent à des milliers de kilomètres de là. Il déroule encore une fois son argumentaire de vente : perspectives de croissance, stratégie européenne, chiffre d'affaires et Ebitda... Il passe tout en revue, selon une mécanique maintenant huilée au millimètre. Commence piano, piano. Puis comme d'habitude, s'enflamme. Se lève, gesticule, mouline des bras, élève la voix. Même sans public devant lui, Pierre Besnainou ne peut s'empêcher de faire son show. Il parle si fort dans son portable que les membres de l'équipe de la Deutsche Bank quittent un à un la salle de réunion. Vingt minutes plus tard, l'un d'entre eux revient passer la tête dans l'embrasure de la porte pour vérifier si son client a terminé sa *conference call*. Besnainou est toujours là, à s'agiter, son téléphone portable à la main. Comme possédé. Il s'arrête d'un coup. « Y a-t-il des questions maintenant ? » demande Pierre Besnainou. Pas de réponse. « Je répète, est-ce que vous avez des questions ? » Long silence dans le portable. Il regarde son téléphone, vérifie qu'il est bien en marche, que les batteries ne sont pas épuisées. Non, tout fonctionne. Il n'a plus personne à l'autre bout du fil. Déjà largement convaincus par les propos du PDG de LibertySurf, tous les analystes ont quitté sans prévenir la *conference call*. Et Pierre Besnainou a continué tout seul sa diatribe, à parler et gesticuler dans le vide, son portable à la main. Comme abandonné au bord du délire. « Mais comment vous tenez, Pierre ? Vous vous droguez ? » demande alors le banquier de la Deutsche Bank en entrant dans la salle. Pierre Besnainou revient à ses esprits. « Oui, je me drogue... » répond-il. Un silence s'installe. « Je me drogue... à la calculette », éclate de rire Besnainou. Sa cocaïne à lui, c'est sa machine à calculer. C'est bien simple, depuis le début du *road show*, Pierre Besnainou ne peut plus la quitter. Il tapote, tapote sans relâche. Multiplie les millions, les milliards. Tous ces zéros lui montent à la tête. Il sait que chaque jour qui passe le rapproche un peu plus de l'introduction en Bourse. C'est-à-dire de la fortune. Le compte à rebours a commencé. Et égrener les jours, les heures, le rend hystérique. Comme un enfant qui sent le jour de Noël arriver. Aujourd'hui d'après les premiers retours récoltés par la Deutsche Bank, l'introduction en Bourse de LibertySurf est d'ores et déjà assurée d'être un formidable succès. Les études des analystes européens et américains sont, dans une écrasante majorité, très positives.

Fabriquer un tel consensus boursier n'est pas à la portée de n'importe qui. Cela demande de l'argent et une carte de visite prestigieuse. Orfèvre en ingénierie financière, Bernard Arnault a les deux. Il a tenu à ce que Pierre Besnainou sollicite, outre les conseils de la Deutsche Bank, comme chef de file, ceux de BNP-Paribas, du Crédit Lyonnais, de Merrill Lynch International, de la Société Générale et de la banque anglaise HSBC. Grosso modo, tous les cadors européens. Responsables de la vente des actions LibertySurf auprès des investisseurs, tous ces établissements financiers apportent leur caution de sérieux. Partie prenante du *deal*, leurs analystes publient des études nécessairement élogieuses. Certes très argumentées, avec beaucoup de chiffres, de tableaux, de comparaisons internationales mais, au final, toujours positives. Or plus le nombre d'études positives signées par les grands noms de la profession est important, plus le consensus s'impose. N'ayant pas accès aux dirigeants de LibertySurf, les analystes salariés des banques qui ne participent pas au *deal* restent dépendants de l'information délivrée par leurs prestigieux confrères. D'autant plus que la majorité des analystes en Europe, mais surtout en France, sont totalement ignares en matière d'Internet. Il y a encore quelques semaines, au Crédit Lyonnais, au CCF et chez beaucoup de leurs concurrents, aucun analyste ne suivait ces nouvelles valeurs. Chacun a improvisé comme il pouvait, avec les moyens du bord. Le tout petit marché de l'emploi des analystes financiers a explosé. Les équipes qui suivent les sociétés des nouvelles technologies ont doublé ou triplé leur taille en quelques semaines. Les banques embauchent tout et un peu n'importe quoi. Un diplôme de finance, une vague pratique d'Internet, une bonne connaissance de l'anglais font l'affaire. Quand finalement il est recruté, l'analyste français spécialisé d'Internet a rarement plus de 25 ans et n'a encore jamais travaillé dans une salle de marché. L'important c'est qu'il ne vienne pas enrayer la belle machine. Une partie de sa rémunération annuelle étant indexée sur le nombre d'IPO réalisées dans l'année et le volume de transactions sur leurs valeurs Internet, il a tout à gagner à ce que le marché continue de grimper. Tout le monde sue sang et eau pour faire durer cette vague d'euphorie boursière le plus longtemps possible : les *business angels* (qui profitent de l'IPO pour sortir du capital et faire la culbute financière), les banquiers (qui se rémunèrent à chaque IPO), les fonds de pension (qui augmentent la performance de leur portefeuille boursier), les journaux spécialisés (qui voient leur diffusion et les recettes de publicité grimper) se donnent tous la main dans une ronde joyeuse. Les journalistes boursiers écoutent les recommandations des analystes informés. Qui à leur tour lisent les articles pour lesquels ils ont été interrogés. Et ainsi de suite, jusqu'à ce que tout le monde finisse par lire et écrire pratiquement la même chose. A l'exception de quelques journaux, la perspective de l'introduction en Bourse de LibertySurf est partout saluée par des hourras médiatiques. Pierre Besnainou n'a plus que quelques jours à tenir avant de pouvoir lâcher sa calculette...

Djerba la douce

Ce 9 mars, chez Multimania, règne un inhabituel mélange de concentration et d'effervescence. Une excitation électrique parcourt, par vagues successives, le plateau. Les allées entre les bureaux sont vides. Personne ne semble travailler. Chacun est assis derrière son écran d'ordinateur, branché sur le site de Boursorama, pour vivre en direct l'événement : la cotation en Bourse de l'entreprise. L'immense majorité des 59 salariés ont acheté des actions, tous disposent de stock-options et beaucoup sont virtuellement millionnaires. Cet après-midi se joue sur l'écran de leur ordinateur une gigantesque partie de casino de laquelle tous devraient ressortir richissimes. Personne ne voit comment il pourrait passer à côté du jackpot. Avant même son introduction en Bourse, on s'est arraché l'action Multimania. La demande de titres par les investisseurs institutionnels a été 70 fois supérieure à l'offre. Et 110 fois pour les particuliers. Le succès est maintenant à portée de main. L'action Multimania est introduite au prix de 36 euros. Sitôt mise sur le marché, son prix explose. Au début de l'après-midi, les autorités de la Bourse de Paris décident de suspendre la cotation : l'action est montée à près de 70 euros en quelques minutes. Sur le plateau, l'excitation est à son comble. Après quelques heures d'interruption, le cours reprend sa cotation, et flambe à nouveau. Le titre est cette fois suspendu jusqu'au lendemain, les autorités de la Bourse de Paris espérant que la nuit calmera les esprits. L'appel à la raison de la COB ne changera rien. Le lendemain, l'action Multimania passe en quelques minutes de 81 euros à 125 euros pour finalement se stabiliser en fin de journée à 103 euros. Avec un cours multiplié par presque trois en une seule journée, la start-up de Michel Meyer pèse en Bourse un peu plus de 4,5 milliards de francs, c'est-à-dire plus de 150 fois son modeste chiffre d'affaires. Ce 10 mars, un sourire béat illumine les visages de tous les salariés de Multimania.

Une semaine plus tard, le 16 mars, à l'occasion de l'IPO du LibertySurf, le scénario ne se reproduit pas tout à fait à l'identique. Introduite au prix de 41 euros, l'action finit modestement la journée à 53 euros. Mais quatre jours plus tard, elle grimpe jusqu'à 75 euros. Soit une progression de 83 % depuis le jour de l'introduction. Certes la montée a été moins violente que celle de Multimania. Mais cela n'empêche pas Pierre Besnainou d'être dans tous ses états. A bout de nerfs. A la fois épuisé par ces quinze jours de ce *road show* et euphorisé par ce succès. Son entreprise pèse en Bourse presque le poids d'un des leaders mondiaux du pneu, Michelin. Aujourd'hui, un an de nouvelle économie vaut cent ans d'industrie. Au moment fatidique de l'attribution des actions aux différents investisseurs, Pierre Besnainou est venu voir Philippe Guez pour lui dire : « Je ne veux surtout pas que tu en donnes à ce fonds de pension de Denver. » Philippe Guez lui a souri, se remémorant l'incroyable culot de Pierre. Ses désirs sont des ordres. Il a l'embarras du choix puisque la demande d'actions LibertySurf a été sursouscrite 70 fois par les plus grands investisseurs de la planète. Besnainou est devenu un maître du monde, qui distribue selon son bon vouloir son papier aux plus grands gérants de fonds de pension de la planète. Le rapport de forces s'est inversé. C'est lui, Pierre Besnainou, le petit juif de Tunis, qui fixe les règles du jeu, comme s'il tenait les cordons du capitalisme mondial. Il est riche, puissant, épuisé mais heureux. Profondément heureux. Il décide de partir, juste pour quelques jours, à Djerba. Il adore cet endroit, aime s'y reposer au soleil, retrouver des odeurs et des sensations de son enfance. Quelques heures plus tard, sans même avoir pris la peine de prévenir ses plus proches collaborateurs, il se retrouve en bordure de la plage à commander un thé à une petite guinguette. Alors qu'il s'apprête à se saisir du verre, le propriétaire lui prend le bras avec autorité : « On paye avant de boire », dit-il d'un ton cassant. Ici il n'y a pas de promesse qui vaille. A Djerba, un dinar est un dinar. Cherchant dans la poche de son short une pièce, Pierre Besnainou, le multimillionnaire, sourit au barman. C'est vrai, pense-t-il, un sou reste un sou. Et il se revoit à Denver face à ce gestionnaire de fonds de pension américain. C'est alors que son portable sonne. « Pierre ? C'est Bernard Arnault. Vous êtes où ? Ça fait des heures que je vous cherche partout. »

CHAPITRE 8

Pendant le krach, les affaires continuent

Rien à signaler

Mardi 4 avril 2000. Il est 10 heures à New York et le Nasdaq vient juste d'ouvrir sa séance. Un vent de panique souffle. Les courtiers ont vécu hier l'enfer. Microsoft, leur chouchou, a été finalement reconnu coupable d'avoir violé les lois antitrust. Cela faisait un moment que la firme de Bill Gates était en conflit avec la justice américaine et la décision d'hier n'est pas une surprise. Le problème est que, après avoir atteint son plus haut niveau historique le 10 mars à 5 048 points, le Nasdaq a déjà montré quelques signes de faiblesse. Comme si les financiers guettaient l'éclatement de la bulle. Alors, quand ils ont appris la veille que Microsoft était sur la sellette, ils ont craqué. Microsoft a perdu 14 % en quelques heures. Et le Nasdaq a fini la journée en chute de 7 %. Alors, aujourd'hui, à l'ouverture de la Bourse américaine, les traders sont sur les nerfs. En deux heures, l'indice du Nasdaq dégringole de 13,4 %. Du jamais vu dans son histoire.

A Paris, il est 18 heures. Au CNIT, à la Défense, les organisateurs des *first tuesdays* s'affairent. Les *first tuesdays* attendent un nombre record de participants. Le mois dernier, au musée des Arts forains, l'événement avait déjà été filmé par toutes les télévisions. Mais aujourd'hui, ce devrait être encore autre chose. Tout le hall du CNIT a été colonisé. Il a fallu installer des cordes, pour délimiter les files d'attente, comme lors des grands concerts de rock au palais Omnisports de Bercy. A 20 heures, une centaine de personnes piétinent pour rentrer. Certains, dans la file d'attente, s'enquièrent de la santé du Nasdaq. Quand ils ont quitté le bureau, l'indice était en train de s'effondrer. Ils s'inquiètent pour leur portefeuille. Habitués à des mois de hausse ininterrompue, ils avaient oublié que le Nasdaq pouvait baisser! Personne ne prononce le mot krach. Après tout, ce n'est pas la première fois que le Nasdaq éternue de la sorte. Dès que les participants obtiennent leur badge, jaune pour les entrepreneurs, vert pour les financiers, le sujet est vite oublié. Les jaunes partent à la chasse des verts, *business plan* en main, on échange les cartes de visite, on parle contrats, partenariats, tours de table, en attrapant à la volée un verre de vin rouge et un petit four (c'est gratuit, autant en profiter). Ici, c'est un jeune entrepreneur qui détaille à un journaliste ses plans d'IPO. Là, un autre en train de faire les yeux doux à un financier. Ce soir, comme à tous les *first tuesdays*, le rêve est accessible à tout le monde. Et ce n'est pas un malheureux hoquet du Nasdaq qui va changer quoi que ce soit.

Mercredi 5 avril. Le désastre semble avoir été stoppé. A New York, après une journée de folie où les volumes d'échange ont atteint leur plus haut niveau, l'indice a réussi à effacer une partie de ses pertes. Mais les investisseurs sont encore nerveux. Le mardi gris d'hier signifie au moins une chose : la bulle Internet peut éclater et le marché ne devrait pas échapper à une bonne purge. L'après-midi, une équipe de journalistes de TF1 débarque au 18, rue du Faubourg-du-Temple, chez Republic Alley pour prendre le pouls des startuppeurs français. C'est désormais un réflexe journalistique : Republic Alley et l'humeur de Laurent Edel sont un peu le thermomètre de la nouvelle économie française. « Alors inquiet de la baisse du Nasdaq ? » lui demande le journaliste de TF1. Laurent ne comprend pas la question. Inquiet de quoi ? Pourquoi ? Il n'a pas encore constitué son tour de table et il faudrait qu'il soit inquiet ? « Pas du tout, pourquoi voulez-vous qu'on s'angoisse ? C'est juste une correction boursière, rien de plus », répond Laurent Edel. Le journaliste, lui, est paniqué. Il pense à son portefeuille d'actions et notamment à celles des entreprises américaines cotées au Nasdaq. Et il ne peut s'empêcher de sortir son portable et passer un coup de téléphone à sa femme pour lui demander où en sont les cours. Laurent, serein, l'invite à aller se promener dans les étages de l'immeuble pour prendre le pouls des autres start-up. Chez Newsfam, le site féminin de Chine Lanzmann, ou chez Trading Central, le spécialiste de l'information financière. Partout ce sera le même optimisme. La baisse du Nasdaq ? Un simple réajustement. Rien de plus. Le journaliste de TF1 rentrera à la maison un peu réconforté.

Jouy-en-Josas dans les starting-blocks

Mardi 4 avril 2000, quelques heures avant l'ouverture du Nasdaq. Très loin des inquiétudes des marchés financiers américains, le campus d'HEC, à Jouy-en-Josas, est lui en pleine effervescence. Les jeunes étudiants ne rateraient pour rien au monde la conférence de cet après-midi. L'amphi Blondeau, le plus vaste du campus, est plein à craquer. On préfère rester debout plutôt que manquer cette affiche. A la tribune, ils sont trois jeunes créateurs d'entreprise : Loïc Le Meur, Anne-Sophie Pastel et Jeremie Berrebie. Les deux premiers sont diplômés d'HEC, le troisième est un self-made-man de 20 ans. Mais tous les trois sont de parfaits inconnus du grand public. Peu importe, les futurs diplômés d'HEC veulent aujourd'hui écouter de belles histoires. Des histoires d'argent et de succès. Il y a quelques semaines, un sondage a circulé sur le campus pour connaître quel pouvait bien être l'entrepreneur préféré des étudiants de la première école de commerce française. Bill Gates, PDG du géant Microsoft, est arrivé en deuxième position du classement. Et en numéro un ? Le dénommé Loïc Le Meur. Un anonyme de 28 ans, créateur d'une start-up, devenu en l'espace de quelques mois le grand rival de l'homme le plus riche du monde. Loïc Le Meur, belle gueule, yeux bleus, pilote une moto ou une voiture de sport selon les occasions. A sa sortie d'HEC en 1996, il s'est lancé dans l'aventure entrepreneuriale. Il a revendu plusieurs de ses start-up, en a recréé d'autres. Bilan : début 2000, il pèse 100 millions de francs sur le pèse-personne du capitalisme français. Ce soir, à l'amphi Blondeau, c'est évidemment lui que les étudiants sont venus voir et écouter raconter une histoire qu'ils connaissent par cœur mais dont ils n'arrivent pas à se lasser. Les deux autres startuppeurs, Anne-Sophie Pasquier et Jeremie Berrebie, sont là en *guest stars*. Habitué des plateaux de télévision, ce dernier ne manque pourtant ni d'aplomb, ni d'audace. « Je suis venu ici pour témoigner qu'il n'y a plus besoin de faire des études ou de sortir des grandes écoles, pour faire carrière et s'enrichir. Aujourd'hui, comme beaucoup d'autres dans la nouvelle économie, je suis devenu riche sans aucun diplôme », explique très calmement Jeremie Berrebie. Un léger flottement s'installe dans l'amphi. Des sifflements parcourent les allées. C'est que la future élite de la France n'aime pas du tout qu'un petit morveux de 20 ans puisse remettre en question le culte du diplôme. La révolution a des limites à ne pas dépasser ! En parfait meneur de revue, Loïc Le Meur reprend la parole : « Je ne pense pas que l'on puisse dire que le diplôme d'HEC n'a pas de valeur ou que les études ne servent à rien. Créer son entreprise est une affaire difficile qui ne peut pas se réduire au fait de gagner de l'argent. » Applaudissements nourris de la salle. La morale est sauve.

Depuis quelques mois, le campus d'HEC ne pense qu'à Internet. Le débat de l'amphi Blondeau vient clôturer deux jours de forum exclusivement réservé aux start-up de la nouvelle économie. Une manifestation qui doit permettre aux jeunes pousses de l'Internet français de venir proposer stages ou premiers emplois à la crème des crèmes des étudiants en gestion. Une première. Tout le campus est là, à se bousculer dans les couloirs et à se ruer sur les stands de ces pauvres petites start-up, demandant, qui du programme de stock-options, qui de l'évolution du *business plan*. C'est bien la première fois que la star des écoles de commerce française s'entiche pour la PME ou la création d'entreprise. Ce 4 avril, à la fin de la conférence, les étudiants branchés sur Internet apprennent que le Nasdaq vient de plonger. Personne n'y prête attention. Ce soir, beaucoup vont au *first tuesday*, un *business plan* sous le bras, nourrir leurs rêves et leurs illusions. Et reviendront gonflés à bloc. Pendant tout le printemps, sur le campus, des lumières resteront allumées très tard dans la nuit. Dans le plus grand des secrets, on travaille par petits groupes de deux ou trois à des projets de sites pour rattraper le temps perdu. Et tant pis si le Nasdaq continue sa dégringolade infernale pendant toute la semaine qui suit. Le vendredi 14 avril, il décroche de nouveau de 9,7 % en quelques heures. Une dégringolade de 25 % depuis le lundi et de 34 % depuis son sommet du 10 mars ! *Le Monde* titre sur « l'éclatement de la bulle Internet ». Mais à HEC, on rêve encore de faire demain la une de *Paris Match*.

Le cercle vertueux du désir

Ce samedi 8 avril, Marc Simoncini, le PDG d'I (France), une start-up concurrente de Multimania, dîne chez l'un de ses copains d'enfance. Ce soir, il voudrait bien se détendre, décompresser mais c'est peine perdue. Contrairement à ce que l'on pourrait penser, Marc ne se préoccupe absolument pas de l'e-krach du Nasdaq. Il a vaguement compris que les marchés connaissaient quelques turbulences mais cela fait plusieurs semaines qu'il n'a même pas ouvert Boursorama. Il n'a pas le temps. Marc est peut-être en train de nouer le *deal* de sa vie. Deux entreprises essayent actuellement de le racheter. VivendiNet et LibertySurf, bref Jean-Marie Messier et Bernard Arnault, les deux acteurs du Net les plus ambitieux du moment. A peine installé à table, son portable sonne. Zut, c'est LibertySurf. Marc se retranche dans la chambre du bébé de son copain avec le combiné téléphonique d'une main, son portable de l'autre. A l'autre bout du fil, il y a quatre interlocuteurs. Christophe Parcot de chez LibertySurf, Franck Boulben de chez VivendiNet et Thierry de Passemar, son associé à I (France) qui est parti en vacances à Bali, ainsi que l'un de ses avocats. Marc joue gros. Il sait qu'il peut faire monter les enchères entre un Messier et un Arnault, tous les deux accros au Web. La seule question c'est jusqu'où ? Bien sûr, c'est un peu compliqué à gérer. Lui, à Paris, traite avec LibertySurf. Quant à son associé, à l'autre bout du monde, il fait saliver VivendiNet. Mais il y a des soirs, comme ce samedi, où il faut bien s'occuper de tout le monde. Avec les touches R1, R2, Marc virevolte avec les doubles appels, fait patienter l'un, jongle avec les deux autres, discute stratégie avec son associé, négocie, fait valser les milliards. Jusqu'à deux heures du matin. Le bébé, son filleul, est parti dormir dans la chambre des parents.

Pour I (France), tout est allé très vite. Quand début 1998, Marc Simoncini décide de se lancer dans Internet, tout le monde lui dit qu'il est trop tard. Blouson en cuir, chevelure noire, accent méridional, Marc est un autodidacte. Il a commencé à travailler à 16 ans, a collectionné les petits jobs (il a même été bûcheron !) et a monté une petite boîte d'informatique à 22 ans. En 1998, sa petite SSII fait 12 millions de chiffre d'affaires. Mais Simoncini et son associé Thierry de Passemar sentent que le vent est en train de tourner en faveur de la nouvelle économie. Ils décident alors de reconvertir tout de go leur entreprise en start-up Internet, en se calquant sur le modèle de Multimania. Bonne pioche. A peine né, I (France) suscite bien plus d'intérêt que la SSII ne l'avait jamais fait. Début 1999, Simoncini récolte 20 millions de francs en quinze jours : Viventures, le fonds de capital-risque de Vivendi, a été séduit. Et dès juillet 99, la première offre de rachat tombe. Spray, le portail suédois, débarque en France et veut vite accroître sa base d'abonnés. Ils leur offrent 100 millions ! Marc Simoncini et Thierry de Passemar n'en reviennent pas. Ils sont ravis. Un seul détail les intrigue. Les Suédois font preuve de beaucoup d'empressement, les harcèlent de coups de téléphone. Eux se demandent bien ce que Spray peut trouver de si particulier à leur petit I (France). Le jour de la fête de lancement de Spray au Cirque d'hiver, Marc et Thierry sont là. Ce soir-là, après mûre réflexion, ils ont quasiment décidé de signer avec Spray. D'encaisser tout de suite les 100 millions. Mais pendant toute la soirée, les dirigeants de Spray poursuivent leurs assiduités. A tel point que les deux larrons commencent à trouver tout cela suspect. Et si, en fait, ils se faisaient berner ? Et s'ils pouvaient obtenir un meilleur prix ? Bien sûr, 100 millions, c'est considérable, inimaginable. Mais l'époque est folle, alors... Ce soir, peut-être un peu enivrés par le champagne gratuit et la techno, Marc et

Thierry prennent la décision la plus insensée de leur vie. Ils refusent 100 millions de francs pour une société qui n'a même pas deux ans.

Heureusement pour eux, ils n'ont pas le temps de le regretter. Mi-mars, la société tient une conférence de presse au restaurant l'Alcazar pour annoncer qu'elle veut monter un second tour de table. La société est valorisée près de 200 millions de francs, c'est déjà deux fois plus que l'offre de Spray. Dès l'après-midi, le téléphone commence à sonner. Et en quelques jours, I (France) reçoit huit offres de rachat, sans compter les appels de tous les capitaux-risqueurs intéressés par un ticket dans la boîte. Marc et Thierry jouent sur du velours. Leur petite entreprise est dans la situation d'une jolie femme, coquette et courtisée, qui exacerbe les jalousies et mène par le bout du nez ses prétendants. Sur la place de Paris, il y a comme cela une poignée de dossiers qui avivent toutes les passions et pour lesquels n'importe quel investisseur digne de ce nom serait prêt à se damner. I (France) en fait partie. Les offres de rachat alimentent d'autres offres de rachat : c'est ce que, dans le petit milieu du capital-risque, on appelle entrer dans le « cercle vertueux du désir ». Avec ses 320 000 membres, I (France) est pourtant un petit joueur face à Multimania. Mais comme ce dernier, obsédé par l'IPO, n'a jamais regardé les offres de rachat, I (France) s'est retrouvé le seul « site de communautés » disponible sur le marché. Et puis, l'introduction de Multimania, le 7 mars, a échauffé tous les esprits : ce jour-là, la start-up a été valorisée jusqu'à 3 milliards de francs. Une excellente affaire pour I (France), le mini-Multimania, qui a vu sa valeur décuplée en quelques jours.

Pendant que le Nasdaq tremble sur ses fondations, Marc, lui, multiplie les rendez-vous. Il voit Patrick Le Lay de TF1, Serge Weinberg de PPR, Nicolas Bazire d'Europ@web, qui plaide pour LibertySurf, et Franck Boulben de VivendiNet. Les deux candidats les plus accros sont sans conteste LibertySurf et Vivendi. Chez Vivendi, Jean-Marie Messier est intervenu personnellement pour que l'affaire se fasse : comment Vivendi pourrait-elle se passer d'avoir un site de communautés, le mot à la mode du moment ? Quant à LibertySurf, Pierre Besnainou adore être dans le bal des *deals* et Bernard Arnault ne déteste pas cette atmosphère de compétition avec son ami Jean-Marie Messier. Les deux hommes sont tous les deux en lice pour récolter le titre d'empereur du Net et ils l'ont fait savoir à coups de millions. Tandis qu'Arnault annonçait la création d'Europ@web qu'il dote de 500 millions d'euros (3,3 milliards de francs), Messier, lui, tapait encore plus fort. Il crée Atviso, son propre incubateur, puis VivendiNet, la structure censée regrouper tous les métiers du Web qu'il dote royalement de 1,5 milliard d'euros (10,6 milliards de francs). Leurs deux fournisseurs d'accès, AOL et LibertySurf, se battent comme des chiffonniers, s'accusent de publicité mensongère, se bombardent de communiqués de presse assassins. Messier et Arnault sont certes amis, mais Internet, c'est leur chose à eux, c'est le jouet qui chatouille délicieusement leur ego. Et rafler I (France) au nez et à la barbe d'Arnault, l'homme sacré titan du Net par *Business Week* en 1999, ne serait pas pour déplaire à Messier.

Sur cette toile de fond, Marc et Thierry virevoltent en artistes. LibertySurf leur a fait une première offre, mais Marc s'emploie à faire patienter Nicolas Bazire et Pierre Besnainou. En contact avec Vivendi, Thierry, allongé avec son portable sur une plage balinaise, négocie comme un marchand de tapis. Le 20 avril, au bout de trois semaines de folie surréaliste – tout se passe au téléphone –, I (France) signe une lettre d'intention avec Vivendi : elle est rachetée pour le prix de 150 millions d'euros, soit 1 milliard de francs, 10 fois plus que l'offre de Spray en décembre ! Le cercle du désir a parfaitement fonctionné. La valorisation a été calquée sur celle de Multimania au plus haut. Le 31 mai, Marc et Thierry débouchent le champagne. Ils ont reçu leur chèque. Un chèque avec plein de zéros. Le tandem a eu le flair de réclamer le tiers du montant du *deal* en cash et le reste en actions Vivendi. Chacun reçoit donc 23 millions d'euros. Presque 150 millions de francs par tête, en vrai argent. Ils sont multimillionnaires. Le marché a continué à plonger depuis la semaine noire de l'e-krach d'avril. Multimania a déjà dégringolé en Bourse et depuis son cours le plus haut, sa capitalisation boursière a fondu. LibertySurf n'a pas été épargné. Marc et Thierry se rendent compte qu'ils viennent de passer sur le fil du rasoir. Ils ont réussi à rouler dans la farine Bernard Arnault et Jean-Marie Messier, les deux piliers de l'establishment. I (France) est le plus beau *deal* de la nouvelle économie. Et tout cela en plein krach.

« Un rachat par jour »

Pierre Besnainou et son équipe ne sont pas vraiment déçus d'apprendre qu'I (France) a décidé de faire affaire avec Vivendi. Une de perdue, dix de retrouvées ! Et puis, vers la fin des négociations, chez LibertySurf, on avait deviné que les cow-boys d'I (France) avaient déjà choisi de signer avec Vivendi. Leur actionnaire de référence était en effet Viventures, le fonds de capital-risque de Vivendi, qui préférait évidemment vendre à sa maison mère plutôt qu'à un concurrent. Mais Pierre a voulu continuer le jeu jusqu'au bout. Il savait qu'I (France) l'utilisait pour faire monter les enchères. Et aujourd'hui, quand Pierre a vu le prix d'un milliard de francs obtenu par Simoncini et son associé, il a bien rigolé. Toute l'équipe a même débouché le champagne, pour célébrer la fin de cette belle farce. Le plus amusant, c'est que Vivendi a déboursé plusieurs centaines de millions de francs en cash. Et cela, dans ce monde virtuel, c'était vraiment du jamais vu !

Pour Pierre Besnainou, l'intérêt d'être coté en Bourse est bien sûr de lui permettre d'acheter de vraies sociétés en les payant en papier. Depuis l'IPO, il est enivré. Il sait que les milliards de LibertySurf sont de l'argent virtuel. Mais cet argent semble satisfaire tout le monde puisque tous les *deals* se font avec cette monnaie d'échange. Bref, le PDG de LibertySurf a un peu l'impression d'avoir à sa disposition une fabrique de billets qui tournerait à plein régime. Dans cette gigantesque partie de Monopoly, il peut acheter ce que bon lui semble, rafler la rue de la Paix et l'avenue Foch et construire une myriade d'hôtels sans débourser un sou de trésorerie. Depuis l'e-krach, c'est encore mieux. Les start-up, un peu échaudées par les turbulences du Nouveau Marché, sont un peu moins obsédées par les IPO et beaucoup plus réceptives quand on leur parle de rachat. Du coup, depuis quelque temps, LibertySurf vit au rythme frénétique des *deals* de Pierre. « A partir de maintenant, j'annonce un rachat par jour ! » claironne-t-il sous forme de boutade. Effectivement, il ne chôme pas. Début avril, il acquiert d'abord 16 % de Cyber Publishing, un éditeur de presse informatique. En mai, il rafle Chez.com, Ecila.fr, France mail et Carte.fr pour 2,5 millions d'actions LibertySurf, en juin, c'est le tour du guide d'achat Tooboo. Et tout cela grâce à quelques liasses de papier LibertySurf. Et puis il y a ce petit dossier de Monsieurcinema...

Monsieur Cinéma sauvé par le gong

Au rez-de-chaussée de cette maison de retraités de Gennevilliers, dans les petits locaux presque clandestins de

Monsieurcinema.com, le moral est au plus bas. La trésorerie de la start-up est en train de fondre comme neige au soleil. Si cela continue encore quelques mois, il va falloir se faire à l'idée de mettre la clé sous la porte. Depuis le mois d'avril, Edouard Morhange et Jérôme Chasquès, les deux copains fondateurs de la société qui édite le site de fiches de cinéma du cultissime Pierre Tchernia, cherchent désespérément des financements pour se renflouer. Créée avec un petit capital de 100 000 francs, leur entreprise ne vit pour l'instant que de maigres recettes publicitaires et d'un prêt à taux zéro de 600 000 francs, accordé par le Centre National du Cinéma (CNC). Lancé le 15 septembre dernier, Monsieurcinema.com a vite trouvé son petit public d'aficionados. Mais le site ne fait pas le poids pour devenir une référence du petit marché publicitaire français. Il n'y a alors pas trente-six solutions : il faut soit se vendre, soit faire rentrer de nouveaux investisseurs dans le capital. Les deux jeunes fondateurs jouent les deux cartes simultanément. Le temps est maintenant compté. A Paris les acheteurs potentiels ne sont pas légion en dehors des inévitables Vivendi, Wanadoo et LibertySurf. D'autant que Vivendi et Wanadoo ont déjà répondu qu'ils n'étaient pas intéressés. Le premier a déjà racheté AlloCine et le second est maintenant absorbé par son projet d'introduction en Bourse prévue pour le mois de juin. Reste LibertySurf. Les deux copains ont bien sûr rencontré l'incontournable Christophe Parcot, l'homme des *deal*s de LibertySurf. Il a trouvé le projet intéressant. Mais il a d'autres affaires en cours. Alors Edouard et Jérôme font du porte-à-porte dans toutes les boutiques de Paris de capital-risque. Celles qui ont pignon sur rue depuis longtemps comme Apax ou Galileo, le fonds d'investissement de Bernard Maître. Mais aussi les derniers arrivés. Ces nouveaux riches qui veulent se faire un nom rapidement dans la profession, comme les fonds que viennent de créer en catastrophe les grands cabinets de consultants, comme Andersen Consulting. Le retournement du marché boursier n'a pas du tout refroidi les ardeurs de ces grosses machines. Bien au contraire. En décidant de créer ces fonds d'investissement début 2000, elles ont bien l'intention de rattraper le temps perdu et de durer. C'est dans l'immeuble ultramoderne d'Andersen Consulting, à l'angle des Champs-Elysées et de l'avenue George-V, que Jérôme et Edouard ont rendez-vous pour la deuxième fois depuis le début avril. La première rencontre les avait laissés sur leur faim. Autour d'une immense table de réunion, trois quadragénaires en costume cravate les ont sagement écoutés, pendant qu'un déjeuner était servi par des maîtres d'hôtel tout de blanc vêtus. Un vrai choc de cultures. Manifestement aucun des participants présents au déjeuner n'avait la moindre idée de ce qu'était une start-up Internet. Cette fois-ci, les deux fondateurs subissent leur examen de passage devant la commission d'investissement d'Andersen Consulting Venture. A la tribune, douze consultants, sanglés dans leur costume gris, écoutent les deux fondateurs dérouler leurs *business plans*. « Demain, explique Edouard, Monsieurcinema.com ne sera plus une simple mise en ligne des fiches de Pierre Tchernia, mais un vrai site cinéma, avec un service de vidéo à la demande. » Une sorte d'immense vidéo-club chez soi. Les projections d'abonnés, de chiffre d'affaires, d'investissements et de résultats ont toutes été calculées au doigt mouillé. C'est aussi cela la magie d'un *business plan*. Un beau papier-cadeau, avec de jolis tableaux Excel, des courbes et des chiffres. L'important est que la démonstration séduise. Or elle séduit. Elle séduit tellement que les consultants ont tout pris au pied de la lettre. Au chiffre près. Contestant ici un zéro, là une approximation, mais oubliant de poser les seules vraies bonnes questions : la faisabilité technique du projet, la maturité des technologies, l'état du marché. L'examen se passe très bien. Edouard et Jérôme ressortent de l'immeuble à la fois consternés et heureux de s'être joués de l'un des plus prestigieux cabinets de conseil du monde, en plein retournement du marché boursier américain. Un comble.

Simultanément, Edouard et Jérôme ont commencé début mai les négociations avec LibertySurf. Ils reçoivent la visite du cabinet de consultants qui conseille LibertySurf dans ses acquisitions. Quatre consultants, costume cravate, débarquent à la maison de retraite de Gennevilliers pour évaluer la plate-forme technique utilisée par la start-up. Ils s'attendent à tout sauf à trouver ça. « Vous utilisez ça ? » s'exclame un des consultants comme s'il venait de découvrir une horreur cachée derrière les ordinateurs. Il se rend compte en fait que la machine qui fait fonctionner l'ensemble du site de Monsieurcinema n'est qu'un assemblage de programmes bidouillés, à la portée d'un élève moyen d'IUT en informatique. Ils s'attendaient à voir tourner une belle horlogerie d'une valeur de plusieurs millions de francs. Les deux fondateurs commencent à paniquer. Et si cette révélation incitait LibertySurf à baisser son prix, voir à stopper net les négociations ? Il n'en sera rien. D'ailleurs, il ne sera à aucun moment question de contester le prix de vente. Edouard et Jérôme ont fait valoriser leur site 60 millions de francs par NetsCapital, une petite banque d'affaires spécialisée dans le Net. Personne n'élèvera la moindre objection. Ni Christophe Parcot ni Pierre Besnainou. Pendant deux mois et demi, les deux parties ont passé leur temps à discuter des clauses juridiques du contrat, des conditions d'obtention de stock-options et des actions qu'ils détiendront du capital de LibertySurf. Mais du prix, jamais ! C'est que le PDG de LibertySurf rêve déjà de construire un futur TF1 de l'Internet. Les médias l'ont toujours fasciné. Et le succès de la marque LibertySurf est tel qu'il se voit déjà en futur Citizen Kane du Net français. Le 6 juillet, après deux mois et demi de négociation, LibertySurf rachète 100 % du petit capital de Monsieurcinema contre un chèque de 60 millions de francs payés en actions. Pierre Besnainou sait-il qu'il vient d'acheter une start-up qui n'a jamais réalisé plus de 200 000 francs de chiffre d'affaires et qui aurait mis la clé sous la porte dans les prochains jours ? Bien sûr que oui. Mais là n'est pas le problème. En ce début d'été 2000, krach ou pas krach, les opportunités se font rares. Il faut aller vite, mettre le prix et ne surtout pas se poser de questions. Et ça Pierre Besnainou, il sait faire.

Le deal de ma vie

En cette mi-avril, Jean-Marie Messier a d'autres choses à faire que de rester accroché au site de Boursorama. Certes, l'indice Nasdaq a effacé tous ses gains depuis le début de l'année 2000, mais de là à appeler ce réajustement un krach ! Jean-Marie Messier en a déjà vécu un, en 1987 et cela avait tout de même une autre gueule. A l'époque, il était chez Lazard. Le fameux lundi noir, il était invité à la grande soirée annuelle de l'Association Française des Banques. La dépêche AFP annonçant le krach à Wall Street est arrivée au début du dîner et il se rappelle très bien du vent de panique qui a soudain soufflé dans l'assemblée. Ce soir-là, il est rentré à 3 heures du matin, alors que c'était le trentième anniversaire d'Antoinette, sa femme. Il a toujours gardé le souvenir de cette soirée. A côté, l'e-krach d'avril lui semble être une aimable plaisanterie. Bien sûr, ces arrogantes *dotcoms* vont en prendre pour leur grade. Mais lui ne se sent absolument pas concerné. Au contraire.

C'est que Jean-Marie Messier est parti à la chasse au gros gibier. Depuis le 10 janvier, date du coup de tonnerre de l'alliance AOL Time Warner, le patron de Vivendi n'a plus qu'une obsession. Réussir le même coup. Pierre Lescure a rencontré Idei, le PDG de Sony, lors du forum de Davos, en mars. Mais c'est la piste Universal la plus chaude. Messier avait déjà rencontré Edgar Bronfman Junior en novembre, lors d'un petit déjeuner au siège de Vivendi, 82, avenue de Friedland. On avait parlé musique, cinéma. On avait évoqué d'éventuelles collaborations. Mais depuis le 10 janvier, on est passé aux choses sérieuses. Pierre Lescure, Jean-Marie Messier, Edgar Bronfman, ainsi qu'Axel Berger et Terry Semel, l'ancien PDG de la Warner, venu jouer les *go between*, se sont retrouvés à l'hôtel Four Seasons à New York. Objectif de ce rendez-vous confidentiel défense : étudier les modalités concrètes d'une fusion entre les deux groupes. Depuis, l'« opération secret » avance à grands pas. Et Messier ne tient plus en place. Le 22 mars, il s'est rendu à New York. Il était convié par toute la famille Bronfman au grand complet. La réunion s'est très bien passée. « Monsieur Messier, il ne vous manque plus qu'un passeport américain », a déclaré le père Bronfman à la fin de l'entretien [1]. Messier sait qu'il tient la corde. Maintenant, il ne s'agit plus que de négocier les derniers détails.

Le 10 janvier, AOL utilisait une valorisation boursière de bulle pour avaler Time Warner. Quatre mois après, alors que le Nasdaq est en train de se fissurer de toutes parts, la folie de la nouvelle économie bat toujours son plein. Vivendi n'a pourtant rien d'un AOL. Le français n'a pas les millions d'abonnés Internet de l'américain. Quasi inexistante, VivendiNet, sa filiale Web, réalise à peine 1 % du chiffre d'affaires total du groupe. Qu'importe. Messier a réussi à convaincre les marchés que son groupe était un géant du Net et cela suffit. Il y a d'abord cette alliance conclue début février avec Vodafone, le leader européen de la téléphonie mobile. L'accord se résume à un mot :

---

1. Cf. p. 58 de l'ouvrage *J6M.com*, Hachette Littératures, 2000.

MAP (*multi access portal*). Avec MAP, Vivendi et Vodafone veulent lancer un portail accessible par les ordinateurs, le téléphone mobile, et les agendas électroniques type Palm Pilot. MAP n'existe que virtuellement mais il fait déjà fantasmer les marchés. MAP, c'est l'arme qui va permettre à Messier de se positionner comme un gros joueur du Net. Interviewé par *Le Monde*, J2M assure ainsi qu'il « est prêt à concurrencer tous les Yahoo ! d'Europe ». C'est une petite revanche personnelle pour Messier. Avec Yahoo !, les négociations ont commencé dès la fin 1999. Mais malgré tous ses efforts, la star du Net a finalement dédaigné une alliance avec Vivendi. Le discours conquérant et futuriste de Messier ravit en tout cas les marchés financiers. MAP, c'est la convergence entre le téléphone mobile et l'Internet, c'est le futur, ce sont donc des perspectives de profits extraordinaires. L'e-krach qui s'aggrave peu à peu n'a pas encore ébranlé la foi des financiers dans la nouvelle économie. Ces derniers sont juste échaudés par les *dotcoms* et cherchent de nouvelles modes, de nouveaux chouchous. Société solide, centenaire, Vivendi est le prétendant idéal. Et la convergence entre mobile, fixe, Internet, organizer, est le concept tendance du moment. Rapide en affaires, le PDG de Vivendi a à peine mis en forme le concept MAP qu'il a déjà trouvé un nom de marque grand public pour son projet : Vizzavi. Et, début mai, malgré le krach qui commence à décimer les *dotcoms* outre-Atlantique, Vizzavi qui n'existe pourtant que sur le papier est déjà valorisé à 25 milliards d'euros par les analystes.

Grâce à cet aveuglement des marchés financiers, Jean-Marie Messier est en position de négocier un accord d'égal à égal avec Universal. Un comble ! Les positions de Vivendi dans la communication se résument en effet à 49 % dans Canal +. Et Canal ne pèse pas lourd face à un Viacom ou un Universal. Qu'importe, les Bronfman ne regardent pas le Vivendi d'aujourd'hui, mais celui de demain, le Vivendi qui fait rêver les marchés. Depuis le coup de tocsin de la fusion AOL Time Warner, Universal craint de se laisser dépasser. Cette nouvelle économie, la major ne la comprend pas. Il lui faut coûte que coûte un ticket d'entrée pour ce nouveau monde. Ce ticket, c'est Messier, c'est Vivendi, auréolée de modernité et boostée par les perspectives futures de Vizzavi. « Putain, que je suis heureux. » C'est par cette phrase devenue célèbre que, le 20 juin, Jean-Marie Messier annonce devant toute la presse au grand complet sa fusion avec Universal. Le plus beau *deal* de sa vie. Vivendi rachète Universal sur la base de 34 milliards de dollars, une acquisition exclusivement payée avec ses propres actions. Et à l'été, quand Jean-Marie Messier retourne à Sun Valley, l'endroit où se réunissent tous les géants de la communication, il n'est plus comme en 1999 un observateur passif, un enfant impatient qu'on obligeait à aller au lit alors qu'il lorgnait la table des grands. Il s'est acheté, grâce à de la monnaie de papier, le droit d'aller jouer avec les géants de la communication.

Porté par la vague de la nouvelle économie, Jean-Marie Messier n'a désormais plus d'yeux que pour le cinéma, la musique, bref Universal. Ses positions dans le téléphone lui ont permis de s'allier avec Vodafone, de lancer Vizzavi pour plaire aux marchés. Mais maintenant qu'il est arrivé à ses fins, le téléphone n'est plus réellement un axe majeur de sa stratégie. Aussi, lorsque Michel Bon apprend la nouvelle de la fusion entre Vivendi et Universal, il n'est même pas contrarié. Les deux ennemis sont désormais partis dans deux directions différentes. Et puis, à sa manière, Michel Bon a, lui aussi, conclu le *deal* de sa vie. Comme Jean-Marie Messier, Michel Bon ne s'est pas non plus inquiété des premières fissures sur le Nasdaq. Il a cloué le bec à tous ses détracteurs qui l'accusaient de ne pas avoir une stratégie assez internationale. Le marché impatient réclamait de l'action, voulait se mettre du *deal* sous la dent. Il a été servi : le 31 mai, tandis que Messier est en train de conclure la fusion avec Universal, Michel Bon, à Londres, annonce le rachat d'Orange, le troisième opérateur de téléphone mobile en Angleterre, l'une des entreprises les plus sexy d'Europe. La plus importante fusion jamais conduite par France Télécom. Le prix donne le vertige : 50 milliards d'euros ! Le krach a fait baisser le prix des *dotcoms*, mais pas celui des opérateurs de télécoms. Michel Bon, qu'on disait frileux, a démontré le contraire avec ce coup d'éclat. Effectué pour 20 milliards d'euros en cash, ce rachat va évidemment lourdement peser sur les finances de France Télécom, l'endetter pour des générations mais c'est une condition sine qua non pour rentrer dans la cour des géants internationaux des télécoms. Assailli par les photographes, le PDG de France Télécom sourit, parle anglais, répète à qui mieux mieux « *the world is ours, the world is orange* », le slogan d'Orange. Lui aussi est entré dans un nouveau monde.

Les regrets d'Arnaud Lagardère

Quand il referme son exemplaire de *Paris Match*, daté du 15 juin 2000, Arnaud Lagardère est agacé. C'est plus fort que lui. Ce reportage de quatre pages sur Michel Bon dans le magazine phare de son groupe, l'énerve. En polo, pantalon de toile et bottes en plastique, le patron de France Télécom est photographié, quelques jours après le rachat d'Orange, en train de débiter et transporter des bûches dans le jardin de sa propriété de l'Eure. « La force mobile du capitalisme français », titre l'hebdomadaire. Il y a de quoi être un peu jaloux. Que *Paris Match*, le vaisseau amiral de son groupe de presse, célèbre ce nouveau capitalisme français, voilà qui est difficile à avaler. Car Arnaud

Lagardère sait qu'il ne fait plus partie de ces nouveaux conquérants de l'Internet, ces Arnault, Messier ou Bon. En vendant Club-Internet, le mercredi 16 février 2000, il a quitté par la petite porte la scène de la nouvelle économie française. Et chaque jour qui passe Arnaud ne peut pas s'empêcher de se dire qu'il l'a quittée trop vite. Voir ses concurrents récolter les lauriers de la gloire médiatique, cela le rend malade. Alors il rumine. Et si cette vente de Club-Internet à l'allemand T-Online, la filiale Internet de Deutsche Telekom, en échange de 6,5 % de son capital, avait été une énorme bêtise ?

A l'époque, le marché et la presse n'avaient pas compris. Pourquoi vendre une telle pépite en ce moment, en plein boom de l'Internet ? Le fils Lagardère avait expliqué qu'il souhaitait maintenant recentrer son groupe sur les activités de contenus éditoriaux sur le Net et abandonner l'activité de fournisseur d'accès. Mais la Bourse n'a pas apprécié cette volte-face. Même si, sur le papier, l'opération financière était somptueuse : les 6,5 % de T-Online ont été valorisés à l'époque autour de 7 milliards de francs, pour seulement 600 millions de francs investis par Lagardère dans Club-Internet depuis 1995. Personne n'aurait pu rêver plus belle culbute financière. Mais la décision du fils Lagardère a pris tout le monde à contre-pied. Y compris son père, Jean-Luc. Le soir même, après la conférence de presse de l'annonce de la vente, Arnaud est retourné à Courchevel rechercher femme et enfants qu'il avait laissés pour deux jours. De son chalet, il téléphone à son père. Même si Jean-Luc a cédé son bureau du rez-de-chaussée rue de Presbourg à son fils, il est toujours aussi présent dans les affaires du groupe. Arnaud ne fait rien sans l'en informer. Il ne s'en cache pas. Il assume parfaitement cette ombre tutélaire. Elle aurait pu être écrasante. Pour Arnaud c'est tout le contraire, non seulement il vit très bien avec, mais elle le stimule. Après le divorce de ses parents à l'âge de 15 ans, il est parti vivre seul chez son père. L'adolescent Arnaud n'a pas choisi de grandir contre son père, mais dans ses pas. Et, depuis, la relation de confiance entre les deux n'a jamais failli. « Allô Papa, c'est Arnaud. Je t'appelle parce que je crois qu'on a fait une connerie en vendant Club. Le marché a mal réagi, personne n'a compris », dit-il. « Maintenant que c'est signé, il n'y a plus à se poser de questions. Ce qui est fait est fait. Mais c'est vrai que tu donnes l'impression de remonter l'autoroute du Sud en direction de Lille un 1er août. Mais bon tu es seul juge », répond son père. Une fois de plus, Jean-Luc avait vu juste. Arnaud était maintenant seul, à contre-courant de tous. En raccrochant son téléphone, Arnaud ne peut pas s'empêcher de se dire que si c'était à refaire, il n'aurait pas vendu Club-Internet, même une fortune. D'autant qu'il a toujours un impérieux besoin de cette légitimité Internet pour s'imposer dans un groupe dominé par des baronnies, rompues au combat. Grâce à la révolution de la nouvelle économie et à son expérience aux Etats-Unis où il a vécu pendant quatre ans à s'occuper de la division multimédia Grolier, Arnaud a débarqué en France tout auréolé de cette image *high tech* américaine. Il s'est retrouvé exactement dans la même position que son copain François-Henri Pinault à la Fnac. Pour eux deux, l'Internet c'est du pain bénit. Une façon d'asseoir leur pouvoir, en dehors de leur filiation héréditaire. Héritier certes, mais maintenant légitime, grâce à Internet. En vendant Club-Internet, Arnaud a finalement coupé la branche sur laquelle il était assis. Chez Lagardère chaque activité a longtemps jalousement cultivé son indépendance. Chaque métier se considère comme à part, n'ayant de comptes à rendre à personne dès lors que la rentabilité est là. Et fatalement, Arnaud aurait eu besoin du bélier de Club-Internet pour enfoncer les portes de ces forteresses. Mais maintenant le voilà désarmé, condamné à voir cette nouvelle économie française se faire sans lui. Une tragédie.

Le pire c'est qu'Arnaud croit encore dur comme fer à cette révolution de l'Internet. Pour lui, elle est là pour longtemps. C'est d'ailleurs le calcul qu'il fait en vendant Club-Internet en échange de 6,5 % de l'allemand T-Online. Arnaud a la conviction que cette participation vaudra demain encore plus cher. Adossé au premier opérateur de téléphonie d'Europe, T-Online sera demain le leader de l'Internet européen. Ce n'est juste qu'une question de temps. Alors quand il lit, ce 23 mars 2000, dans les pages Rebonds de *Libération* une opinion de Régis Turrini, banquier d'affaires, Arnaud Lagardère bondit de son siège. Dans un article intitulé « L'Internet ou la foire aux vanités », l'auteur fustige ces valeurs Internet dont le *business model* serait basé sur « celui de la fuite en avant qui sacrifie le court terme pour un très hypothétique long terme. Un phénomène qui donne le sentiment d'un suicide collectif ». Qu'un banquier d'affaires s'épanche et dévoile ses états d'âme pour se mettre en avant, passe encore. Mais que celui-là travaille à la banque ARJIL, filiale à 100 % du groupe Lagardère : c'est un peu fort de café ! A faire le malin, cet insolent Régis Turrini joue contre son camp, en l'occurrence sa propre entreprise. Le directeur financier du groupe écrit une lettre incendiaire à Bernard Esambert, le président du conseil de surveillance de la banque ARJIL pour lui demander de tenir un peu mieux ses troupes et éviter qu'elles répandent dans la presse leurs sombres prophéties. Car depuis le mois de novembre l'action de Lagardère, comme toutes les valeurs médias du marché, a flambé, passant de 37 euros à 77 euros, une progression de 110 %. Personne en interne ne souhaite voir retomber cette martingale, d'autant que le groupe détient toujours 6,5 % de T-Online. A la lecture de la lettre, Bernard Esambert se rend compte que le papier de son brillant et iconoclaste banquier a fait mouche. Moins par solidarité envers son collaborateur que par conviction, il se décide à prendre sa plus belle plume et à écrire une note à Jean-Luc Lagardère en personne. Il s'enferme trois jours chez lui, pour bien choisir ses mots et ses arguments et démontrer que l'économie mondiale est bien en train de vivre les derniers jours d'une bulle spéculative qui n'attendra pas très longtemps pour éclater. Oui, répète Bernard Esambert, le cours de Bourse de Lagardère est anormalement haut. Oui, la valorisation dans T-Online risque de baisser. Oui, cela ne durera pas toute une vie. Arnaud en voudra longtemps à ce Régis Turrini. Même si le cours de l'action Lagardère est depuis le début du mois d'avril retombé un peu de ses hauteurs astronomiques, Arnaud ne veut pas croire à ce scénario de la bulle. La nouvelle économie est là pour durer. En ce début d'été 2000, ni Arnaud Lagardère ni personne en France ne voit s'approcher le spectre d'un krach mondial. Puisque personne ne souhaite le voir venir.

CHAPITRE 9

C'est grave, docteur ?

Les angoisses du capital-risqueur

« OK, c'est bon. Arrêtez votre char. Ce matin, j'ai perdu ma Ferrari. » Ce jeudi 13 avril, Bernard Maître est au cœur du quartier financier de New York, assis avec deux collègues, en face de l'un des associés de Goldman Sachs. Il veut lever 250 millions d'euros, pour constituer un nouveau fonds d'investissement que veut créer Galileo, sa société de capital-risque. Ce matin, le Nasdaq a de nouveau décroché. Depuis lundi, l'indice est en chute libre et il a perdu 27 % depuis son plus haut niveau le 10 mars. Cette fois, il s'agit bien d'un krach. Leur interlocuteur, vissé à son écran Reuter, est livide. C'est bien le moment d'écouter les boniments de ces Français, débarquant comme une fleur pour demander de l'argent. Ce matin, c'est l'équivalent d'une Ferrari qui est parti en fumée. Et dieu sait combien le banquier américain a encore perdu pendant les 30 minutes de l'entretien !

En sortant de la tour de Goldman Sachs, les trois Français blaguent. Attention à ne pas se faire écraser par un investisseur qui déciderait de se jeter par la fenêtre ! Bernard Maître est cependant impressionné. La première alerte, celle du 4 avril, ne l'avait pas préoccupé outre mesure, mais tout de même. Pendant tout son séjour à New York, l'équipe de Galileo vit au rythme des soubresauts du Nasdaq : leur hôtel donne droit sur l'écran lumineux où s'affichent les cotations. Au fur et à mesure des rendez-vous à Wall Street, alors que le Nasdaq continue à piquer du nez, ils comprennent vite qu'il leur faut changer de discours. En arrivant, tous leurs *slides*, ces fameux transparents indispensables à toute présentation, étaient truffés du sigle B2C. Le B2C, *business to consumer*, c'est-à-dire les sites s'adressant au grand public étaient encore à la mode en France. Et Galileo s'était d'ailleurs construit une flatteuse réputation en raflant les sites français B2C les plus en vue. Mais, ici, le B2C n'a plus la cote. Cyber-libraires, cyber-vendeurs, portail : la Bourse américaine a massacré les *dotcoms* B2C. Car le grand public n'a jamais été au rendez-vous. Du coup, les financiers ont reporté leurs espoirs sur les start-up qui se contentent d'organiser les relations commerciales entre les entreprises : le *business to business*, bref le B2B. Gestion des stocks, des approvisionnements, rationalisation des achats, optimisation de la logistique. Le B2B est moins glamour mais semble plus solide. En tout cas, les investisseurs américains s'y raccrochent : ils ont encore envie d'y croire, à cette nouvelle économie. Le soir, dans la chambre d'hôtel, les trois Français refont donc toutes leurs présentations. Suppriment le mot B2C. Rajoutent B2B à toutes les pages. Insistent sur leurs engagements dans des start-up axées sur les technologies pures et dures, les infrastructures, bref toute la tuyauterie du Net. A la fin de cette semaine de krach, Bernard Maître est épuisé. Il a fallu s'adapter, changer de stratégie au pied levé. Mais Galileo a réussi à lever ses 250 millions d'euros.

La fin des flambeurs

Début mai, l'Europe enterre son premier cadavre de start-up. La victime est illustre. Boo est sans conteste la *dotcom* qui a fait le plus parler d'elle. Ses PDG, la Claudia Schiffer et l'Andy Warhol du Net, ont été photographiés sous tous les angles. Leurs ambitions donnaient le vertige. Avec comme actionnaires Bernard Arnault et la famille Benetton, le tour de table de Boo était le plus chic d'Europe. Boo était un symbole. Le symbole de ces mois de flambe, pendant lesquels le *cash burning*, la rapidité avec laquelle on dépensait l'argent levé était devenue une règle de gestion. C'était l'époque où il fallait aller vite. L'époque où le *first mover advantage* – la prime au premier entrant – faisait tourner les têtes et débourser des sommes folles. A ce jeu, Boo a été un vrai champion. En douze mois, six bureaux ont été ouverts en Europe. La gestion de l'entreprise a été catastrophique : problèmes techniques, absence de comptabilité, logistique désastreuse. Le site marchait tellement mal qu'il était possible de se débrouiller pour payer 1 000 pesetas un produit proposé à 1 000 francs [1] ! 900 millions de francs (120 millions de dollars) sont partis en fumée. La faillite vient d'être prononcée.

La nouvelle jette un froid dans le petit milieu de la Net économie française. Tout le monde a un peu joué les Boo pendant quelques mois. Mais personne ne l'avoue. Mieux vaut se rassurer en conspuant Boo, ses erreurs, ses folies. Le Nasdaq a plongé, c'est vrai. Mais après tout, tout le monde savait que la bulle exploserait un jour. C'est fait ! Et c'est tant mieux. Le marché va enfin se purger et repartir sur de bonnes bases. Fini l'inflation sur les salaires, la course aux investissements publicitaires, la ronde malsaine

---

1. *Libération*, 19 mai 2000.

des IPO. Bien sûr, il va falloir changer de méthode de gestion. Serrer les boulons. Réintégrer le mot rentabilité dans le vocabulaire. Certes, les flambeurs ont été sanctionnés, mais les start-up vont s'amender et devenir de bons élèves, c'est promis. Le sacrifice de Boo, victime expiatoire, devrait bien apaiser la fureur des marchés.

En ce printemps 2000, tout le monde veut encore croire à la nouvelle économie. Dans les start-up, on accueille une cohorte de nouveaux embauchés. Juste avant le krach, au plus haut de la frénésie, la nouvelle économie a débauché à tour de bras. Tous les nouveaux venus ont dû achever leurs trois mois de préavis dans leur ancienne boîte *old economy* et ce n'est que maintenant, en plein krach, qu'ils débarquent enfin. Les financiers et les *business angels* sont engagés dans leurs *dotcoms* jusqu'au cou. Le seul moyen de rattraper les erreurs d'hier, c'est encore d'investir dans de nouveaux projets plus porteurs. De trouver le nouveau filon qui permettra de faire la culbute. Après la déception du B2C, le *business to consumer*, qui avait voulu faire convertir le grand public au Net à marche forcée, voilà donc venu le temps du B2B pour donner du sang neuf aux bonnes vieilles entreprises. En quelques mois, les places de marchés se multiplient comme des petits pains. Les sites de e-commerce, histoire de rester dans la course, ouvrent à la va-vite une activité vente aux entreprises, histoire de se proclamer site B2B. Adieu les sites étudiants, sites féminins, portails divers et variés et autres sympathiques e-commerçants. Le milieu de la Net économie ne se passionne plus que pour la vente d'acier en gros, la rationalisation de l'approvisionnement en béton ou en pièces détachées automobiles et la gestion des fichiers clients. Mais la roue tourne de plus en plus vite, comme si les soubresauts du Nasdaq déboussolé avaient fait perdre la tête aux financiers. La mode du B2C avait duré 8 mois, celle du B2B tient à peine un trimestre. Au début de l'été, les investisseurs, ces *fashion victims*, se sont lassés. Déjà, sur le Nasdaq, les stars américaines du B2B, qui péniblement avaient tenté de reprendre le flambeau après le massacre de leurs sœurs B2C, plongent du nez. Alors en Europe, on regarde ailleurs. Le mobile, bien sûr. Au début de l'été, le nouveau mot magique pour les investisseurs, c'est le WAP. Une technologie qui permet de marier Internet et le téléphone portable. Jean-Marie Messier, Michel Bon, François-Henri Pinault, tout le monde ne jure plus que par les fantastiques opportunités du WAP. Bernard Arnault revient du Japon où NTT DoCoMo, le leader local, fait un tabac avec ses téléphones Internet. Lui aussi est persuadé que le WAP, comme le B2C hier, sera le nouveau Nirvana des capitaux-risqueurs. Il essaie de secouer Pierre Besnainou, un peu sceptique. « Mais Pierre vous êtes complètement fou ! Qu'attendez-vous donc pour vous lancer dans le WAP ? » Arnault est impatient. Demain, le téléphone fera office de télévision, d'ordinateur. C'est d'ailleurs le pari qu'a pris son ami Jean-Marie Messier. Et puis avec l'UMTS, la troisième génération du téléphone mobile, pour laquelle s'enflamme l'Europe, tous les rêves sont permis. La voilà, la révolution qui va sauver la nouvelle économie. Seulement Pierre Besnainou est têtu comme un âne. Il ne croit pas au WAP ni aux promesses de l'UMTS. LibertySurf s'en tiendra à son métier d'origine quitte à devoir affronter les colères froides de Bernard Arnault.

Le caméléon

Quand le 4 avril, le Nasdaq a piqué du nez pour la première fois, Jacques Kluger ne s'est pas trop inquiété. Un simple nettoyage de printemps qui permettrait de trier le bon grain de l'ivraie. Après tout, il avait quand même reçu deux offres de rachat début mars pour la société. Il voulait continuer l'aventure et il a refusé. Il ne regrette pas. Il est confiant. Koobuy City a encore de l'argent en caisse. Suffisamment pour tenir pendant ces quelques mois d'intempéries. Le problème de Jacques Kluger, c'est son *business model*. L'achat groupé, si *hype* (branché) il y a trois mois, n'est plus en odeur de sainteté. Clust, Letsbuyit, Uniondream et autres : les investisseurs ont financé trop de projets de ce genre. Ils commencent à faire la moue. Jacques Kluger est d'autant plus ennuyé que Koobuy City vient juste de sortir sa nouvelle version, pour la Saint-Valentin. Son équipe a travaillé d'arrache-pied pour ce lancement. Mais tant pis. Pour survivre, il faut savoir s'adapter. Dès la mi-avril, Koobuy City renie son activité de base, l'achat groupé. Et le clame haut et fort dans la presse quitte à paraître versatile. Kluger préfère se démarquer de ce secteur qui commence à sentir le soufre. Le PDG se préoccupe de son second tour de table qui doit impérativement être bouclé en septembre. Bien sûr, la société a réduit son train de vie et bloqué tous les projets d'expansion européenne. Mais il reste à trouver un nouveau *business model*. Justement, aux Etats-Unis, on ne parle plus que de Kozmo. Une start-up installée à New York qui s'est spécialisée dans la livraison express. Vous commandez un livre sur le Net et vous le recevez en moins de 24 heures. Le flux tendu, l'express, voilà qui est parfaitement Web. Il y a là une vraie demande, au moins. Un seul bémol : le coût en terme de logistique est effroyablement élevé. Mais, de toute façon, Jacques Kluger n'a pas vraiment le choix. Il lui faut absolument faire grimper l'audience pour réunir son second tour de table, il le sait. Jacques Kluger a désormais abandonné son rêve d'IPO. Mais il ne s'avoue pas vaincu. Il reste une solution de sortie honorable : s'allier avec un gros groupe. Depuis l'ekrach, les dinosaures ont en effet repris du poil de la bête. Ils comptent profiter du marasme dans les *dotcoms* pour faire leur marché. C'est le cas par exemple de Carrefour qui nourrit de grandes ambitions dans le Net. Et c'est justement avec Carrefour, en mai, que Jacques Kluger a décroché un premier rendez-vous.

Wanadoo fait plouf!

Sur une pleine page, *Le Monde* du 19 juillet annonce avec tambour et trompette l'introduction en Bourse de Wanadoo, la filiale Internet de France Télécom. « Wanadoo séduit 1,5 million d'actionnaires », titre le quotidien du soir. Sur une première moitié du dessin qui accompagne l'article, des startuppeurs sabrent le champagne autour d'un ordinateur Wanadoo, et s'esclaffent d'un « on va faire sauter la baraque ». En dessous des ouvriers de l'usine de Cellatex, qui avaient décidé de faire pression sur le gouvernement pour s'opposer à la fermeture du site, s'approchent de leur usine avec des explosifs. « Nous aussi », dit l'un d'entre eux. Même si le Nasdaq est en pleine déconfiture, la fascination médiatique pour la nouvelle économie n'a pas pris une ride. La presse et les analystes financiers veulent encore croire que l'introduction en Bourse de Wanadoo sera un succès. Qui peut en douter? Avant même le premier jour de cotation, l'offre de 10 % du capital de Wanadoo a été sursouscrite seize fois par les grands investisseurs institutionnels et 4,5 fois par les particuliers. Et tant pis si le Nasdaq craque, si Boo a fait faillite et si le B2C n'intéresse plus personne. Tout le monde veut se rassurer. D'autant que Wanadoo n'est pas une start-up affriolante, dépensière et tête en l'air. Il s'agit du vrai leader de l'Internet français. Le gros bébé de Nicolas Dufourcq écrase la concurrence. Son fournisseur d'accès à Internet (1,3 million d'abonnés) a vu sa part de marché doubler en deux ans. Avec 39 % de part de marché, Wanadoo a laissé sur place ses concurrents AOL (15 %), LibertySurf (10 %) et Club-Internet (10 %). Quant à son portail Voilà, plus de 11 millions de pages sont regardées chaque jour. Bref, Wanadoo n'est pas du tout une *dotcom* fragile, mais plutôt une entreprise de bric et de broc, de *click and mortar*, d'annuaires de grand-mères et de sites virtuels. Certes la vitrine de la boutique est toujours décorée à la mode Web. Mais ce qui fait tourner l'activité du magasin reste le bon vieux papier : 85 % du chiffre d'affaires de Wanadoo est en fait réalisé grâce aux annuaires en papier des Pages Jaunes. Exactement ces mêmes annuaires que Nicolas Dufourcq avait arrachés à Vivendi en 1998 après six mois de négociation acharnée. Sans eux, Wanadoo serait bien incapable d'afficher le moindre compte de résultat présentable. Mais cela, on ne le dit pas trop fort...

Les banques conseils de France Télécom ont jugé que mettre aujourd'hui sur le marché une entreprise 100 % Internet, comme LibertySurf, serait prendre un risque boursier considérable. Les Pages Jaunes serviront donc de ciment pour consolider tout cela et réconforter le petit actionnaire effrayé par les performances boursières de LibertySurf, de Multimania et de leurs homologues américaines. Michel Bon se dépense dans la presse pour rassurer le petit porteur et le gros investisseur. « Wanadoo sera une bonne affaire pour nos actionnaires », assure le patron de France Télécom. Les banques conseils ont choisi de valoriser Wanadoo juste en dessous de 20 milliards d'euros, soit dix milliards de moins que les estimations optimistes qui circulaient dans les salles de marché. Michel Bon a retenu la leçon de Bernard Arnault et LibertySurf : pour se faire aimer par le marché, il ne faut pas hésiter à dépenser de l'argent en mobilisant banquiers et médias. Il mandate cinq des principales banques d'affaires de la place parisienne (BNP Paribas, Crédit Agricole, Indosuez, Lazard et

Morgan Stanley). Mêmes causes, mêmes effets. Plus il y a de banques impliquées dans le *deal*, plus les recommandations de leurs analystes ont de chance d'influencer le marché. Une semaine avant le grand jour, l'hebdomadaire boursier, *La Vie Financière*, appelle à la mobilisation générale avec un article de trois pages intitulé « Wanadoo : pourquoi il faut acheter ».

Le 19 juillet, Wanadoo peut encore croire au succès de son IPO : introduit au prix de 19 euros, le titre grimpe de 10 % pour atteindre la barre des 21 euros. La presse française applaudit la performance. Mais le *Financial Times* est le premier à jouer les oiseaux de mauvais augure. « Les titres de la nouvelle économie européenne sont trop chers. Tout le secteur est surévalué », écrit-il dans son édition du 20 juillet. Malheureusement, le prestigieux quotidien de la City avait raison. Le sommet de 21 euros va être vite oublié. Une lente mais inéluctable descente aux enfers va conduire Wanadoo à passer sous les 10 euros six mois plus tard. Rien n'y a fait. Pas même le rachat de son concurrent anglais Freeserve. Ni les discours rassurants de Nicolas Dufourcq. Les 5 000 salariés de Wanadoo et ceux de France Télécom qui ont été invités à venir placer leurs économies sont dépités. Le marché doute. D'Internet en général et de Wanadoo en particulier. Et peu importe ses annuaires en papier recyclé, en guise de bouées de sauvetage. La crise semble existentielle. Puisque la boussole du Nasdaq est maintenant détraquée, les marchés européens et français en viennent même à remettre en question leurs méthodes de valorisation. Et si un abonné de Wanadoo ne pesait pas 5 000 euros ? Et si le prix d'une action Wanadoo ne valait définitivement pas ces 19 euros ? Tous les analystes courent maintenant derrière la chute des actions de la nouvelle économie, exactement comme ils avaient couru derrière la hausse seulement six mois auparavant. Sans savoir où va les conduire cette satanée descente !

Republic Alley au bord de la faillite

« Tu ne sais pas ce que j'ai entendu ? » demande Laurent Edel à Gilles Labossière. « Il y a des gens qui répandent partout dans Paris que Republic Alley est au bord du dépôt du bilan. » Laurent est dans tous ses états. Il y a huit mois, presque jour pour jour, il était en train de recevoir le président de la République et sa trombine s'affichait dans les plus grands titres de la presse anglo-saxonne, comme le *Wall Street Journal* ou le *Financial Times*. En ce début du mois d'octobre 2000, la situation de Republic Alley est certes difficile. Mais pas au point d'envisager demain de mettre la clé sous la porte. Il suffirait juste que les négociations de cette deuxième levée de fonds aboutissent pour que d'un seul coup le ciel s'éclaircisse définitivement.

Dès juillet 2000, alors que le premier franc du premier tour de table n'a pas encore été dépensé, Gilles, qui a pris en charge la gestion financière de l'entreprise, pense déjà à un deuxième tour de table. Puisque les marchés semblent se retourner et que les investisseurs se montrent maintenant un peu plus regardants sur la qualité de la marchandise, autant ne pas traîner et se mettre définitivement à l'abri du besoin. Charles Madeline, le grand copain d'HEC de Gilles qui a fini par rejoindre Republic Alley, penche lui aussi pour cette option. Laurent Edel, lui, ne sent pas l'urgence de la situation. Il a la tête ailleurs. Cette année a été trépidante, exaltante, il a besoin de changer d'air et de vacances. Avec sa petite copine, Chine Lanzmann, la fondatrice de Newsfam, le portail féminin de l'immeuble, il décide de partir en Géorgie. Pas très loin de la frontière avec la Tchétchénie et des conflits. « Pourquoi la Géorgie ? » lui demande Gilles. « Comme ça, si on est pris en otage par les Tchétchènes, on fera l'ouverture du 20 heures et on parlera de nous sur CNN », rigole Laurent

Edel. Gilles est décontenancé. Bien sûr, Laurent ne pense pas ce qu'il dit. Mais le scénario lui a tout de même traversé l'esprit. Maintenant que les temps sont devenus plus durs, la pratique du *buzz* devient elle aussi plus exigeante. On ne fait plus venir une meute de journalistes avec une simple annonce de levée de fonds réussie. Alors pourquoi pas une prise d'otage ? Les vacances de Laurent et de Chine se passeront le plus tranquillement du monde. Il n'y aura pas de prise d'otage. Ni de grands titres au journal de 20 heures. La rentrée de septembre se fera dans un triste anonymat, loin de la fureur médiatique de mars dernier. Les premières start-up de l'incubateur se sont installées dans les nouveaux locaux, aux peintures pastel encore toutes fraîches. Du folklore d'hier, il ne reste plus grand-chose. Si ce n'est l'autel à VC, et ses offrandes de pacotille, abandonnés dans un coin du long couloir, au pied de la machine à café. C'est pourtant maintenant que Republic Alley aurait besoin d'un coup de pouce divin.

Entamée dès le début de l'été par Gilles, la recherche de fonds patine. Les investisseurs sont frileux. La chute de la Bourse et surtout le décrochage des valeurs technologiques empêchent d'envisager la moindre introduction. Or sans une nouvelle vague d'IPO, les capitaux-risqueurs n'ont plus de perspective de sortie. Les dossiers d'investissement sont jetés les uns après les autres à la poubelle. Les exigences des financiers se font chaque jour plus capricieuses. En octobre, Republic Alley n'a toujours aucune piste sérieuse. C'est à chaque fois les mêmes discours : « ce n'est pas le bon moment », « revenez un peu plus tard »... Les semaines passent et la trésorerie de l'entreprise souffre. En caisse, il reste de quoi finir une petite année, tout au plus. Que faire ? Continuer son métier d'incubateur ou geler les projets en attendant une conjoncture plus favorable et surtout l'argent frais de cette deuxième levée de fonds ? Il faut se décider vite. Décider si Republic Alley entame les travaux de la deuxième aile du bâtiment et surtout s'il prend oui ou non une part du capital de Mobiligence, une start-up spécialisée dans le téléphone mobile de la troisième génération. Dire oui, cela signifie que l'incubateur signe un chèque de 3 millions de francs et héberge la société le temps nécessaire pour qu'elle devienne grande. Cela peut prendre des mois, voire des années. Mais surtout, faire ce chèque de 3 millions implique de brûler les réserves d'au moins trois mois de trésorerie. Gilles et Charles poussent pour investir. La crise, ils connaissent. Ils n'ont presque connu que cela dans leur vie professionnelle. Alors ce n'est pas un trou d'air qui va leur faire peur. Laurent Edel, lui, est beaucoup plus réticent. Il ne comprend pas très bien pourquoi le robinet à dollars a soudainement été coupé. Il espère simplement que ce petit problème de tuyauterie va bientôt être réglé. Reste ce grave problème de rumeur. Laisser se propager ce type de bruits jusqu'à l'oreille d'un capital-risqueur et c'est la mort assurée de Republic Alley. Il n'y a plus de choix possible. Pour contrer la rumeur, Republic Alley doit signer ce chèque de 3 millions et commencer les nouveaux travaux.

Début décembre, Gilles, Charles et Laurent sont tous trois à bout de nerfs. Ils n'y croient plus. Leur seule piste, Innovacom, le fonds de capital-risque de France Télécom, hésite toujours à mettre de l'argent au pot. C'est pourtant la dernière chance. Si Innovacom jette l'éponge, il faudra alors penser au pire : la faillite. Gilles et Charles, qui ont mis quasiment toutes leurs économies personnelles dans l'affaire, pensent déjà à vendre maison et voiture, à réduire le train de vie bourgeois de leur petite famille. Chaque jour qui passe les rapproche un peu plus de la catastrophe. Mais le 22 décembre 2000, dans les bureaux rue Royale d'Innovacom, les trois associés finissent par toucher, avec leur doigt, le miraculeux chèque de 6,5 millions d'euros enfin signé par la filiale de France Télécom. Ce qui correspond à une valorisation totale de Republic Alley avoisinant les 120 millions de francs. La faillite est évitée, le champagne sabré. Les flûtes sont cette fois en verre et non plus en plastique, comme à l'époque des fêtes du vendredi soir, au tout début de l'aventure de Republic Alley, où l'on buvait des gins cognacs assis sur des peaux de bête. Le monde a changé. Le folklore et les idéaux d'avant ont fait place à la loi de l'argent et à la dictature des affaires. Charles et Gilles sont dans leur élément. Laurent, lui, a du mal à se sentir vraiment à l'aise. Mais a-t-il vraiment le choix ?

CHAPITRE 10

La revanche des crevards

Le rire de Bezos

Ce dimanche soir, 19 mars 2000, le patron du groupe Pinault Printemps La Redoute (PPR) est, pour une fois, chez lui devant sa télé. Pour rien au monde, Serge Weinberg n'aurait manqué ce numéro de l'émission de Capital sur M6 : « A qui profite Internet ? » Présentateur et producteur de l'émission, Emmanuel Chain a invité Michel Bon, le patron de France Télécom, maintenant converti à la Net économie, à venir commenter les quatre reportages de la soirée : « Comment faire de bonnes affaires sur Internet », « Les rois du cybersex », « Internet sur mon Palm Pilot » et « Amazon, le plus grand magasin du monde ». C'est bien sûr ce dernier volet qu'attend avec impatience Serge Weinberg. Depuis le début de toute cette folie, Amazon, le cyber-libraire américain, est sa bête noire. Il est 22 heures passées. Enfoncé dans son fauteuil, Serge Weinberg est maintenant prêt à recevoir, dans son salon bourgeois, Jeff Bezos, le patron américain d'Amazon, élu homme de l'année en 1999 par le magazine *Time*. Le responsable de tous ses soucis, de tous ses cauchemars est maintenant là, face à lui, les yeux dans les yeux, par écran de télévision interposé.

Bien sûr, le magazine de M6 est tout à la gloire d'Amazon. Comment pourrait-il en être autrement ? Créée en 1994 avec dix copains, la cyber-librairie qui propose aujourd'hui plus d'un million de livres différents est devenue un phénomène économique. Lors du dernier trimestre 1999, ses ventes ont augmenté de 180 % pour atteindre, sur l'ensemble de l'année, un chiffre d'affaires de 1,6 milliard de dollars. Une progression qui n'a pas été freinée par l'énorme boulet de 400 millions de dollars de pertes. En mars 2000, en valorisant l'entreprise plus de 40 milliards de francs, le marché rêve, jour et nuit, d'Amazon. Et peu importe que l'entreprise ne gagne pas d'argent. Jeff Bezos est toujours l'icône planétaire de cette nouvelle économie. Alors que le patron américain éclate de rire à une question du journaliste, Serge Weinberg se relève de son fauteuil. « Ce rire a quelque chose de bizarre, se dit-il intérieurement. Comme s'il était artificiel. » Il tient peut-être un indice. Il le regarde encore rire. Et plus il regarde Bezos, plus ce rire lui paraît faux. Il en est maintenant certain. Bezos n'est qu'un usurpateur et sa créature, Amazon, une splendide mystification. Il ne peut en être autrement. Tout cela ne doit être qu'un mauvais rêve. De toutes les façons il va bientôt en avoir le cœur net, puisque l'Américain devrait débarquer en France au mois d'août, pour y installer sa filiale. Une fois son téléviseur éteint, Serge Weinberg se sent d'un coup soulagé d'un poids.

Cela fait presque deux ans que Weinberg décortique le cas Amazon. Il ne se contente ni des communiqués officiels ni de l'indispensable revue de presse que lui soumettent ses équipes. Il met, lui aussi, la main à la pâte. Chaque trimestre, la lecture du compte de résultats de la star américaine lui prend des heures. Calculette à la main, il vérifie les ratios, en fabrique d'autres. Méticuleusement, comme à la recherche d'empreintes digitales, il cherche une preuve. Celle qui lui prouvera qu'Amazon sera demain un concurrent mortel pour son groupe et la Fnac en particulier. Pour l'instant il n'a encore rien trouvé. Il y a quelques semaines, lors de la publication des résultats 1999 d'Amazon, Serge Weinberg a voulu voir ce qui se cachait derrière cette progression fulgurante du chiffre d'affaires de l'Américain. Il pourrait se contenter de ricaner devant l'ampleur des pertes. Il sait que ce serait une grossière erreur. Il y a des pertes qui peuvent se transformer en profits colossaux. C'est pourquoi le patron de PPR veut d'abord savoir si la cyber-librairie parvient à réduire ses pertes à mesure que le chiffre d'affaires augmente. Si tel est le cas, cela signifierait qu'Amazon serait sur la voie des profits. Or Serge Weinberg n'a pas vu la moindre économie d'échelle : plus le chiffre d'affaires d'Amazon augmente plus les pertes se creusent. Néanmoins, il doute. De lui, de son raisonnement trop rationnel. Il y a peut-être un truc, une pièce du puzzle qu'il n'a pas. Alors il travaille sur le dossier Amazon comme un fou. Depuis des mois, il passe environ une journée par semaine pour comprendre cette maudite révolution Internet. Il ne veut rien laisser au hasard de peur de passer à côté d'un indice déterminant.

Enarque toujours tiré à quatre épingles Serge Weinberg revendique son allure d'aristocrate anglais. Costume en flanelle gris, chemise à col blanc, le PDG de PPR a fait du classicisme vestimentaire sa religion. Il aime tellement la cravate qu'il la porte le dimanche, à la maison. Même s'il assume le costume du ringard que lui fait endosser le marché, l'image de celui qui n'a rien compris aux mystères du Web le chiffonne tout de même un peu. Car il n'est pas le seul patron chez PPR. Ils sont au moins trois. Juste au-dessus de lui, François Pinault, actionnaire majoritaire du groupe de distribution avec plus de 47 % du capital, garde en permanence un œil sur lui et sur la valorisation boursière de l'entreprise. En dessous de lui, François-Henri

Pinault. Le fils technophile, qui a fait du Web son cheval de bataille, a été nommé directeur général adjoint de PPR, en charge des questions Internet. Un poste spécialement créé pour lui. Dans ce trio, Serge Weinberg sait qu'il a le mauvais rôle. Son étiquette d'archéo, qui lui colle à la peau, ne fait pas ses affaires. Il a dû batailler pour ménager la chèvre et le chou, son cours de Bourse et ses convictions, les impatiences de Pinault père et les ambitions de Pinault fils. Quitte à donner des gages au bon moment. Le 19 octobre 1999, deux mois après son voyage dans la Silicon Valley, Serge Weinberg finit par annoncer la création d'une filiale Internet, PPR Interactive (PPRI), dotée de 150 millions de francs de fonds propres. Une belle corbeille où l'on trouve un portail généraliste regroupant la trentaine de sites du groupe, un fournisseur d'accès gratuit sous le nom de Mageos, un petit bout d'activité de télécoms et enfin une filiale américaine Mobile Planet, spécialisée dans la vente de produits *high tech* sur Internet. Et bien sûr Fnac.com, le site vedette du groupe, maintenant opérationnel. En annonçant ce plan d'investissement, le patron de PPR pense ainsi avoir fait preuve d'une bonne volonté. D'ailleurs la Bourse lui en sait gré. En quelques semaines, le cours de Bourse de PPR monte en flèche, passant de 175 euros à 260 euros à la fin du mois de novembre. Mais le marché en veut plus. Car, selon lui, pour construire une digue, digne de ce nom, censée repousser les futurs assauts d'Amazon, PPRI n'est pas encore assez solide. Le rêve des analystes serait que Weinberg se décide à introduire en Bourse sa filiale nouvellement créée. Selon leurs calculs, la valorisation d'un PPRI en Bourse pourrait parfaitement atteindre les trois milliards d'euros ! Une somme qui devrait permettre ensuite au groupe d'acheter autant de start-up qu'elle le désirerait. Mais de cela, Weinberg a répété qu'il ne voulait pas. Lui, il croit au *click and magasin*, c'est-à-dire aux passerelles entre les sites de ses enseignes, notamment Fnac.com, avec ses surfaces de vente. Des sites

Web coupés du reste du groupe n'auraient en revanche, selon lui, aucun avenir économique. C'est aussi pour cela que PPRI refuse de se laisser enivrer par le rachat de bouquets de start-up, se contentant d'une prise de participation dans une petite dizaine de sites comme celui de Petits et Grands et FemmesOnline.com. Et tant pis si Bernard Arnault, l'ennemi numéro un du groupe, rafle, lui, tout sur le marché français.

Depuis janvier 2000, au plus fort de la bulle, cette maudite pression des marchés, à la fois diffuse et totalitaire, est terrible. Weinberg est attaqué de toutes parts. Investisseurs et analystes ne se privent pas de dire tout le mal qu'ils pensent du patron de PPR. Sa stratégie est décriée. Sa prudence vilipendée. L'avenir du groupe tout entier serait menacé par des nouveaux arrivants, sortis de la couveuse Internet, comme Amazon. PPR? Trop lent, trop frileux, trop petit! Les analystes se déchaînent sur les choix de Serge Weinberg. Lui se rassure comme il peut. En consacrant des journées entières de travail à tenter de comprendre ce qui se cache derrière ce nouveau sésame *high tech*. Très tôt, le patron de PPR prend le pari, avec ses collaborateurs, que cette nouvelle économie est une bulle spéculative. En mars, le premier petit décrochage du Nasdaq vient conforter ses choix. Il l'attendait depuis longtemps. Serge Weinberg s'accroche à cette baisse des marchés américains, comme à une branche. La situation est d'autant plus difficile que personne ne semble vouloir écouter sa prophétie et que son fidèle lieutenant, Bruno Cremel, qu'il avait fait venir du Trésor pour lui confier la direction de la stratégie puis la présidence de PPRI, a finalement décidé d'accepter le poste de directeur de cabinet de Laurent Fabius. Il se retrouve donc seul, coincé entre Pinault père et Pinault fils, à attendre le débarquement des Américains d'Amazon, qui doit ouvrir son site au mois d'août. Il est prêt. Prêt à en découdre une bonne fois pour toutes. A faire tomber le masque de ce diabolique presdigitateur Bezos.

« Mais où est la baise ? »

En l'espace de quelques semaines, Carrefour est devenu un véritable champ de bataille. Depuis cette fameuse conférence de presse du 30 mars où Daniel Bernard, son PDG, a annoncé la création d'une enveloppe d'un milliard d'euros consacrée exclusivement au développement Internet de ses métiers, une guerre de pouvoir fait rage. C'est bien sûr à qui mettra la main sur cette inespérée cagnotte. Notre ambitieux duo, Philippe Collombel, le consultant, et Alexis Galley, en provenance, lui, de Pechiney, ont débarqué dans l'entreprise comme en terrain conquis. L'annonce de Daniel Bernard, pensent-ils, est un soutien à leur projet. Et le milliard d'euros, autant de munitions pour mener la bataille en interne et s'imposer. Dans les couloirs de Carrefour chacun fourbit pourtant ses armes. C'est à celui qui fera ses preuves le plus vite. Chacun se met au travail dans son coin, sans organigramme ni définition de poste précis dans un climat de guérilla. Collombel et Galley veulent montrer que la diversification sur le Net dans les services financiers et la vente de voyages et d'autos sont des nouveaux métiers où le groupe peut gagner beaucoup d'argent. Les responsables des hypermarchés s'échinent à démontrer le contraire. Collombel et sa petite équipe font en tout cas comme si le big boss de Carrefour les soutenait. Ils mettront deux mois à réaliser qu'il n'en est rien.

Daniel Bernard est en réalité mobilisé sur un autre front : réussir la fusion des équipes de Carrefour avec celles de Promodès qu'il vient de racheter. Or tout laisse à penser qu'il ne tiendra pas ses objectifs de synergies et de bénéfices. De retour, en avril 2000, d'un long *road show* qui l'a amené jusqu'aux Etats-Unis, Daniel Bernard s'aperçoit que le vent Internet a tourné beaucoup plus violemment que prévu. Le PDG de Carrefour pensait enflammer les investisseurs américains avec ses projets de e-commerce, pour mieux cacher les difficultés de sa fusion. La manœuvre n'a pas marché. Daniel Bernard est refroidi mais laisse Collombel et ses copains s'agiter dans tous les sens. Pas question de se déjuger si vite ! Le patron de Carrefour préfère faire comme si de rien n'était et se consacrer à cette maudite fusion. C'est au cours du mois de juin que l'équipe de Collombel prend conscience qu'il sera finalement difficile de voir la couleur du milliard d'euros. La définition des budgets se heurte, chaque fois, à une fin de non-recevoir de la direction financière. Trop cher ! Les consciencieux consultants s'accrochent, malgré tout, à leurs plans de marche et à leur rêve d'acquisitions tous azimuts. La grosse affaire reste cet énorme projet de banque en ligne. Collombel voit évidemment tout en grand : un partenariat avec une ou deux grosses banques pour couvrir l'ensemble des pays où Carrefour est présent. Il organise un appel d'offres. Fin juin, Collombel décroche l'inespéré : une lettre d'intention de la Société Générale et d'un groupe bancaire espagnol, plus un chèque de plusieurs dizaines de millions d'euros, pour créer une société commune.

Depuis sa défaite dans la bataille BNP Paribas, Daniel Bouton, le patron de la Société Générale, a besoin de rebondir. Ce projet arrive à point nommé. Une sorte de magnifique bras d'honneur à toute la profession. Car pour un banquier, faire alliance avec la grande distribution revient à pactiser avec le diable. C'est trahir son camp, sa condition. Cet appel du pied de Carrefour tombe donc à pic. Aussi, quand il entre dans le bureau de Daniel Bernard pour lui annoncer la nouvelle, Philippe Collombel est remonté à bloc. Voilà que son projet est en passe de se concrétiser. « Quoi ? La Société Générale est prête à signer ? » dit Daniel Bernard. Il s'attend à tout sauf à cela. Et secrètement, il espérait bien que les grandes ambitions de ses consultants allaient gentiment mourir. Le patron de Carrefour fait comme s'il ne comprenait pas pourquoi la Société Générale est si désireuse de faire équipe. « Mais où est la baise ? » demande-t-il, toujours très élégant, à Collombel. « S'il y a baise, monsieur, cela fait vingt ans que vous vous faites baiser sans le savoir », répond du tac au tac Collombel. Selon lui, le groupe d'hypermarchés est assis sur un tas d'or encore inexploité : un prodigieux fichier clients, qui vaut une petite fortune. Et c'est évidemment cet accès au client qui fait fantasmer les deux banques alliées. Daniel Bernard est sceptique. Se lancer dans un tel chantier n'est plus du tout dans ses plans. Il referme le dossier, reconduit Collombel à la porte et lui assure qu'il le tiendra au courant des suites à donner au projet. Quelques semaines plus tard, le comité de direction de Carrefour refuse d'aller plus avant dans le projet de partenariat de la Société Générale et la banque espagnole. L'heure n'est plus au panache. Le retournement des marchés de l'Internet, la crise de la vache folle, cette fusion avec Promodès qui se passe très mal : tout plaide, selon Daniel Bernard, pour enterrer ce dossier. Il ne prendra même pas la peine de décrocher son téléphone pour en avertir Daniel Bouton. Pour lui ce projet n'existe plus. Mieux, il n'a jamais existé. D'ailleurs, en septembre, il annonce à l'occasion d'une conférence de presse que son plan d'investissement dans l'Internet est revu à la baisse : il ne faut plus parler d'un milliard d'euros mais de 650 millions. Les épiciers de Carrefour ont fini par avoir la peau de ces consultants de malheur, petits évangélistes de la révolution Internet. Les roitelets des hypermarchés ont repris les rênes du business. Entre eux.

Pour Philippe Collombel, la claque est terrible. Carrefour aurait dû devenir ce *business case* que l'on étudierait demain dans les écoles de gestion. En septembre 2000, il quitte le groupe, écœuré, suivi un peu plus tard d'Alexis Galley. Comment réorienter sa carrière ? Revenir au *consulting* ? Continuer dans cette nouvelle économie ? Il veut se donner quelques mois de réflexion. Depuis quelques semaines, une mauvaise blague, importée des Etats-Unis, circule : le « B2C » ne signifierait plus *business to consumer*, mais *back to consulting*. La transhumance des consultants, partis, il y a un an, vers les hautes prairies de la nouvelle économie, s'inverse. Beaucoup reviennent à la bergerie, pour passer l'hiver au chaud. Le Monsieur e-business de PSA, un ancien consultant de Cap Gemini embauché au début de l'année, lui, n'a pas hésité très longtemps. En juillet 2000, après six mois passés chez le constructeur automobile pour superviser les dossiers Internet, il quitte le groupe. Fatigué par l'inertie et la mauvaise volonté des équipes, il jette l'éponge et part rejoindre un petit cabinet de consultants spécialisé dans la nouvelle économie. Vive le *back to consulting* ! Il laisse en plan le projet de coopération d'Internet embarqué dans la voiture entre PSA et Vivendi, annoncé, cinq mois auparavant, en grande pompe par J6M et Jean-Martin Folz au salon de Genève. Au début de l'été 2000, les premiers couacs se sont fait entendre. Les ingénieurs de PSA ne souhaitent pas travailler avec les développeurs de Vivendi. Le projet part très vite dans le décor. En février 2001, c'est le grand clash. Egery, la société commune créée à 50/50 entre PSA et Vivendi, est vidée de sa substance. Discrètement, PSA récupère les équipes en interne et décide de changer son fusil d'épaule en se rapprochant de Ford, un bon vieux constructeur automobile. Pour sauver la face Vivendi espère garder un petit ticket dans la nouvelle société, juste pour faire illusion, juste parce que son patron Jean-Marie Messier a eu, le 1er mars 2000, cette mauvaise idée de claironner « *Do not worry, be Wappy* ». Mais fin 2001, PSA décide de couper définitivement les ponts.

Weinberg, la revanche

« Qui est-ce qu'on pourrait mettre en photo de une ? » demande le rédacteur en chef du *Nouvel Economiste* [1]. Un an après l'e-krach, le magazine économique souhaite, pour ce numéro de juin 2001, consacrer un gros dossier aux gagnants d'Internet, solder les comptes de la nouvelle économie en France. Il y a un an, le magazine avait titré : « Pourquoi Internet va bouleverser vos métiers ». Sur sa couverture, une photo des deux fondateurs d'Aquarelle, une start-up de vente de fleurs en ligne, censée incarner la révolution du commerce électronique. La vieille économie n'avait qu'à bien se tenir... Ni plus ni moins que les autres journaux économiques, le *Nouvel Economiste* s'est lui aussi laissé emporter par la vague Internet. Il y a cru. A son échelle, il a participé au gonflement de cette bulle, accompagnant et donc amplifiant le mouvement. Pour ce dossier, l'idée est donc de trouver une personnalité du Net français qui incarne la revanche de la vieille industrie sur ces flambeuses start-up, parties de rien. Premier site de e-commerce de produits culturels, la Fnac.com paraît toute désignée. Voilà une alchimie parfaite du Net avec de la bonne vieille brique de magasins. Après avoir endossé, pendant de longs mois, le costume tristounet de l'archéo, Weinberg tient enfin sa revanche. Il sera sur la couverture.

La guerre tant attendue entre la Fnac.com et Amazon.fr n'a finalement pas eu lieu. L'agitateur culturel est et de-

---

1. Les deux auteurs ont été à cette époque journalistes au *Nouvel Economiste*.

vrait rester encore longtemps le premier vendeur de disques et de livres sur le Net. La prophétie du *pure player*, ces entreprises 100 % Internet, qui devait normalement propulser Amazon au sommet du box-office, ne s'est pas réalisée. Contre toute attente, la stratégie du *click and magasin* de Weinberg a payé plus vite que prévu. En s'appuyant sur la notoriété de la marque Fnac et sur la puissance de son réseau de logistique, le site vedette du groupe a fait depuis son lancement, en novembre 1999, la course en tête. Restait à se frotter au mythe Amazon. En ce mois d'août 2000, l'Américain a soigné tous les préparatifs de son débarquement en annexant pas moins de onze péniches sur la Seine dont le Batophar et la Guinguette Pirate, les deux embarcations branchées de l'Est parisien, ancrées aux pieds de la Grande Bibliothèque François-Mitterrand. Joli symbole. La France universitaire et colbertiste, la France du prix unique du livre qui se fait narguer par Jeff Bezos, le self-made-man américain, maintenant multimillionnaire. Trois mois auparavant, cette fête d'inauguration aurait été à coup sûr un phénoménal succès médiatique. Mais là, pour cause de retournement de marché, l'ambiance n'y est plus. A trop attendre la venue d'Amazon, le Tout-Paris médiatico-culturel avait fini par se lasser. L'heure n'est plus au faste. Chez PPR, on fait le dos rond et on prépare les munitions pour les fêtes de Noël. En novembre l'avance de la Fnac est confortable : 702 000 visiteurs uniques pour Fnac.com, 533 000 pour Alapage.com, le cyber-libraire de Wanadoo, et tout de même 409 000 pour Amazon.fr. Malgré la force de la marque américaine, la filiale française ne rattrapera jamais son retard. Ni à Noël, ni plus tard. Contrairement à l'Allemagne ou à la Grande-Bretagne, où Amazon s'est très vite imposé comme leader, le marché français lui résiste. La politique de prix unique du livre empêche Amazon de pratiquer des prix chocs pour appâter le chaland, comme il avait pris l'habitude de le faire dans les autres pays. Et comme si cela ne suffisait pas, la filiale française va être secouée dans tous les sens. En moins de huit mois, la direction générale d'Amazon.fr est totalement renouvelée. Désaccords stratégiques, problèmes d'ego, la valse des cadres dirigeants ne cessera jamais. En juillet 2001, un plan social prévoit de mettre à la porte une grande partie de la centaine de salariés. Les grandes ambitions ont fondu. A l'été 2001, le retard d'Amazon n'a pas été comblé. La Fnac a même creusé un peu plus l'écart : 9 % des internautes ont visité son site au cours du mois de juin, contre seulement 4,4 % à Amazon. Des rumeurs annoncent déjà que le site français de l'américain va être fusionné avec les filiales anglaises ou allemandes. A l'échelle du groupe, le désamour boursier a laissé des traces. Après être passé de 1,5 à 113 dollars en l'espace de quatre ans, le prix de l'action d'Amazon est redescendu à 13 dollars en moins d'un an. Le groupe a licencié 1 300 personnes (15 % des effectifs), racheté la chaîne de librairie en briques Barnes and Noble et appelé AOL à la rescousse dans son capital. Serge Weinberg savoure. La Fnac.com et ses 100 000 visiteurs quotidiens espère toujours atteindre un chiffre d'affaires d'un milliard de francs en 2003 et l'équilibre financier en 2004. La route est longue et laborieuse. Mais sur la couverture du *Nouvel Economiste* de juin 2001, Serge Weinberg a le sourire. Un vrai sourire, en réponse à celui de Jeff Bezos, qui l'avait tant fait gamberger devant son poste de télévision.

Retour des Caraïbes

C'était décidé avant le départ. Bernard Collomb et sa fille Stéphanie ne termineront pas cette croisière de rêve aux Caraïbes, commencée il y a une petite semaine, avec toute la famille. Ils doivent revenir sur Paris, pour affaires.

Bernard Collomb a toujours compensé ses absences répétées de la maison par l'organisation de grands voyages, pendant l'été ou à Noël. Habituellement, ces moments sont des vraies parenthèses, qu'il essaye de respecter jusqu'au bout. Mais là, en ce début d'année 2001, il n'a pas d'autre possibilité que d'écourter son séjour. Car le patron de Lafarge lance une nouvelle OPA sur son concurrent Blue Circle. Un an après la première tentative, il repart à l'assaut. Mais cette fois, Bertrand Collomb a fait en sorte que sa proposition soit amicale. Le conseil d'administration du britannique a fini par accepter une offre que Collomb a su rendre plus alléchante que la précédente. Il n'y a plus aucune raison de douter : l'OPA sera un succès. Depuis l'automne, les marchés financiers sont revenus à leurs précédentes amours, à cette bonne vieille industrie, à la fois fidèle et digne de confiance. Les pestiférés d'hier sont redevenus fréquentables. Avec la déconfiture des valeurs technologiques, les marchés ont besoin de retrouver du solide. Les Lafarge, Saint-Gobain, PSA, Pechiney... toutes les entreprises massacrées hier sont aujourd'hui ressuscitées. Dans les *road shows*, plus aucun gérant de fonds de pension n'aborde le sujet Internet. C'est comme s'il n'avait jamais existé. On est revenu aux grands classiques : la progression du chiffre d'affaires et de l'Ebitda (c'est-à-dire le résultat d'exploitation, différence entre les charges et les recettes d'une entreprise). Les marchés reviennent sur terre. Après avoir financé les folles pertes de la nouvelle économie, ils reviennent vers la vieille industrie pour lui demander de cracher à nouveau des bénéfices.

Dans l'avion qui les ramène vers Paris, à peine assis, Bertrand et sa fille ont tous les deux le même réflexe. Ils sortent leur ordinateur portable, pour travailler. Mais juste avant de se plonger dans ses tableaux, Stéphanie se tourne vers son père : « T'as vraiment envie de bosser, toi ? »

soupire Stéphanie. Et les voilà tous les deux partis dans une conversation qui durera presque dix heures. On parle *business* bien sûr, mais aussi de la déconfiture de la nouvelle économie et des marchés financiers, mais aussi de la famille, des projets personnels. Le traditionnel inventaire familial. Finalement, Alexis, le frère, n'a pas lancé sa start-up, le retournement précipité du Nasdaq l'en a empêché. Il choisira de terminer son diplôme d'économie à l'université de Stanford. Timothée et Jerôme Wirth, les deux cousins sont, eux, toujours dans le bain de la nouvelle économie. Solidarité familiale oblige, Jérôme a, pendant plusieurs mois, hébergé dans ses locaux le projet de Timothée. Ce dernier a fini par revendre son entreprise après seulement quelques mois d'existence. Stéphanie tient encore bon. Après sa levée de fonds réussie en juin 2000, sa start-up, Direct Panel, est toujours debout. Après plusieurs jours de réflexion, son père, Bertrand, a accepté d'en devenir administrateur. Combien de temps son aventure va-t-elle durer ? Elle ne sait pas. Mais elle confie à son père qu'elle est profondément épanouie dans cette vie-là, de femme ambitieuse et entreprenante. Depuis qu'elle a fait le grand saut, Stéphanie et son père se sont rapprochés. Elle qui se plaignait de sa distance, savoure chaque jour cette nouvelle complicité intellectuelle. Au même titre que ses frères, elle est devenue une confidente de premier choix du patron du numéro un mondial du ciment. Ils se parlent comme jamais. L'ancienne et la nouvelle économie semblent ne faire plus qu'une. Pourtant Bertrand Collomb ne peut pas résister, en mai 2001, au plaisir d'annoncer que son groupe ne se lancera pas, comme promis, dans la vente de ciment sur Internet.

Edel ou les illusions perdues

La deuxième aile du bâtiment de Republic Alley vient tout juste d'être terminée. En ce mois de juin 2001, les pièces, peintes de couleurs pastel, sont encore vides. Elles attendent tranquillement l'arrivée de nouvelles start-up. Mais depuis plusieurs semaines, Republic Alley cherche à faire évoluer son *business model*. En décembre dernier, dans la foulée de la laborieuse deuxième levée de fonds, Charles Madeline et Gilles Labossière, les deux copains d'HEC, ont pris le commandement de l'incubateur. Dorénavant ils sont les deux seuls patrons de l'entreprise. Finis l'improvisation créatrice du début et les rêves de Laurent Edel de construire une grande bergerie *high tech* pour start-up en mal de capitaux. La déconfiture de la Bourse a fait mal à Republic Alley. Puisque la dégringolade des marchés financiers interdit toute nouvelle IPO, l'incubateur de la rue du Faubourg-du-Temple, se retrouve coincé. Actionnaire d'une petite dizaine de start-up, Republic Alley ne disposera d'aucune source de revenus tant qu'il ne pourra pas revendre ses parts soit à une autre entreprise, soit en Bourse. Or pour l'instant ces deux éventualités sont exclues. Même si la majorité des jeunes pousses hébergées se portent encore pas trop mal, Republic Alley est obligé de vivre sur sa propre cagnotte. Et l'argent file vite. Très vite. D'où l'extrême prudence de Gilles et Charles à accueillir de nouveaux projets dans cette aile flambant neuve. Leur idée est plutôt de trouver des revenus, de signer des contrats avec des grands groupes. Ils cherchent dans toutes les directions : des partenariats pour les aider à créer leurs propres viviers de start-up, des missions de consultants. Republic Alley rentre dans le rang. Après avoir rêvé de faire la peau à ces grands groupes français autoritaires et hautains, voilà que Republic Alley vient sonner à leur porte pour mendier sa survie. Les « crevards », comme on aimait les appeler il y a encore un an dans l'immeuble, ont repris la main. Vraisemblablement pour longtemps.

Les idéaux de Laurent Edel sont définitivement morts. Il est malheureux comme les pierres. Perdu. Revenir aux règles de la vieille économie lui fait mal au cœur. Il n'a pas créé Republic Alley pour vendre des missions de *consulting* à des grands groupes. Il ne va pas commencer maintenant, alors qu'il s'est battu justement pour éviter ce triste destin. Il se laisse doucement marginaliser. D'autant que son image médiatique, son seul véritable capital, s'est transformée d'un seul coup en boulet. Pour incarner les désillusions de la nouvelle économie, il n'y a pas, pour la presse, meilleur client sur Paris que Laurent Edel. Il est, il parle, il respire la désillusion. Ancien prince du *buzz*, brillant séducteur de journalistes et de financiers, Laurent Edel continue d'attirer les médias. Hier ils venaient écrire des histoires de dollars, aujourd'hui ils veulent des larmes. Fatalement, chaque nouvelle interview de Laurent Edel dans la presse donne de l'urticaire aux deux HEC. Republic Alley n'est plus comme ce phare de la nouvelle économie française, visité par le président de la République, mais un nid où se morfondent quelques start-up désillusionnées... Soucieux de crédibiliser le nouveau *business model* de Republic Alley, Gilles et Charles finissent par en parler à Laurent. Dorénavant, la gestion de la presse et des interviews passera par eux deux, exclusivement. « Tu comprends, on se fout d'avoir un papier dans *Libération* aujourd'hui. Ce qui compte c'est de viser *Les Echos* ou *La Tribune* », assène Charles Madeline. Laurent Edel est déjà ailleurs. Pour lui, le combat est perdu, les HEC de malheur ont pris définitivement le pouvoir. Les relations vont se tendre et vite devenir insupportables. Charles et Gilles veulent la peau de Laurent. Ils l'auront. Fin juin 2001, Laurent tente, pourtant, le tout pour le tout. Il présente au conseil d'administration un grand plan de restruc-

La revanche des crevards 229

turation : baisse des salaires, réduction du volant d'activité et suppression d'emplois. De dix-huit salariés, l'incubateur passerait à trois. Ce qui revenait à demander à choisir entre lui et Gilles. Le conseil vote contre et renouvelle sa confiance à Gilles. Laurent s'incline et propose sa démission à la seule condition qu'un accord à l'amiable soit trouvé. En guise d'amabilité, Laurent recevra, une semaine plus tard, une lettre de licenciement. Le fondateur de Republic Alley, actionnaire de l'entreprise à hauteur de 20 %, est jeté dehors comme un malpropre. C'était lui ou Gilles. Il n'y avait plus de place pour les deux. Il quitte Republic Alley, au début de l'été 2001, mais conserve son poste d'administrateur. Fatiguée, sa copine, Chine Lanzmann, la créatrice de Newsfam, passe elle aussi la main. Tous les deux n'ont maintenant qu'une seule peur : celle de ne jamais plus revivre la folle ivresse de ces quatre années d'illusion.

CHAPITRE 11

La débâcle

Ci-gît Koobuy City

Ce 15 septembre 2000, Jacques Kluger attend le fax de confirmation de Carrefour. Tout semble réglé. Les négociations, qui se sont tenues dans le plus grand secret, durent depuis le début de l'été. Le distributeur est enthousiaste. Il va injecter 20 millions de francs dans l'affaire. Avant-hier, on est enfin arrivé à un accord de principe. Les équipes de Carrefour ont téléphoné pour leur demander d'envoyer un RIB et tous les documents bancaires pour faire le versement. Le jeune homme respire enfin. Cet accord avec Carrefour les sauve in extremis de la catastrophe. Car la rentrée a été terrible pour les start-up. Et le Silicon Sentier commence à grouiller de rumeurs de faillites et de licenciements.

La machine vient de grésiller. Le fax à en-tête Carrefour apparaît. Enfin! Jacques Kluger l'arrache, impatient. Commence à lire. Puis à relire, incrédule. Les négociations sont suspendues jusqu'à nouvel ordre. En raison d'un changement de politique interne. Le jeune homme est effondré. Il sait que ce fax signe l'arrêt de mort de Koobuy. Il est trop tard pour essayer d'aller chercher ailleurs un autre partenaire industriel. En cet automne 2000, les *dotcoms* ne sont plus les seules à serrer les boulons : les grands groupes eux aussi commencent à mettre un frein à leurs ambitions sur Internet. Quelques jours après, dans un communiqué de presse laconique, Carrefour officialise d'ailleurs son revirement stratégique, et confirme son intention de réduire de 40 % ses investissements dans le Web. Ce n'est plus la peine de rêver.

Jacques Kluger continue cependant à aller voir des banquiers, des financiers. A quémander des découverts, pour tenir, encore en peu. Mais le cœur n'y est plus. Il sait que Koobuy est condamné. Ce matin encore, il est allé voir un financier. Posé sur le bureau, le *Wall Street Journal Europe* annonçait la faillite d'Urban Fetch, une start-up britannique positionnée sur le même créneau que Koobuy City. Le coup de grâce. Tout beau parleur qu'il est, Jacques Kluger n'a pas pu défendre son cas. Il s'est décidé. Il faut arrêter les frais. Continuer ne servirait qu'à creuser les dettes de Koobuy City. Et en ce jour de novembre, il se résout à convoquer tous ses salariés dans ce beau bureau de 300 m^2, rue de Cléry, au cœur du Silicon Sentier, cette adresse dont il était si fier. Koobuy a intégré ses nouveaux locaux il y a tout juste 6 mois. Kluger s'est vite rendu compte qu'il avait vu trop grand, que les bureaux resteraient à moitié vides, mais la société n'a pas eu le temps de déménager de nouveau. Et voilà qu'aujourd'hui, Kluger annonce qu'il faut fermer les portes. Dans le monde des *dotcoms*, tout va toujours très vite. Y compris les décès. Le liquidateur judiciaire, le tribunal de commerce... Jacques Kluger a à peine le temps de réaliser ce qui lui arrive. Son dossier – il n'y a qu'une année d'exercice ! – n'est pas bien compliqué à étudier. L'affaire est expédiée avant Noël. Le nom de domaine, les bureaux, les ordinateurs. Tout a été revendu. Koobuy City n'existe plus. Jacques Kluger avait mis plusieurs centaines de milliers de francs dans l'aventure. Il a tout perdu. Lui qui, il y a 8 mois encore, était millionnaire. Mais un millionnaire virtuel...

Le mythe de la start-up est mort

Novembre 2000. Dans les magnifiques locaux de Spray, dans le Sentier, l'ambiance n'est plus du tout *funky*. Les dirigeants de Spray, Lycos et Multimania ont convoqué tout le personnel pour leur expliquer la situation. Dure tâche ! En septembre 2000, Spray a en effet été racheté par Lycos. Qui lui-même met quelques semaines plus tard la main sur le Multimania de Michel Meyer. Il va falloir donc fusionner quatre entités. Les salariés de Spray se demandent bien quelle va être leur place dans le nouvel organigramme. Johan Ihrfelt, le PDG de Spray, commence sa présentation. Avec ses baskets, le jeune homme a l'air toujours aussi *cool*, mais son regard est fuyant. Sur l'estrade, il montre un schéma de l'Europe avec toutes les marques Lycos, Spray, Multimania et Caramail. Avant fusion. Puis après fusion. Abasourdis, les salariés de Spray se rendent compte qu'ils ne sont plus sur la carte. Personne ne leur avait dit qu'ils seraient sacrifiés dans la fusion. Tout le monde va devoir déménager. Alors que les travaux dans le sauna, ce mythique sauna, venaient tout juste de s'achever ! La marque Spray, sur laquelle toute l'équipe a travaillé d'arrache-pied, va disparaître purement et simplement. Et il n'y a aucune garantie quant à l'avenir de leurs postes. Après la réunion, Johan Ihrfelt qui, au passage, a empoché un joli pactole lors de la fusion, file à l'anglaise, sans même un mot de remerciement pour son équipe. Pas très *funky*...

Cela faisait un petit moment que, chez Spray, on s'était rendu compte que l'entreprise idéale n'existait pas. Les belles théories du *funky management* ont fait long feu. L'organisation spaghetti, dont se vantait tant la société, s'est révélée être un fiasco. Dans les faits, plus personne n'était responsable de quoi que ce soit. Les nouvelles recrues étaient perdues. Sans contraintes horaires, certains se laissaient aller, prenaient du retard dans leur travail. Au détriment de leurs collègues. L'ambiance a dégénéré. Les rapports très affectifs qui se sont noués entre les salariés ont exacerbé les jalousies, les disputes. Jadis fédératrices, les fameuses soirées au Queen sont devenues sources de rancœurs : la société avait trop grandi et il était désormais impossible d'inviter tout le monde. Les splendides locaux, objet de tant de fierté, sont vite devenus insupportables. Pour favoriser la transparence, la circulation de l'information, Spray avait banni les portes et les cloisons aveugles, pour y substituer des panneaux de verre. Bref, c'était impossible de parler salaires, augmentations, d'engueuler quelqu'un sans causer de drame. Dans la salle de réunion, là où se négociaient les *deals*, on avait une vue plongeante sur la salle de gym, ce qui pouvait être parfois embarrassant ! Le patron de Spray France a d'ailleurs démissionné à la fin de l'été. Ce Sciences-Po, un haut fonctionnaire qui avait travaillé à la direction du Plan, avait pourtant été longtemps séduit par le management Spray. Mais il a eu du mal à se faire au « cyber-communisme suédois ». Et il a préféré jeter l'éponge.

Bref, en cette fin d'année 2000, les salariés de Spray sont laissés à eux-mêmes et à leurs angoisses. Comme dans toutes les start-up, il n'y a bien entendu pas de comité d'entreprise, pas de délégué syndical, pas de représentant du personnel. Et pas de DRH non plus. C'est la responsable de la presse qui, provisoirement, a dû s'improviser spécialiste des Ressources humaines pour limiter les dégâts ! Et quand, à la suite de la réunion d'information de novembre, les employés apprennent que Spray va disparaître de la carte, personne ne réagit. Un jeune salarié propose de faire grève, mais on le prie vite de réfréner ses ardeurs. Beaucoup espèrent en secret se recaser chez Lycos ou Multimania. Ils ont peur. L'ambiance est délétère. Les rumeurs de licenciements empoisonnent l'atmosphère, les coups bas se succèdent. Divisée, l'équipe ne peut même pas imaginer une action collective. Bien entendu, il n'y aura pas de grève. Même pas de négociations pour ouvrir un plan social. La direction a toute latitude d'agir comme bon lui semble. Elle se contente de jouer le pourrissement. Et ce n'est pas très joli. Certains employés sont virés, une demi-heure avant la fin de leur période d'essai. On met face à face deux salariés en doublons sur un même poste en attendant que le plus fort gagne. Et au bout de quelques mois de guerre psychologique, la trentaine de salariés de Spray craque. Et part petit à petit, poussée à la démission. Sans la moindre indemnité de licenciement.

Krach sans fin...

Ce 7 mars 2001, Orianne Garcia et Alexandre Roos sont à New York. Ils ont été invités à la traditionnelle conférence annuelle de la banque d'affaires Merrill Lynch, un événement qui regroupe tous les acteurs de l'industrie du Net. Orianne et Alexandre ont hâte d'écouter ce que Yahoo!, invité d'honneur de la conférence, va raconter. Yahoo! est une valeur sûre, une des rares à avoir résisté pendant l'automne dernier. La société a construit une marque mondiale. Son modèle économique, qui repose essentiellement sur la publicité, a été adopté par la grande majorité des start-up du Net. Il a fait ses preuves : la société est rentable et, à l'heure des consolidations et des fusions, reste farouchement indépendante. Bref, Yahoo!, le dernier des Mohicans, reste le phare de la nouvelle économie. La preuve vivante qu'il reste encore de la place pour les entreprises 100 % Internet.

Mais, ce 7 mars, dans l'après-midi, Merrill Lynch communique une nouvelle inquiétante : Yahoo! a décidé d'annuler son intervention à la dernière minute. Dans les heures qui suivent, les équipes de Peter Bradshaw griffonnent à toute vitesse une note alarmiste où ils s'interrogent sur les raisons de cette défection. Suspendus aux recommandations de Merrill Lynch, les autres financiers à New York paniquent. Le lendemain, à l'ouverture du Nasdaq, l'action de Yahoo! plonge. Personne n'est joignable au siège de Yahoo! : là-bas, en Californie, le jour ne s'est pas encore levé. Dans leur chambre d'hôtel, Orianne et Alexandre sont suspendus aux flashs infos de CNN. Il y a un an, quasiment jour pour jour, ils étaient tous les deux en Égypte. Le Nasdaq atteignait son plus haut niveau historique. Puis il y avait eu le premier e-krach. L'explosion de la bulle Internet. Orianne et Alexandre ne s'étaient vraiment pas fait de souci. Mais aujourd'hui, ils ont l'impression de vivre leur premier vrai krach. Car si même Yahoo!, star d'entre les stars, est massacrée...

Pour un massacre, c'en est un. Yahoo! a annulé son intervention pour un motif sérieux. La société doit annoncer un *profit warning*. Et s'il y a quelque chose que les analystes détestent, ce sont les *profit warnings*, cette mise en garde des sociétés cotées pour avertir le marché qu'elles ne tiendront finalement pas leurs objectifs annoncés. Un *profit warning*, c'est une trahison, dans le langage des marchés. Et Yahoo!, l'enfant chéri du Nasdaq, a trahi. Rompant avec toutes ses habitudes, la société a réalisé sur le premier trimestre un chiffre d'affaires de 30 % inférieur aux prévisions. Pire encore, elle avoue qu'elle n'a aucune visibilité sur les mois à venir. Avec la crise du marché publicitaire, son modèle économique – jadis encensé de toutes parts – est l'objet de toutes les critiques. Il faut bien apaiser la colère de la communauté financière, trouver une victime, un bouc émissaire. Yahoo! sacrifiera donc son PDG Tim Koogle, artisan de la fabuleuse ascension de cette société qui n'a pas 10 ans.

L'e-krach de l'an dernier n'était qu'une répétition. En 2001, les marchés s'acharnent sur ce qui reste de la nouvelle économie. Ce sont maintenant les *blue chips*, réputées insubmersibles, qui sont dans la ligne de mire. Yahoo! mais aussi Cisco, l'invincible Cisco, le plombier du Net, qui fabrique tous les équipements qui font marcher le réseau. Aux Etats-Unis, les plans de licenciements se succèdent. L'indice de confiance des ménages dégringole, le taux de chômage grimpe et surtout, après des mois et des mois de prospérité ininterrompue, le taux de croissance du PNB stagne au premier trimestre 2001. Alan Greenspan, le tout-puissant directeur de la FED, la Federal Reserve Bank, l'homme qui commandait les marchés d'un froncement de sourcil, même lui ne semble plus savoir à quel saint se vouer. Depuis le début de l'année, il multiplie les baisses de taux d'intérêt, provoquant passagèrement un bref sursaut du Nasdaq. En vain. La bête semble bien condamnée. 3 500, 3 000, 2 500... La dégringolade de l'indice Nasdaq ne veut plus s'arrêter. Les économistes ne s'interrogent plus pour savoir si oui ou non il y aura récession. Ils se demandent juste combien de temps celle-ci va durer...

Orianne et Alexandre voudraient se rassurer. Après tout, la folie Internet n'a duré que quelques mois en Europe. Le Vieux Continent devrait être épargné par la tempête qui secoue les Etats-Unis. Pourtant, de retour en France, les nouvelles ne sont pas meilleures. Déjà, la rentrée 2000 avait été plutôt morose, avec une vingtaine de faillites de start-up, mais ce n'était qu'un avant-goût de la débâcle de 2001. Sur le premier semestre, 360 millions d'euros (2,3 milliards de francs) ont été injectés dans des start-up, soit deux fois moins que sur la même période l'année dernière. Et le plus inquiétant est que les investisseurs se replient sur des start-up déjà établies. Et laissent mourir dans l'œuf les jeunes entreprises. Le rythme des faillites s'est accéléré. Le journal du Net qui, depuis avril, a ouvert un compteur des start-up en déroute en a recensé 70, pour le premier semestre 2001. Certains bastions du Net sont tombés. Comme Canalweb, la start-up de télévision interactive poussée au dépôt de bilan. Même les grands groupes souffrent. Jean-Marie Messier et Bernard Arnault ne s'en sortent pas mieux. Et les ex-valeurs sûres de la *high tech*, comme France Télécom et Alcatel, commencent elles aussi à souffrir le martyre en Bourse.

Orianne et Alexandre sont aujourd'hui empêtrés dans le grand remue-ménage d'une fusion. Ils essaient tout simplement de sauver leur peau. Quand le portail suédois Spray a racheté Caramail en février 2000, tout s'était pourtant bien passé. Orianne et Alexandre avaient obtenu de solides garanties d'autonomie. Tous les deux avaient pu continuer à diriger Caramail comme bon leur semblait. Puis Spray a été racheté par Lycos en septembre. Orianne ne s'inquiétait toujours pas trop. L'important était de ménager leur bébé Caramail. Elle s'entendait bien avec Marie-Christine Levet, la patronne de Lycos. Elle pensait donc pouvoir ménager une cohabitation sans trop de douleurs. Mais la situation s'est sérieusement compliquée quand Lycos a mis la main sur Multimania en décembre. Le genre de grande manœuvre qui ne va pas sans dommages collatéraux. Michel Meyer, le PDG de Multimania, a pris les rênes de l'ensemble en France. Très vite, il s'est révélé moins coopératif que Marie-Christine Levet. La logique de la fusion voudrait que Caramail soit engloutie dans cette nouvelle entité. Orianne et Alexandre devraient donc être soumis aux ordres de Michel Meyer, leur ancien rival. Et cela, les fondateurs de Caramail ne peuvent pas le supporter.

Restructurator

Michel Meyer est fatigué. Il vient de déballer ses cartons et de s'installer dans son nouveau bureau. En ce mois de mars 2001, Multimania a fini de déménager et de quitter les bureaux historiques de la rue de Paradis, remplis de souvenirs, pour cet immeuble sans âme, aux enfilades de couloirs tristounets, cité Voltaire, au fin fond du XIe arrondissement. Dans quelque temps, pour diminuer les coûts, les équipes de Lycos France, celles de Spray, puis celles de Caramail, doivent venir s'installer ici. Enfin, devraient... Car l'heure de la rationalisation, à la mode Yahoo! a sonné.

Il y a un an, tout était plus simple. Il y a eu le *road show*, puis l'euphorie du premier jour de l'introduction en Bourse, où l'action avait crevé les plafonds. Multimania était une équipe soudée, les salariés se voyaient déjà tous millionnaires, Michel gérait l'entreprise comme bon lui semblait. Aujourd'hui, l'ambiance a bien changé. En décembre, Michel Meyer, qui pourtant prônait l'indépendance, a vendu Multimania à Lycos France pour 222 millions d'euros. Un prix plutôt décevant. Multimania a en effet été bradé au prix de 24 euros l'action, soit 12 euros de moins qu'à l'introduction en Bourse. Mais tant pis. Au fond de lui, Michel est soulagé. Finie la pression quotidienne du marché, qu'il supportait de moins en moins. Finies les angoisses devant son écran, lorsque, branché sur Boursorama, il assistait, impuissant, à la dégringolade du cours. En échange de cette tranquillité d'esprit, Michel a dû cependant faire quelques sacrifices. En contact quotidien avec les équipes de Lycos Europe, à Gütersloh, en Allemagne, il ne parle désormais plus que de *reporting*, de restructuration, d'organigramme. Dans le jeu délicat de la fusion, Michel Meyer a dû faire comme tous les dirigeants dans une grosse entreprise. Manœuvrer, esquiver, attaquer de biais. Faire de la politique. Le sympathique Michel, avec sa bonne bouille rondouillarde, sa tignasse rousse ébouriffée, s'est endurci et est devenu un tueur.

Le jeune homme a déjà gagné le premier bras de fer. Avalé par Lycos, Multimania aurait pu disparaître. Mais c'est lui, et non la patronne de Lycos France, qui a été nommé numéro 2 de Lycos Europe. Bref, en France, c'est Michel qui dessine le nouvel organigramme. Son problème s'appelle Caramail. Orianne et Alexandre ont grandi à quelques kilomètres de son village d'enfance, en Alsace, ils ont débuté au même moment que Multimania, ont connu les mêmes galères, font partie du même petit cercle des pionniers du Net. Mais aujourd'hui, il n'y a plus de solidarité qui vaille. Michel doit mettre au pas les équipes de Caramail. Il sait qu'Orianne et Alexandre, malgré leurs airs je-m'en-foutistes, ne sont pas du genre à se laisser marcher sur les pieds. Caramail n'en a toujours fait qu'à sa tête. Malgré la fusion avec Spray, Orianne et Alexandre ont en effet continué à travailler tout seuls. Aujourd'hui, ils persistent à vouloir rester indépendants. Refusant même de déménager dans l'immeuble cité Voltaire. Ces deux-là sont incontrôlables. Ils ne se gênent pas pour le court-circuiter et être en contact direct avec la direction de Lycos Europe en Allemagne. Et ils ont remporté une première bataille. En juin 2001, Michel a dû s'avouer vaincu. Il a annoncé devant la presse que, pour l'instant, Caramail resterait indépendant. Et ne déménagerait donc pas cité Voltaire.

Mais s'il n'y avait que Caramail ! Avec ses 200 salariés, Michel Meyer a dû apprendre tant bien que mal à jouer les équilibristes. Fusionner deux entreprises est déjà un exercice de haute voltige. Mais quatre ! Tout seul, Multimania avait réussi à préserver un certain esprit, malgré la croissance. Aujourd'hui, l'ambiance dans la nouvelle entité est exécrable. Personne ne sait encore qui fait quoi, les anciens salariés de Multimania, de Lycos et de Spray se regardent en chiens de faïence. La situation risque d'empirer. Les directives du siège ont été claires. Il faut faire des économies. En juillet, le communiqué de presse tombe. Lycos France supprime 20 à 40 postes, soit 10 % de l'effectif. Mais Michel sait que cela ne va pas être suffisant. En septembre 2001, Lycos Europe annonce un plan de restructuration qui va mettre sur la paille environ 300 personnes. La France va donc certainement payer un écot très lourd. Bref, Michel sait qu'il va encore devoir se salir les mains : c'est cela maintenant, son rôle de PDG. Seule consolation : il a réussi à être le seul capitaine du navire. Marie-Christine Levet, l'ancienne patronne de Lycos, a préféré jeter l'éponge et démissionner. Un souci en moins. Reste à régler le cas Caramail. Pour l'instant, Orianne et Alexandre ont réussi à plaider leur cause auprès du PDG de Lycos Europe. Du coup, Caramail n'a pas été touché par la première vague des licenciements de juillet. Mais leur immunité ne pourra pas durer éternellement. Michel trouve que la situation actuelle, avec un Caramail indépendant, dans son joli bureau, un loft dans le VIIe arrondissement, est tout simplement contre-productive. Lycos doit faire des économies. Il ne donne pas un an à Orianne et à Alexandre.

Mais le 8 janvier 2002, coup de théâtre ! Michel Meyer est sonné. Ce matin, il a appris au conseil d'administration qu'il venait d'être viré. Il doit partir sur-le-champ. C'est un putsch. Alexandre Roos et Orianne ont gagné la partie. Ce sont eux qui prendront sa place. Après avoir été *funky* quand il le fallait, le duo polymorphe de Caramail a décidément merveilleusement su s'adapter à son nouvel environnement. Dans ce jeu de dupes, Michel, l'apprenti tueur, n'a rien vu venir. Et il a trouvé plus fin que lui. Le rebondissement est d'une ironie cruelle. Tel l'arroseur arrosé, Michel se retrouve sacrifié sur l'autel d'une restructuration qu'il avait pourtant décidé de mettre en place lui-même. Tandis qu'Alexandre et Orianne, qui, eux, avaient toujours fait bande à part, refusant de jouer le jeu de la fusion, réussissent à tirer leur épingle du jeu. Dans la place encore chaude de Michel Meyer, les deux souriants tourtereaux de Caramail, à qui on donnerait le bon Dieu sans confession, sont aujourd'hui chargés de continuer le boulot de leur prédécesseur. Bref de mettre en place tout ce qu'ils avaient combattu un an auparavant ! Ils sont contents. Ils n'auront pas à déménager cité Voltaire. Le nouveau Lycos France, sous la houlette cette fois du couple de Caramail, est une fois de plus à la recherche de nouveaux bureaux...

Jouy-en-Josas, le retour

Dans ce climat délétère, l'association Starting-Blocks lance malgré tout, le 5 avril 2001, la seconde édition de son forum réservé aux start-up de la nouvelle économie. Mais en un an le décor a radicalement changé. Finis les stands assaillis d'étudiants et les bals de *business plans*. Les start-up ont été presque deux fois moins nombreuses à faire le déplacement. Et pour cause. L'heure n'est plus à l'embauche, mais au dégraissage. Les couloirs sont vides. Les étudiants snobent le forum. Voici revenus les temps de l'indifférence et du mépris. Ils n'ont même pas pris la peine de se déplacer pour prendre le pouls du malade, s'inquiéter de l'état de gravité de la situation. Hier il fallait parler Net économie, aujourd'hui mieux vaut éviter le sujet. Eh bien n'en parlons plus. Opportuniste, l'étudiant d'HEC est aussi très discipliné. Il va là où la lumière brille. Fidèle à sa religion, Loïc Le Meur, lui, a fait le déplacement. Coûte que coûte. Mais au lieu du prestigieux amphi Blondeau, il parlera dans une minable salle de cours devant 30 irréductibles accros du Web. Plus personne ne rêve de grand surf sur le Web, de création d'entreprise, de dollars et d'IPO. Au bureau de la Junior Entreprise d'HEC, association qui traditionnellement regroupe quelques entrepreneurs en herbe, pas un seul étudiant ne souhaite partir faire son stage de deuxième année dans une start-up. C'est le retour des indécrottables valeurs sûres du capitalisme français : Michelin, LVMH, BNP Paribas, Air Liquide, SNCF... Mais où est donc passée cette nouvelle génération d'entrepreneurs ? Où sont les *business plans* de demain ? Le mythique *first tuesday*, petite dînette médiatique de la création d'entreprise, continue tant bien que mal sa petite vie, mais dans un triste anonymat. Comme si la France avait été victime d'une hallucination collective.

Le Petit Prince craque

Ce jour de mai 2001, Nicolas Gaume, le Petit Prince de la nouvelle économie française, est à bout. S'il était seul, au volant de son Audi A4 toute neuve, qu'il a fini par acheter pour remplacer sa vieille GS pourrie, il se laisserait aller à quelques larmes. Juste pour évacuer cette épouvantable pression. Depuis le mois de janvier Kalisto est au bord de la faillite. Et comme si cela ne suffisait pas, Nicolas Gaume, le grand séducteur, a décidé de se marier au mois de juillet avec Sophie. Sauver une entreprise, organiser un mariage ça fait beaucoup pour un seul homme. Alors forcément depuis quelques semaines, les nuits sont courtes. Nicolas dort cinq heures par nuit, commence ses journées à 8 heures et les termine à 3 heures du matin, quand les bureaux ferment sur la côte Est des Etats-Unis. Ce soir il doit dîner avec un journaliste [1]. Lui raconter une nouvelle fois son histoire, lui dire que, quoi qu'en disent les analystes financiers et la presse économique, Kalisto n'est pas mort. Que son entreprise traverse juste un passage à vide. Que cela ira mieux demain. Il a déjà plus d'une heure de retard sur le rendez-vous mais il doit impérativement passer chez ses parents déposer ses premiers faire-part de mariage. « C'est sur le chemin, ce ne sera pas long », s'excuse-t-il. Son téléphone portable sonne. C'est Sophie. Ça ne va pas. Un coup de cafard, une mauvaise journée. Elle craque. Elle est en pleurs à l'autre bout du fil. Ce n'est ni le jour ni le moment. Avec ce maudit journaliste à ses côtés. Il aimerait pourtant lui dire des mots tendres, qu'il pense à elle et que tout va bien se passer. Il raccroche en lui promettant de la rappeler le plus vite possible. Devant ses parents, Nicolas ne laisse rien transparaître. Comme si tout était sous son contrôle, comme d'habitude. Tout excité, son père lui dit qu'il vient de terminer le site Web du mariage. Nicolas répond qu'il est pressé, qu'il a un invité. Depuis deux mois, Nicolas a appris à tout mélanger en une seule journée, vie publique et vie privée, Kalisto et son mariage, Sophie et les journalistes. Et puis il y a des jours, comme ce soir, où trop c'est trop. Avec cette impression qu'il pourrait tout perdre à force de tout vouloir sauver, que l'effondrement de Kalisto pourrait même ensevelir son mariage. Nicolas ne veut pas envisager la perspective d'un mariage organisé sur les ruines de son entreprise. Dans son esprit, il n'y a pas d'alternative possible. C'est le mariage et Kalisto. Et si possible le sauvetage de l'entreprise avant le mariage afin d'éviter de sacrifier son voyage de noces.

---

1. En l'occurrence un des deux auteurs.

Le calvaire de Nicolas dure depuis deux mois. Le 12 mars 2001, les clients et les salariés de Kalisto découvrent, atterrés, l'ampleur de la catastrophe. Un simple communiqué de presse annonce que le chiffre d'affaires de la société de jeux vidéo a atteint 19 millions de francs sur l'année 2000, contre 170 millions prévus il y a encore quatre mois. Sa trésorerie doit permettre à la société de tenir vaille que vaille jusqu'au mois de juin. Mais pas plus longtemps. La veille, Nicolas a réuni son conseil d'administration où siègent entre autres Emmanuel Chain, le présentateur producteur de l'émission Capital de M6, et Franck Riboud, le patron de Danone. Les administrateurs sont tombés de haut. Se tromper de quelques millions de francs dans ses prévisions, d'accord. Mais un trou de 150 millions de francs c'est du jamais vu... Nicolas se fera copieusement enguirlander par ses aînés. Pour la communauté financière il n'y plus de doute possible : Kalisto est au bord de la faillite. Après avoir flirté avec les 30 euros en mars 2000, le cours de la société bordelaise a plongé en dessous des 4 euros, avant que la COB décide finalement de suspendre la cotation du titre. L'humiliation suprême : le Petit Prince de la nouvelle économie, la centième introduction du Nouveau Marché, se fait rayer de la cote de la Bourse de Paris. Dès le 13 mars au soir, à Bordeaux, Nicolas Gaume réunit l'ensemble des salariés de Kalisto. Debout ou assis par terre, entassés les uns contre les autres, tous sont là, réunis dans le grand hall, à écouter Nicolas, pour tenter de comprendre cette déchéance foudroyante. Pourquoi si vite, pourquoi si brutalement ? Après tout, Kalisto n'est pas une de ces start-up virtuelles qui n'a existé qu'au travers des campagnes de publicité. Avec ses 300 salariés, c'est une vraie entreprise qui réalise un vrai chiffre d'affaires, exporte à travers le monde et gagne de l'argent. Tout le contraire d'un Boo. Nicolas ne tourne pas autour du pot et raconte sa vérité. Tant pis si elle va écorner sa jeune image de patron. Il explique qu'il a cru jusqu'au bout que France Télécom, avec qui il était en négociation depuis six mois, finirait par signer un contrat de plusieurs centaines de millions de francs pour la vente d'un jeu en ligne sur Internet. Mais France Télécom s'est rétracté au dernier moment. « J'ai été trop naïf dans cette histoire », confesse-t-il à ses salariés. Sans compter que Kalisto n'a pas réussi à vendre aucun de ses sept jeux en développement, pour compenser cette perte. « Je tiens à vous prévenir qu'on va s'en prendre plein la tête. On va avoir des articles assassins dans la presse et on va me faire payer le fait d'avoir été médiatique », soupire Nicolas. Mais il se reprend. Et repart dans un long discours pour rassurer les nouveaux embauchés : « Il ne faut pas douter de la survie de Kalisto et continuer à bosser », assure-t-il plus volontaire que jamais. Les anciens, ceux qui ont accompagné Nicolas depuis ses tout débuts à l'allée de Tourny, ne pipent mot. Généralement, les grands *speeches* mobilisateurs de Nicolas les énervent. Ils l'ont souvent dit à Nicolas dans leur franglais habituel : « Arrête de faire ton *winner* avec tes *speeches* de manager. » Mais cette soirée du 13 mars, tout le monde fait bloc derrière Nicolas, le copain de toujours.

De toute façon, Nicolas Gaume n'a jamais été très à l'aise dans son costume de PDG. Pour les salariés de Kalisto, il est d'abord ce grand frère attentif, qui, en voyage d'affaires, n'oubliait jamais de ramener dans ses valises des babioles locales pour les futurs cadeaux d'anniversaire. Nicolas a pourtant bien essayé de prendre progressivement ses distances, de jouer au patron. Comme ce jour où il s'est décidé à organiser une séance de 360°. Une des dernières techniques d'évaluation à la mode. Le petit jeu consiste à ce que les principaux collaborateurs fassent un tour de table pour dire ce qu'ils pensent de leur patron, les yeux dans les yeux. Ils étaient 15 autour de la table, des chefs de projet et des directeurs. Le sentimental Nicolas n'a pas supporté. Il est sorti en pleurs de la salle, blessé par les mots de ses salariés copains.

Ce 13 mars, Nicolas est seul à assumer. Ce soir, il aimerait dire à ses amis de Kalisto qu'il est en train de vivre les moments les plus pénibles de sa vie, des heures qui lui rappellent ce jour de juillet 1989 où il a appris qu'il était collé à tous les concours d'entrée des écoles de commerce. Mais il sait que lui, le patron, ne peut plus se permettre ce genre d'épanchements. Depuis la mort de Pierre Delaveyne en 1998, Nicolas est seul à la barre. Seul à pouvoir rassurer ses salariés. Nicolas n'a jamais pu remplacer Pierre Delaveyne. Ce soir, malgré sa bourde, il doit leur donner l'impression qu'il a la situation en main, que Kalisto ne craint rien. Il aurait pourtant tant aimé avoir son mentor à ses côtés, lui confier ses doutes, ses angoisses. Pierre aurait certainement trouvé les mots pour redonner confiance à la famille Kalisto. Et tandis que Nicolas se dépense et refait le film de la catastrophe, les plus anciens de la maison ne peuvent s'empêcher de se poser la question : si Pierre Delaveyne avait été là ? Son expérience aurait certainement joué. Il aurait conseillé à Nicolas de ne pas tout miser sur cet hypothétique contrat de France Télécom. Il aurait évité à l'entreprise cette embardée presque mortelle.

Nicolas et Pierre ont formé tous deux, avec leurs 45 ans d'écart, un couple aussi improbable qu'efficace. Retraité, après avoir fait sa carrière au Crédit Lyonnais, Pierre Delaveyne était là dès les tout débuts de l'aventure Kalisto. Toujours avenant et impeccable, Monsieur Pierre, comme il aimait se faire appeler, s'occupait de la gestion administrative et financière de l'entreprise. Les jeux vidéo, le vieux monsieur n'y comprenait évidemment rien. Ni au hard rock et aux blagues de potaches de la bande d'adolescents. Au début cette présence, en costume cravate vieille France, au milieu des canettes de bière et des posters de femmes nues faisait un peu désordre. Mais tout le monde s'y est fait. Monsieur Pierre recevait la petite bande de Kalisto chez lui, dans sa grande maison bourgeoise bordelaise, autour d'une tasse de thé lorsqu'ils avaient un problème personnel ou professionnel à régler. Il était à la fois Père fouettard et confident. Il alternait les rôles à merveille. Monsieur Pierre était la caution professionnelle de la tribu. Celui en qui tout le monde avait confiance. Celui sans qui rien ne serait vraiment possible. Avec lui, Kalisto avait son vaccin contre le jeunisme arrogant et immature. C'était sa marque de fabrique. Ce qui la distinguait de celle de tous ses confrères startuppeurs, persuadés, eux, qu'ils pouvaient se passer de l'expérience de leurs aînés.

Dans le climat de désolation ambiante, le Petit Prince de la nouvelle économie aurait bien besoin des cheveux gris de Pierre Delaveyne pour faire bonne figure devant les investisseurs. Ces derniers en effet ont retourné leur veste. Ils ne jurent plus que par la rigueur, le contrôle de gestion et la réduction des coûts. Ils prônent maintenant le retour de quinquas solides et expérimentés, capables de se charger du sale boulot. Bref, après avoir été adulés, Nicolas et autres post adolescents startuppeurs ne sont plus en odeur de sainteté. Alors que se prépare une très difficile négociation avec ses banquiers, Nicolas sait qu'il est maintenant tout seul à porter sa croix.

Le 7 juillet, dans le restaurant de ses parents, au pied de la dune du Pyla, au bord du bassin d'Arcachon, le mariage de Nicolas et Sophie bat son plein. Le Tout-Bordeaux est là, coupe de champagne à la main, à célébrer les noces du Petit Prince de la nouvelle économie française. Quelques semaines auparavant, Nicolas Gaume a réussi à faire entrer

La revanche des crevards

dans le capital de Kalisto un fonds d'investissement américain. De quoi tenir encore un peu de temps. Alité, comme sous perfusion, Kalisto a dû se résoudre à un plan social prévoyant le licenciement de 50 personnes. Un crève-cœur pour Nicolas, qui avait toujours dit qu'il ne toucherait pas à un cheveu de ses salariés. Après l'arrêt des contrats en CDD décidé au début de l'année, c'est pourtant une petite centaine de collaborateurs qui vont quitter l'entreprise. Une saignée. Qui ne permet pourtant pas de retrouver les grâces du marché. Kalisto est toujours debout, mais endetté jusqu'au cou. L'entreprise n'a toujours pas le droit de se faire coter en Bourse puisque la COB la considère encore trop fragile. Nicolas est meurtri mais continue de se battre. Il ne pourra pas éviter la catastrophe. Le 8 février 2002, Kalisto doit se résoudre à déposer son bilan. Celui qu'on surnommait du temps de sa splendeur « l'homme qui valait trois milliards », ne pèse aujourd'hui plus rien.

CHAPITRE 12

La braderie de M. Arnault

Grosse colère

« Je pense tout simplement que vous êtes des incompétents. » Bernard Arnault n'a pas élevé le ton. Mais sa voix est glacée, tranchante, sans appel. En cet après-midi de mai 2000, dans le bureau du PDG de LVMH, l'air est électrique. On pourrait entendre une mouche voler. La petite équipe spécialisée dans les nouvelles technologies du Crédit Suisse First Boston a demandé de voir Arnault d'urgence au sujet de l'introduction en Bourse d'Europ@web, prévue pour dans quelques semaines. Elle vient d'annoncer à son client, qui tient à cette IPO comme à la prunelle de ses yeux, qu'il valait mieux laisser tomber. Bernard Arnault a gardé son calme. Il n'est pas du genre à s'emporter. Visage crispé, regard bleu devenu acier. La colère d'Arnault est une colère froide, implacable. Et face à lui, le *tech group* du CSFB n'en mène pas large.

Avant de se résoudre à cette extrémité, les financiers du CSFB ont retourné le problème en tous sens. Discuté des heures et des heures. Pour chaque fois en revenir à la même conclusion. Mieux vaut jeter l'éponge. Cela fait trois mois qu'ils travaillent sur cette IPO. Mais depuis mars, les conditions de marché ont empiré. Les incubateurs comme CMGI ou Idealab avaient servi de référence pour déterminer la valorisation d'Europ@web. Mais ces stars américaines n'ont cessé de dégringoler. Au fil des semaines, les doutes des banquiers du CSFB ont grandi. Aujourd'hui, on est arrivé à la dernière ligne droite. La semaine prochaine, le *road show* doit commencer. Mais au CSFB, on sait que cette IPO court à la catastrophe. Il faut aller voir Bernard Arnault pour lui dire de tout arrêter.

Le lundi matin, Pierre Louette, l'un des plus proches collaborateurs de Charam Becharat, directeur d'Europ@web, est à Roissy. Il part justement pour le *road show* à Londres. Il est au comptoir d'enregistrement lorsque son portable sonne. C'est Charam. Sa voix est blanche. « On annule tout. » Bernard Arnault vient tout juste de le prévenir de sa décision. A l'autre bout du fil, Pierre est sous le choc. Depuis le début de l'année 2000, les équipes d'Europ@web ne vivent que pour cette IPO qu'ils ont préparée en un temps record. La charge de travail a été démentielle. Ces deux dernières semaines, ils ont multiplié les répétitions avant le coup d'envoi du *road show*. Charam a même fait une présentation devant les forces de vente du CSFB. Pierre a travaillé nuit et jour pour monter toute la communication financière. Des doubles pages entières de publicité ont été achetées dans les journaux, des *Echos* à *Investir*. Les médias suivent avec une attention obsessionnelle tous les faits et gestes d'Europ@web. Ils ont amplement commenté le retard qu'a pris l'IPO. Mais là, avec cette annulation pure et simple ! Il faut s'attendre à un massacre.

C'est peut-être cela qui horripile le plus Bernard Arnault. Depuis quelques mois, le PDG de LVMH multiplie les revers. Il a été attaqué par François Pinault qui lui a soufflé le contrôle de Gucci. Et maintenant voilà que ses incursions dans le Net se retournent contre lui. Arnault se sent injustement vilipendé. Il a pris des risques, s'est aventuré dans cette terra incognita de la nouvelle économie. Il a savouré les louanges des médias qui le sacraient déjà comme nouvel empereur du Net. Aujourd'hui, les éloges se sont transformés en sarcasmes. Et cela, le PDG de LVMH ne le supporte pas. Tout a commencé avec cette histoire Boo. Arnault avait 8 % du capital de cette start-up aux côtés d'autres investisseurs comme Benetton. Boo, le chouchou des *fashion victims*, faisait bonne figure dans le portefeuille du magnat du luxe, c'était l'équivalent Internet des Dior et autres Vuitton. Boo a fait n'importe quoi, dépensé n'importe comment. Dans cette histoire, Bernard Arnault qui a tout de même perdu 12 millions de dollars s'est retrouvé dans la posture embarrassante de dindon de la farce. Mais s'il n'y avait que Boo ! Zebank, le projet si chic de banque 100 % Internet, est lui aussi en train de se retourner contre Arnault. Là encore, c'est un désastre en matière de communication. Le suspense et le mystère autour de ce projet ultrasecret avaient été soigneusement alimentés. Trop, certainement. Le site s'est empêtré dans les ennuis techniques. Des pirates se sont amusés à rentrer par effraction sur les comptes de Zebank, à la grande joie des médias. Le lancement a déjà été reporté à plusieurs reprises. Le grandiose projet Zebank au budget colossal de 82 millions d'euros (550 millions de francs) est aujourd'hui l'objet des railleries du Tout-Paris. Michel Pébereau, patron de BNP Paribas, se délecte à parler de « Zeretard ». Du côté de François Pinault, on a rebaptisé Zebank « Zebranque ». Bernard Arnault comptait beaucoup sur l'introduction en Bourse d'Europ@web pour valoriser ses investissements et transférer une part du risque aux petits actionnaires. Et il espérait surtout redorer son blason et clouer le bec aux mauvaises langues. Arnault avait calculé et recalculé la valeur de son joujou. Pas décontenancé par l'e-krach, il n'attendait pas moins de 3,3 milliards d'euros ! Et voilà qu'aujourd'hui, tout s'écroule. Pour de vulgaires aléas de marché. Le PDG de LVMH ne supporte pas d'être ainsi à la merci d'éléments qu'il ne contrôle pas. Et ce camouflet public l'anéantit. Il est humilié.

Le PDG de LVMH a horreur de perdre. C'est comme lorsqu'il joue une partie au tennis. Mauvais joueur, il ne supporte pas la défaite. Aujourd'hui, c'est la même chose. Arnault ne peut pas se résigner. Il lui faut absolument trouver un bouc émissaire. La presse d'abord. Il attaque un journal économique coupable d'avoir critiqué sa stratégie Internet. Puis s'en prend à l'hebdomadaire *Le Nouvel Observateur*, qui, suite à l'article « Arnault bogue dans le Net [1] », se voit supprimer le budget publicité de LVMH du jour au lendemain. Messager de la mauvaise nouvelle, le CSFB n'est pas épargné. Pendant un moment, Bernard Arnault imagine même intenter un procès à la banque d'affaires. Dans les coups durs, c'est souvent auprès d'une batterie d'avocats que le PDG de LVMH soulage sa colère. Finalement, il n'engagera aucune poursuite à l'encontre du CSFB. Bernard Arnault sait au fond de lui qu'il n'a pas grand-chose à reprocher à la banque d'affaires. Il a en revanche compris qu'il lui fallait sortir de ce guêpier Europ@web, d'une manière ou d'une autre.

La fin du rêve

L'ambiance a bien changé au siège d'Europ@web. Il n'est plus question d'introduction en Bourse. En cette fin d'été 2000, les portes sont fermées, on chuchote dans les

---

[1]. « Arnault bogue dans le Net », *Le Nouvel Observateur*, 28 septembre-4 octobre 2000.

couloirs. On ne voit plus de horde de trentenaires, la chemise sortie, courir d'un bureau à l'autre, portable et *business plan* en main. Et cela fait bien longtemps qu'on n'a plus croisé Charam Becharat dans les couloirs. Officiellement, Charam est toujours aux commandes, mais, dans les faits, il est sur la touche. En mai 2000, Bernard Giroud, ancien PDG d'Intel Europe, a été en effet nommé pour rassurer les investisseurs. Le climat général n'est plus à la flambe. On ne parle plus que de restructuration, de gestion, de consolidation. Quinquagénaire sérieux, issu du monde de l'informatique, Giroud a un profil plus « économiquement correct » que le jeune et fringant Charam dont l'image est associée aux excès de la bulle. Autre symbole de ces temps nouveaux, Philippe Jaffré, l'ancien PDG d'Elf, vient de débarquer, à la surprise générale. Avec sa figure sévère, Jaffré, surnommé Macintosh chez Elf, n'a pourtant pas l'allure d'un startuppeur. Au chômage depuis un an, il est venu proposer ses services à Bernard Arnault. Jaffré chapeaute désormais Olivier de Montety à Zebank. Et s'intéresse de plus en plus près au reste du portefeuille d'Europ@web.

Le vaste et lumineux immeuble de Boulogne a connu des jours plus réjouissants. Il y a quelques mois encore, les nouvelles recrues arrivaient tous les jours. Au plus haut, Europ@web comptait plus de 130 employés. Six fois plus qu'une société de capital-risque traditionnelle. Mais elle investissait aussi au moins six fois plus que ses concurrents ! Tandis qu'une société de capital-risque traite normalement une dizaine de dossiers par an au maximum, Europ@web a investi en 9 mois dans plus d'une cinquantaine de start-up. Plus interventionniste qu'un capital-risqueur traditionnel, Europ@web voulait de surcroît s'impliquer dans la gestion quotidienne de ces petites entreprises dont elle avait généralement pris le contrôle majoritaire. Pour rassembler tout ce petit monde, on avait donc choisi, malgré des coûts prohibitifs, cet immense immeuble de Boulogne. Europ@web avait construit une vraie galaxie de *dotcoms*. En mars 2000, un séminaire rassemblant au moins 300 personnes de toutes les sociétés du portefeuille avait été organisé. Aujourd'hui, ce sont les cartons qui défilent dans les couloirs de Boulogne. Certaines start-up ont dû licencier. Déménager pour des bureaux plus petits. Les équipes d'Europ@web sont désœuvrées. Jadis choyés en très haut lieu, les jeunes loups d'Europ@web ne sont plus en odeur de sainteté. Bernard Arnault, qui les voyait tous les vendredis matin, ne répond plus au téléphone depuis que l'introduction en Bourse a été abandonnée.

L'heure est au nettoyage. Toutes les start-up n'ont que quelques semaines pour retravailler leur *business model* : elles sont toutes soumises à un examen de passage à la fin de l'été. Pendant ces trois jours de grand oral, les jeunes entrepreneurs, anxieux, s'amassent dans les couloirs de Boulogne en serrant contre eux leurs *business plans* fraîchement remaniés. Ils ont une petite heure pour prouver aux examinateurs d'Europ@web que leur modèle tient encore la route. Au terme de l'examen, les candidats sont ensuite classés en trois groupes. Les admis, ceux qu'on garde. Les admissibles, qu'on accepte de soutenir financièrement encore un peu pour à terme les revendre. Et enfin, les recalés, ceux qui n'ont plus qu'à fermer leurs portes.

Bill Gates dans le métro

Fabrice Grinda est en larmes. En ce début septembre 2000, il a rassemblé tous les employés d'Aucland dans la salle de réunion du siège, rue Marc-Seguin dans le XVIIIe arrondissement. Il n'est plus question de discours conquérants, d'empire du Net, de PDG. Fabrice n'est plus qu'un enfant qui a cassé son jouet. Il vient d'apprendre qu'il était viré d'Aucland. Devant lui, il y a beaucoup d'amis, son copain d'enfance, son cousin, qu'il a fait venir dans sa société. Tous, ils se sont tellement amusés à jouer aux rois du monde avant le krach. Et maintenant, tout est fini. Bernard Arnault en a décidé ainsi.

Quand, en juillet 1999, Fabrice a signé avec Bernard Arnault, il lui a cédé la majorité de son capital. Heureux, il ne savait pas encore à qui il se frottait. Il était si content d'avoir réussi à lever 115 millions de francs : jamais une start-up n'avait réussi à obtenir autant ! A l'époque, le cyber-millionnaire virtuel est photographié par tous les magazines, suivi par l'émission Capital. Maladroit, d'une mégalomanie enfantine (il veut devenir milliardaire pour se lancer dans l'humanitaire et changer le monde), Fabrice est un naïf. Naïf au point de croire qu'il pourra tenir la dragée haute à Bernard Arnault. Mais sans aucune autre expérience de l'entreprise que ses études de cas chez McKinsey, le pauvre Fabrice ne pèse pas lourd face à la machine Arnault et son armée d'avocats. Le PDG de LVMH est un guerrier qui se bat à coups de procès et d'expertises juridiques. Pour Internet, il a employé les mêmes méthodes. Quand elles négocient un pacte d'actionnaires, ses équipes adoptent une stratégie redoutable. Pour attirer dans leurs filets un entrepreneur sans l'effaroucher, elles commencent par discuter d'une prise de participation minoritaire. Puis elles l'épuisent par des jours et des jours de négociations. Pour, in fine, arracher, pour le même montant investi, les quelques pour-cent fatidiques leur permettant de prendre le contrôle de la société et d'être maîtres à bord. Cela marche presque à tous les coups. A tel point que dans le Silicon Sentier, on dit que signer avec Arnault, c'est signer avec son sang. A Aucland, Fabrice a vite compris son malheur. Malgré son titre de PDG, il n'a bien entendu plus voix au chapitre. On n'a jamais raison contre son actionnaire. Et quand, au début de l'année 2000, une offre de rachat valorisant Aucland à 1 milliard de francs tombe, il doit là aussi se plier aux exigences de son nouveau maître qui refuse de vendre. Et biffer d'un trait la perspective de devenir milliardaire. L'autre gros problème de Fabrice c'est qu'il n'arrive pas à travailler dans le cadre très strict d'Europ@web. Brouillon, il a horreur de tenir les livres de comptes, oublie de signer ses contrats de travail, de faire ses déclarations d'impôts. Bravache, il a choisi de ne pas se verser de salaire pendant un an, un geste très nouvelle économie. Il n'a donc jamais d'argent sur lui : c'est son directeur financier qui lui avance, sur les fonds de la société, de quoi subvenir à ses besoins. Ceux-ci sont au demeurant limités, puisqu'il dort en général au bureau ! Les financiers d'Europ@web sont, eux, horrifiés devant ces comptes plus que flous. Fabrice a donné à ses nouveaux patrons des verges pour se faire battre. Et quand il apprend qu'on veut se débarrasser de lui, il est impuissant. Il ne reste qu'une chose à faire : appeler papa à la rescousse. Un an après sa première apparition avenue Hoche, Grinda Senior débarque à nouveau pour épauler son fiston. Pour l'aider, cette fois-ci, à négocier son départ. Une tâche autrement plus ardue. Car les Grinda ne sont plus courtisés de toutes parts. Leur marge de manœuvre est faible. Les 49 % que Fabrice détient dans Aucland ne valent plus rien : il sait qu'à terme, la société est condamnée à fermer ses portes. Pour régler le conflit, Europ@web accepte de lâcher 5 millions, soit à peine de quoi rembourser ce que Fabrice et ses investisseurs avaient misé dans Aucland. Fabrice n'obtient en revanche rien pour ses 2 ans de salaire non payés. Il va lui falloir se reconvertir. Mais où ?

Quai du métro Strasbourg-Saint-Denis, mars 2001. Fabrice Grinda est assis sur un banc, le regard dans le vide, son Walkman sur les oreilles. Difficile de reconnaître le petit génie du Net, le cyber-millionnaire qui faisait les couvertures des magazines. Malheureux hasard. Une journaliste [1] qu'il a rencontrée dans des jours plus fastes prend le métro, elle aussi. Elle le harponne.

« Fabrice Grinda ? Bonjour. Comment ça va ? Qu'est-ce que vous devenez ?

— Oh, moi ? Pas grand-chose. Il n'y a vraiment rien à dire. »

La journaliste n'en saura pas plus. Comme tous ses confrères friands de ce genre d'histoires, elle s'intéresse aux conditions de la rupture avec Bernard Arnault. Mais Fabrice Grinda ne veut pas plus prononcer ce nom que celui d'Europ@web. Il est noué de peur. Les termes de son accord sont draconiens. Comme beaucoup d'ex-employés d'Arnault, il n'a pas le droit de parler à la presse, même *off the record*. Dans ces quelques minutes entre la station Strasbourg-Saint-Denis et Miromesnil, Fabrice évite donc soigneusement le sujet. Parle de l'appartement qu'il squatte. De ses projets futurs. Et reste obstinément muet sur le passé. Fabrice est tétanisé. Comme tous ceux, qui une fois dans leur vie, ont dû se frotter à Arnault. « Terminator », comme l'avait surnommé le magazine *European*, est en effet un adversaire redoutable, un spécialiste des procès, fort d'une batterie d'avocats et d'experts juridiques en tous genres. Clause de confidentialité, contrats draconiens de droit de réserve. Le patron est rancunier et ses anciens employés savent qu'ils ont intérêt à tenir leur langue s'ils veulent éviter les ennuis. Fabrice a 26 ans. L'expérience l'a traumatisé. Cette conversation bénigne dans le métro pourrait lui porter préjudice. Il n'a plus envie d'avoir affaire à Bernard Arnault et à ses lieutenants. Ouf, Miromesnil. Sauvé. La journaliste descend là. Enfin tranquille.

---

1. En l'occurrence coauteur du présent ouvrage.

Requiem pour LibertySurf

« Escroc ! » Le mot est lâché. Ce 12 octobre 2000, Pierre Besnainou discute en direct avec ses actionnaires sur Internet. Les forums de ce type, des *chats* comme on les appelle, sont en général « modérés », c'est-à-dire censurés en cas de propos injurieux. Mais les questions fusent. Débordés, les modérateurs ne peuvent tout maîtriser. Furieux de la dégringolade de l'action LibertySurf, plusieurs actionnaires ont insulté Pierre Besnainou. « Escroc, escroc ! » Pierre encaisse le coup. Le *chat* n'est pas terminé. *The show must go on.*

Encaisser les coups. Depuis la rentrée, Pierre Besnainou ne fait que cela. La descente aux enfers de l'action LibertySurf, qui a dégringolé à 11 euros, contre 79 euros à son plus haut, il la ressent physiquement. Dès qu'il allume son ordinateur et se branche sur Boursorama, son estomac est noué d'angoisse. Chaque fois qu'il clique, il redoute de voir cette petite flèche rouge, indiquant une nouvelle baisse du cours. Il y a eu des journées plus terribles que d'autres. Celles où le titre a été réservé à la baisse à trois reprises. Ces jours-là, l'action ne pouvait être cotée faute d'acheteurs, et ce quel que soit le prix ! C'est plus fort que lui, mais Pierre Besnainou ne peut s'empêcher d'aller regarder les forums de discussion sur Boursorama consacrés à LibertySurf. Les propos, souvent violents, parfois antisémites à son égard, le laissent chancelant.

Le PDG de LibertySurf comprend ces rancœurs. Il n'a même pas été étonné quand, dans la rue, des petits porteurs l'ont harponné, furieux d'avoir perdu des milliers de francs par sa faute. A l'époque de la bulle Internet, certains financiers expliquaient carrément que les IPO n'étaient rien de plus que des hold-up boursiers. Un moyen rêvé de s'enrichir facilement en détroussant les petits actionnaires. Ce type de discours pouvait sembler cynique avant le krach. Il était prémonitoire. Car aujourd'hui le constat est sans appel. Dans cette grande folie de la nouvelle économie, les petits porteurs ont été les dindons de la farce. L'introduction de LibertySurf sur le marché du Règlement mensuel, aux côtés de toutes les valeurs sûres du CAC 40, a été la plus emblématique de l'époque. Les petits porteurs se sont précipités sur les actions LibertySurf. Derniers venus au banquet de la nouvelle économie, ils n'ont même pas eu le loisir de grignoter les restes. La plupart y ont perdu leur mise. Pierre sait qu'il a certainement fait des erreurs. Mais après tout, le parcours boursier de LibertySurf n'a pas été pire que celui de ses homologues. Alors il a l'impression d'être le bouc émissaire de la Net économie française. Comme si on lui faisait à nouveau payer le fait d'être un paria, un petit juif tunisien autodidacte, prêt à escroquer son monde pour arriver à ses fins. En gagnant la confiance de Bernard Arnault, Pierre croyait tenir sa revanche sur l'establishment. Il s'était lourdement trompé.

D'ailleurs, ses relations avec ce même Bernard Arnault ont, elles aussi, bien changé. Les rendez-vous hebdomadaires du lundi matin, cordiaux et détendus, sont désormais révolus. Bernard Arnault n'est plus l'entrepreneur enthousiaste qui se réjouissait à chaque nouveau client gagné et se passionnait pour la construction d'un second empire industriel dans le monde virtuel, cette fois. Il a rendossé ses habits d'actionnaire. Au fur et à mesure que l'action dégringole, son patrimoine, lui aussi, fond. Et Arnault déteste s'appauvrir. Alors il appelle Besnainou tous les jours pour lui demander ce qui se passe et pourquoi ce maudit cours de Bourse ne se redresse pas. Impuissant, Pierre n'a pas grand-chose à lui répondre. Le PDG de LibertySurf s'agite pourtant comme un fou pour trouver une solution. Il cherche un allié, avant que Bernard Arnault ne se décide à vouloir vendre son bébé. Depuis l'été, il a vu beaucoup de monde. Il a déjeuné avec Jean-Marie Messier. Rencontré les équipes de Suez. Et puis il y a eu Tiscali qui proposait un rachat pur et simple à 45 euros l'action. Il a refusé. Tiscali, le leader de l'Internet gratuit en Europe, est un concurrent direct. Dans le cas d'une fusion, LibertySurf disparaîtrait purement et simplement. Et cela, Pierre ne peut pas le supporter. LibertySurf, c'est sa chose. L'entreprise qu'il a amoureusement choyée, nourrie, arrosée. Alors Pierre regarde également du côté de Belgacom, le France Télécom belge. Avec Belgacom, il sait en effet que la marque LibertySurf serait gardée. Il pourrait conserver les rênes de son entreprise.

Car Pierre croit encore à LibertySurf. Il vient d'ailleurs encore d'effectuer un nouveau coup comme il les aime. Avec des liasses d'actions LibertySurf, une monnaie d'échange qui pourtant ne cesse de se déprécier, il a racheté Freesbee, un concurrent dans l'Internet gratuit dont la situation financière devenait critique. Pierre a commencé les négociations en septembre. C'est allé très vite. Mais au dernier moment, juste avant de signer, il annule tout. Un fantastique coup de bluff. Freesbee ne s'en remet pas. Fin octobre, la société est au bord de l'asphyxie. Pierre revient alors à la charge et rafle cette fois sa proie pour 23 millions d'euros, quatre fois moins cher que lors de sa première offre. Une bouchée de pain pour ses 110 000 abonnés en plus. Entièrement payés en actions LibertySurf, qui ne valent pourtant plus grand-chose ! A présent, LibertySurf compte près de 900 000 clients. C'est un vrai succès commercial ! Et Pierre espère toujours qu'il sera pris en compte.

Décembre 2000. En pleine tourmente, alors que le sort de LibertySurf est en train de se jouer entre Belgacom et Tiscali, Pierre Besnainou décide de partir en vacances à Majorque. Tous les banquiers d'affaires sont effarés. Mais l'imprévisible patron de LibertySurf ne changera pas d'avis. Il a envie de se reposer. Un point c'est tout. Dans les négociations, Besnainou est spécialiste de ce genre de coup de théâtre. Au milieu des palabres, il coupe tout le monde sans préavis, avec un air terriblement las. Il explique qu'il est fatigué, qu'il veut retrouver sa femme et ses enfants. Qu'il préfère jeter l'éponge. Et part, en plantant là ses interlocuteurs. Cette tactique marche à tous les coups. Alors Pierre espère bien que son vieux truc marchera encore. Il joue son avenir. Car si l'affaire se fait avec Tiscali, c'en est fait de lui. Il sait qu'il devra quitter son fauteuil, et tourner la page LibertySurf. Alors il se bat comme un beau diable pour trouver une solution avec Belgacom. A Majorque, le PDG de LibertySurf n'a pas trop loisir de se détendre. Il reste cloîtré dans le hall de l'hôtel, à envoyer des fax et à jongler entre ses trois portables. Il tente de convaincre Arnault de ne pas signer trop vite avec Tiscali. De lui donner encore un peu de temps. Mais l'empereur du luxe n'a plus d'yeux que pour son portefeuille. Tiscali, c'est de l'argent, tout de suite. L'hôtel se souviendra longtemps de la note astronomique de fax et de téléphone de ce client très remuant. Besnainou a essayé tant qu'il a pu de réveiller le Bernard Arnault d'avant, l'entrepreneur habité par le goût du risque, ce même homme qui, aujourd'hui, se drape dans son manteau d'actionnaire. Il lui a parlé de nouveaux projets de développement marketing avec Belgacom. En vain. La messe est dite. Bernard Arnault n'a plus qu'une obsession : se débarrasser du boulet LibertySurf. Et lâcher l'encombrant Pierre Besnainou.

6 février 2001. Les flashs crépitent dans la salle du Pavillon Ledoyen sur les Champs-Élysées. On annonce le rachat de LibertySurf par Tiscali. Renato Soru, le sémillant PDG sarde de Tiscali, est ravi. Il vient de mettre la main sur LibertySurf pour 645 millions d'euros, soit six fois moins cher que lors de sa première offre pendant l'été. Le *deal* se fait par échange d'actions. A sa gauche, Pierre

Besnainou tout bronzé revient tout juste de vacances à la montagne, cette fois. Le *deal* s'est fait quelques jours plus tôt. Bernard Arnault a finalement décidé de le lâcher. D'un coup. En un claquement de doigt, le grand patron a tiré un trait sur l'aventure industrielle de LibertySurf sur laquelle reposaient jusque-là tous ses espoirs. Il n'y a plus d'empereur du Web qui tienne aujourd'hui. Bernard Arnault n'est plus qu'un capitaliste qui s'est fourvoyé et compte ses sous, tentant désespérément de maximiser son retour sur investissement. Qu'il faille sacrifier Pierre Besnainou sur l'autel de la rentabilité immédiate ne lui fait ni chaud ni froid. Certes, le prix de cession de LibertySurf est bien inférieur à celui qu'Arnault avait espéré. Mais ce sont surtout les petits porteurs, qui ont souscrit du LibertySurf à l'introduction en Bourse à 36 euros, qui paient les pots cassés : la société a été vendue à 7 euros l'action [1] ! Le PDG de LVMH avait investi 54 millions d'euros (359 millions de francs) [2] dans LibertySurf. Ce qui lui permet de réaliser une plus-value de plus de 200 millions d'euros, soit plus d'un milliard de francs [3]. Pierre est amer. Il ne supporte pas l'idée que la marque LibertySurf puisse disparaître au profit de Tiscali. Il veut tourner la page le plus vite possible.

Quelques semaines plus tard, Pierre Besnainou fait ses cartons. Il n'y a pas grand-chose à emballer dans son bureau de Saint-Ouen. Les employés de LibertySurf lui ont offert un livre d'or où chacun a signé et écrit un petit mot. Dans le restaurant d'entreprise du siège, une haie

---

1. Prix déterminé sur la base des deux derniers jours de cotation de l'action Tiscali.
2. A la date du *deal* avec Tiscali, Bernard Arnault possède 36,47 % du capital de LibertySurf.
3. Bernard Arnault va réaliser sa plus-value six mois plus tard en vendant ses actions Tiscali contre du cash. Cf. *Le Journal du Net*, 20 août 2001.

d'honneur l'entoure. Tous les salariés sont venus. Les filles pleurent. Jean Postaire et Gilles Guesquière, les fondateurs de Nomade, sont là ainsi que les deux créateurs de Monsieurcinema.com. Gilles est lui aussi en train de préparer ses cartons. Une page s'est tournée : dans le nouveau mastodonte qu'est LibertySurf-Tiscali, Gilles n'a plus sa place. Il veut partir faire un tour du monde, avant, peut-être, de se lancer dans une nouvelle aventure. Il a tenu pourtant à assister au départ de Pierre. Au départ la relation entre les fondateurs de Nomade et Besnainou a été conflictuelle. Costume impeccable et cigare : Pierre Besnainou a toujours été aux antipodes de l'univers des startuppeurs et de la culture Internet qu'il ne tentait d'ailleurs pas de comprendre. Mais les fondateurs de Nomade ont appris à estimer le PDG de LibertySurf. Son énergie et son enthousiasme pendant toute cette aventure les ont bluffés. Au cours de cet automne meurtrier pour les *dotcoms*, Pierre Besnainou a été durement attaqué. Il a encaissé les coups sans broncher. Et pour cela, Gilles et Jean ne peuvent que le respecter.

Pierre Besnainou est ému. Sa voix s'étrangle lorsqu'il tente d'aller jusqu'au bout de son petit discours. Agaçant, envahissant, autoritaire, le PDG de LibertySurf a souvent fait tourner en bourriques ses salariés. Mais tout le monde reconnaît qu'il a su galvaniser ses troupes et mener LibertySurf tambour battant. Et puis Besnainou avait la manière. Dernier geste bien à lui : avant de partir, il a accordé à tout le monde une prime exceptionnelle de deux mois ou plus, selon l'ancienneté, pour compenser la chute de l'action LibertySurf. A ce moment-là, tous se rappellent le voyage à Tunis. C'était au lendemain de l'introduction en Bourse. Un jeudi, Pierre Besnainou avait rassemblé tout le monde. Et annoncé qu'il avait affrété un charter vers Tunis, partant le dimanche suivant. Finis les coups d'éclat, les grands discours. Le rideau tombe. Pierre Besnainou, le comédien, fait ses adieux au public.

Soldes d'hiver

S'en sortir la tête haute : c'est désormais l'obsession de Bernard Arnault. Depuis la rentrée, les marchés accentuent leur chute. C'est un krach plus terrible qu'on ne pouvait le craindre. Ce ne sont pas quelques mesures de rationalisation et de gestion qui pourraient sauver Europ@web. Bernard Arnault est un accumulateur de capital. Il a horreur de vendre. Mais cette fois, il n'a plus le choix. Son ego est en jeu. Sa priorité : sauver la face.

Bernard Arnault sait qu'il peut compter sur Jean-Marie Messier. Le PDG de LVMH siège au conseil d'administration de Vivendi depuis des années. Il se rend compte que son poids dans le conseil est devenu stratégique et qu'il va pouvoir le monnayer. Car depuis la fusion avec Universal, J2M est à la tête d'une multinationale franco-américaine au capital plus américain que français. Il doit remanier son conseil d'administration pour tenir compte de cette évolution. Bref, il a plus que jamais besoin de la présence d'un administrateur qui lui soit proche, comme Bernard Arnault. Ce dernier, de son côté, ne serait pas mécontent que Vivendi lui rachète quelques-unes des start-up d'Europ@web. Voilà, un parfait donnant-donnant : je reste à ton conseil et tu pourras compter sur mon soutien mais tu m'aides d'abord à me sortir de ce pétrin d'Internet. Bien sûr, le *deal* ne sera jamais formellement explicité de la sorte. On préfère rester dans le non-dit. Pour les deux hommes, l'affaire est vite réglée. D'autant que Nicolas Bazire, ancien directeur de cabinet de Balladur et bras droit d'Arnault, est un ami proche de Jean-Marie Messier. En février 2001, Europ@web réussit à se débarrasser de cinq start-up, vendues pour quelques dizaines de millions de francs, une goutte pour Vivendi, une sacrée épine dans le pied en moins pour Arnault. Le capitalisme français a redécouvert ses bonnes vieilles recettes de cuisine.

Que faire du reste du portefeuille Europ@web ? Le capitalisme de réseaux à la française va de nouveau faire des merveilles. Nicolas Bazire n'a pas eu à fouiller très loin dans son carnet d'adresses. Il a encore fait appel à la Balladur connexion. Le cabinet de l'ancien Premier ministre a essaimé en effet dans tout l'establishment français. Et Bazire est resté en contact étroit avec différentes personnalités, parmi lesquelles Valérie Bernis, une autre ancienne du cabinet d'Edouard Balladur devenue l'une des plus proches collaboratrices de Gérard Mestrallet, le PDG de Suez Lyonnaise des Eaux. Valérie Bernis a toujours eu un petit faible pour le secteur des nouvelles technologies de l'information et de la communication. Elle pousse Mestrallet à suivre la voie de Messier pour que Suez, comme Vivendi, se lance dans le Net et la communication, en se portant candidat à la licence UMTS. Suez, à qui Bouygues avait soufflé l'attribution de la troisième licence de téléphonie mobile, a trouvé là une fantastique occasion d'un retour en force sur le marché glamour des nouvelles technologies. Mais encore faut-il financer ce beau jouet. Et c'est là que Nicolas Bazire intervient. Il propose à son ancienne collègue une alliance entre Bernard Arnault et Gérard Mestrallet. Suez injecte 300 millions d'euros pour une participation minoritaire de 30 % dans Europ@web. En échange, Bernard Arnault, via sa holding, investira aux côtés de Mestrallet quand il devra financer cette fameuse licence UMTS. L'affaire est rondement menée. Cornaqués par leurs lieutenants respectifs, Bernard Arnault et Gérard Mestrallet tombent d'accord. Et le 20 novembre 2000, c'est un Bernard Arnault réjoui, aux côtés d'un Mestrallet conquérant, qui convoque la presse. Et montre à tous ses détracteurs qu'il est capable de gagner de l'argent avec ses investissements dans le Net. Le coup d'Arnault est d'autant plus magistral que, quelques mois plus tard, Suez annonce qu'il se retire de la course à l'UMTS ! Bernard

Arnault n'aura donc pas à risquer un sou dans cette histoire.

Pour lui, c'est une excellente affaire. Le volant UMTS étant caduc, l'accord a certes été renégocié et Suez a décidé de ne verser finalement que 132 millions d'euros pour 18 % d'Europ@web. Ce qui reste inespéré pour ce portefeuille éclectique de participations dont personne ne voulait ! Bernard Arnault a bien eu Mestrallet. Pourtant, malgré un bilan financier honorable, il est amer. La vente de LibertySurf à Tiscali était un pis-aller. Fini le rêve de créer un Yahoo ! européen. Réduit à sa portion congrue, Europ@web a dû déménager et abandonner son fief de Boulogne. L'empire du Net qu'avait créé le PDG de LVMH s'est effondré comme un château de cartes. C'est une déroute industrielle. Voilà pourquoi Arnault, à qui tout a toujours réussi, reste avec le goût aigre de la défaite dans la bouche. Il a tout juste réussi à sauver les meubles mais chacun sait qu'il a raté sa partie. Alors il est humilié. Furieux. L'homme qui changeait tout en or, l'entrepreneur qui s'est constitué un empire du luxe, a pour la première fois de sa vie échoué. Pour apaiser sa colère, le PDG de LVMH cherche des boucs émissaires. Il a immolé sur l'autel de la nouvelle économie tous ses anciens collaborateurs de l'époque, les Grinda, les Charam Becharat et autres Pierre Besnainou. Tétanisés, ces derniers n'osent plus dire un mot de leur aventure. Et puis, pour redorer son blason terni par ses déboires du Net, le PDG de LVMH a même sorti, en septembre 2000, un livre tout entier consacré à sa propre gloire : *La Passion créatrice*, un ensemble d'interviews recueillies par le journaliste Yves Messarovitch. Jusque-là on ne peut plus réservé, Bernard Arnault est sorti du bois, a multiplié les entretiens dans la presse, reparlé du piano, sa passion, posé avec sa blonde et charmante femme Hélène dans les pages glacées des magazines. Histoire de faire oublier cet échec qu'il ne peut tout simplement pas digérer. Aujourd'hui, le PDG de LVMH ne veut plus entendre parler de ses amours passées. Et quand en octobre 2001, il accorde un rendez-vous au journal *Libération*, c'est à une condition : interdiction de poser une seule question sur Internet...

CHAPITRE 13

J6M.com

Mr Messier goes to Hollywood

C'est l'endroit le plus mythique de Californie : Universal City, Hollywood. La toute première usine à rêves construite en 1915, au pied de la colline où venait d'être érigée la célèbre inscription en lettres blanches. Une vraie ville, avec son parc d'attractions envahi par les touristes, ses plateaux géants. Ici, un faux Paris de carte postale ; là, un New York en carton-pâte. Ce 10 juillet 2000, Jean-Marie Messier parle pour la première fois devant les dix mille employés d'Universal. Dans le gigantesque amphithéâtre où se déroulent les avant-premières, il est seul sur le podium. Emu. Il laisse l'écran de cinéma, derrière lui, parler à sa place. Le PDG de Vivendi a choisi lui-même la vidéo. C'est un sketch des Guignols qui se moque – gentiment – de lui. Son service de communication et Pierre Lescure ont eu beau essayer de le dissuader, rien n'y a fait. Le PDG de Vivendi tient coûte que coûte à ce que ses nouveaux salariés le voient dans son personnage de J6M, son surnom désormais consacré à Paris, pour Jean-Marie Messier Moi-Même Maître du Monde. Là sur l'écran apparaît sa marionnette. Puis le Rambo de la World Company. Qui le récompense d'un solennel « tu es des nôtres, maintenant ».

« *Jean mawiie Messier king of the world* », comme l'explique le traducteur dans le casque des dix mille salariés d'Universal. Aujourd'hui, J6M a enfin conquis son surnom. Il a été adopté par la World Company. Peut-on imaginer plus beau baptême que cette réunion dans le sanctuaire d'Universal ? Le petit Français a posé le pied à Hollywood. Et raflé un morceau du rêve américain. Universal est la plus ancienne des majors américaines. Fritz Lang, Hitchcock, Coppola. C'est là qu'ont été tournés beaucoup des plus grands monuments de l'histoire du cinéma. Aujourd'hui, c'est également ici que travaille le maître d'Hollywood, Steven Spielberg. Dreamworks, sa maison de production, a conclu un accord de distribution avec Universal, qui a pu rajouter à son catalogue *Les Dents de la mer*, *Jurassic Park*, et autres *Indiana Jones*. Ridley Scott avec *Gladiator*, Julia Roberts dans *Erin Brockovich*. Vivendi s'est offert la crème d'Hollywood. Mais Universal, c'est surtout le numéro un mondial de la musique, depuis le rachat de Polygram et sa kyrielle de labels prestigieux. U2, Elton John, Shania Twain, les Cranberries ou encore Johnny Hallyday, la star préférée de Messier. Le PDG de Vivendi Universal a ainsi pu s'offrir le plaisir de poser avec le rocker national français dans les pages de *Paris Match*. Qu'importe si Johnny n'était pas enthousiaste ! Il y a quelques années, le chanteur avait voulu rencontrer le PDG de Vivendi. Mais Messier avait décliné l'offre, mis en garde par sa femme Antoinette qui craignait que l'image de Johnny (lequel venait d'avouer sa toxicomanie dans *Le Monde*) n'entache celle de son mari. Johnny avait été vexé et il a fallu déployer des trésors de diplomatie pour le convaincre de revoir Messier. De toute façon, Johnny n'avait pas le choix. Peut-on snober son nouveau patron ? Car Messier est désormais le boss des stars et il le montre. Il monte les marches à Cannes pour la Palme d'or attribuée au film de Nanni Moretti, produit par

Universal. Il est le premier patron invité par Michel Drucker en mai 2001. Le plateau a été soigneusement choisi. Il n'y a là que des artistes Universal : la jeune lolita Alizée, Faudel, Garou. Et surtout la resplendissante Sophie Marceau. L'actrice fait la bise à son nouveau patron, l'appelle par son prénom. Jean-Marie, ravi, la dévore des yeux. Sur le plateau de Michel Drucker, face à toutes ces vedettes, ses vedettes, le PDG de Vivendi Universal boit du petit-lait.

Car, désormais, la vie de Jean-Marie Messier se déroule davantage à New York ou à Los Angeles qu'à Paris. Le PDG français fait la couverture des journaux anglo-saxons. Le très branché magazine *Wired*, spécialisé dans la culture Internet, en fait sa une, avec comme titre *The art of high speed deal* (l'art du *deal* à grande vitesse), une manière de le consacrer comme l'un des patrons phares de la nouvelle économie. Le magazine *Time* a mis également sa photo en couverture : *Master of the world*. Messier a pris possession avec jubilation de son nouveau bureau new-yorkais où il passe le plus clair de son temps. L'immeuble, un gratte-ciel classé, a été construit dans les années 50. Un seul détail le chagrine. Il n'a plus, comme au 82, avenue de Friedland, sa magnifique vue sur l'Arc de Triomphe : les stores beiges à sa fenêtre obstruent la vue sur Park Avenue, et, comme le bâtiment est classé, le nouveau PDG ne peut y toucher [1]. Qu'importe. Ici, à New York, Jean-Marie Messier est désormais un *player*, quelqu'un qui compte. Et pour marquer le début de cette nouvelle vie, Messier a décidé de s'acheter – enfin de se faire acheter – par Universal un superbe appartement duplex de 530 m², au 515, Park Avenue, près de Central Park, dans un fort bel immeuble dont François Pinault est copropriétaire. Le tout pour la modique somme de 17 millions de dollars. Ses collabora-

---

1. *Challenges*, avril 2001.

teurs les plus proches, comme Guillaume Hannezo, son directeur financier, ou Catherine Gros, sa conseillère en communication, ont également déménagé pendant l'été. Les difficultés de Cegetel qui peine à faire de l'ombre à France Télécom, les grognements des salariés de Canal +, tous ces ennuis de management interne franco-français sont bien loin. Jean-Marie Messier s'inquiète désormais plus de savoir si Spielberg va renouveler son contrat de distribution avec Universal, ou du palmarès des MTV Awards. Il ne copine plus avec Jean-Louis Beffa et les autres piliers de l'establishment français, mais avec les figures du gotha mondial du business. Comme la blonde Carly Fiorina, la toute-puissante PDG d'Hewlett Packard, le titan de l'informatique qui vient de racheter Compaq. Et quand Messier organise à Paris une conférence de presse pour annoncer qu'il va offrir un ordinateur à tous ses salariés, « dear Carly » est de la fête, en duplex, depuis la Californie. Alors qu'il n'est même pas 8 heures du matin dans la Silicon Valley, la PDG d'HP attend patiemment que Messier ait terminé son speech, pour intervenir quelques minutes. Si c'est cela, être un maître du monde...

Guerre des clans

Il s'appelle John Borgia, il est américain et dirige désormais les Ressources humaines de Vivendi Universal. Choc de cultures, poids de l'histoire, doublons de postes : la tâche qui attend John Borgia est monumentale. A lui de tenter de marier deux mondes que tout oppose. Le groupe Universal vient tout juste de digérer la fusion en 1995 avec Polygram et les barons de la musique et du cinéma s'ignorent toujours superbement. Quant au français Vivendi, il est encore novice dans les métiers de la communication. Cela ne fait que trois ans qu'Havas est rentré dans le giron de Vivendi. Et un an que Canal + a finalement abdiqué son indépendance. Dans la maison Vivendi, les blessures issues de ces mariages forcés n'ont pas encore cicatrisé. Avant de faire travailler Américains et Français main dans la main, il faudra déjà rétablir la paix dans les couloirs sinueux de la maison Vivendi. Une feuille de mission plutôt casse-cou.

Ce n'est pas Alex Berger qui dira le contraire. Ce pur produit de Canal +, proche de Pierre Lescure, avait été nommé à la tête de VivendiNet, aux côtés du très sérieux Franck Boulben, un ancien de Cegetel, pour jouer les ambassadeurs entre Canal + et Vivendi. Ce « cyberpacs », comme l'appelait Messier, le ravissait. C'était l'union des deux cultures, celle du saltimbanque et celle de l'ingénieur, Canal + et Vivendi. VivendiNet était censé développer des synergies, faire travailler ensemble les équipes de Canal, d'Havas, de Cegetel. Bref, mettre en place la fameuse convergence si chère à Jean-Marie Messier. Mais les codirigeants de VivendiNet se sont vite rendu compte qu'ils évoluaient en terrain miné. Dès le début de l'année 2000, Internet devient un enjeu de pouvoir. Les équipes opérationnelles d'Havas ou de Canal + n'ont pas l'intention d'abdiquer leur autonomie en faveur d'une nouvelle structure, sortie de nulle part. Pourquoi changer ? Havas s'est ainsi jusque-là très bien passé de VivendiNet. Devenu leader du jeu vidéo depuis le rachat de Cendant, Havas s'est imposée sur le marché très prometteur du jeu en ligne, avec son site Flipside.com. Auréolée de ces résultats flatteurs, elle n'a aucun intérêt à se mettre sous la coupe de VivendiNet.

C'est du côté de Canal + qu'est venue l'opposition la plus farouche. Toutes les angoisses, les rancœurs d'un Canal +, craignant de perdre sa sacro-sainte indépendance, se sont cristallisées sur un sujet : Internet. Pierre Lescure ne s'était jamais réellement intéressé à sa filiale Web, Canal Numedia. Malgré les leçons de *surf* intensives que lui a dispensées Alex Berger, le PDG de Canal n'est jamais devenu un grand fan d'Internet. Pourtant, quand, à l'été 2000, Lescure comprend que la fusion avec Universal se résume à une absorption pure et simple de Canal, il redécouvre l'intérêt stratégique de cette petite division. Canal et Vivendi se déchirent pour savoir qui aura le contrôle de Canal Numedia. Techniquement, Canal Numedia appartient de fait à Vivendi, mais la société continue à travailler dans son coin. Et elle ne prend ses ordres que chez Canal. Le conflit met Alex Berger dans une position intenable. PDG de Canal Numedia et de VivendiNet, l'homme est exactement là où il ne faut pas être. A trop pactiser avec Vivendi, il est vite considéré comme un traître dans son corps d'origine. En novembre 2000, il préfère jeter l'éponge et quitter le groupe. Pas un de ses anciens collaborateurs de Canal Numedia ne sera présent à son pot de départ. Et l'ex-fidèle lieutenant de Pierre Lescure, témoin des tout débuts de la saga Canal +, n'adresse désormais plus la parole à son ancien ami. Ce départ n'a bien sûr arrangé en rien les relations entre Canal et Vivendi. Les conflits n'ont pas été vraiment réglés, Vivendi joue le statu quo. A l'époque, Canal Numedia avait pourtant réussi des beaux coups, comme le rachat d'Allocine, le spécialiste du cinéma sur le Web. Aujourd'hui déchirée par cette guerre des clans, la société semble errer comme un bateau ivre. Et ses résultats sont terriblement décevants. Canal Numedia est même inexistant en matière de sport ou de cinéma, les points forts de la chaîne de télévision Canal + !

Mais en cette rentrée 2001, la direction de Vivendi se veut rassurante. Le cas de Canal Numedia sera réglé. Un jour. En attendant, la division Internet de Vivendi Universal a été complètement remodelée. Philippe Germond s'est attelé au Nettoyage de VivendiNet. C'est lui qui sera en charge de la stratégie Web de tout le groupe. Pour l'instant, il a mis de côté le cas Canal +. Et dans le nouvel organigramme, on a prévu une branche musique sur Internet, une branche jeu, dirigée par Havas, et une branche cinéma, qui regroupe tous les sites d'Universal Studios. Canal Numedia reste à part de ce joli ensemble. Un peu comme si Vivendi avait renoncé à mettre de l'ordre dans ses troupes en France. Messier sait qu'il aura du mal à calmer le jeu. En août 2001, AOL Time Warner a annoncé 1 200 suppressions d'emplois et même si Messier a assuré que les restructurations ne toucheraient pas la France, l'ambiance est tendue. Canal + a déjà annoncé un plan social prévoyant le licenciement de 217 personnes en juin 2001.

Le roi du buzz

C'est certainement la chaussette qui aura fait le plus parler d'elle. Négligence ou fantastique coup de pub prémédité ? En cette rentrée 2000, Messier pose pour *Paris Match* en homme simple dans son appartement parisien. On le voit la fesse à moitié posée sur le rebord de l'évier (encore l'effet tabouret de bar !), grignotant nonchalamment un sandwich jambon beurre entamé (celui du photographe de *Match* qui le lui a gentiment prêté pour la photo). Et on peut l'admirer sur une double page, allongé telle une naïade sur son lit, en polo et en chaussette, laquelle chaussette montre des signes évidents de fatigue. Radios, journaux. L'anecdote de la chaussette est sur toutes les lèvres. Ce 15 septembre, Messier est l'invité de Jean-Pierre Elkabbach sur Europe 1. La crise de la nouvelle économie, la chute du cours de Vivendi, la fusion. Les sujets ne manquent pas. Mais Elkabbach préfère commencer son interview par LA question qui taraude tout

Paris. Alors, c'était exprès, cette chaussette ? Réponse de Messier, dans le texte. « Oh, franchement, c'est juste une histoire de mec ordinaire. Le matin quand je me lève, je suis un peu dans le brouillard, alors je prends la première paire de chaussettes dans le placard. On est des millions à faire comme ça tous les matins... »

Un mec ordinaire, Messier ? C'est en tout cas l'image que le nouveau PDG de Vivendi Universal a décidé de faire passer auprès du grand public. Et cette chaussette trouée tombe à pic. Après cela, que pèse son salaire, 20 millions de francs brut, sans les stock-options, qui fait de lui l'un des patrons les mieux payés de France ? Mais voilà, quand il s'agit de se servir de son image, Jean-Marie Messier n'a pas d'égal. Laurent Edel, de Republic Alley, cultivait sa légende, appâtait la presse avec sa grand-mère et son autel des capitaux-risqueurs, tandis qu'Orianne Garcia, PDG de Caramail, papotait sur sa chienne Némésis et Boris Vian. Tout comme nos startuppeurs, Messier considère que se mettre en avant fait partie de son job de PDG. Avec lui, la machine à faire du *buzz* est passée à la vitesse supérieure. En cette rentrée 2000, le PDG de Vivendi Universal fait l'événement en sortant sa biographie *J6M.com*, une espèce de polar à la gloire de la nouvelle économie. Il passe le plus clair de son temps à en faire la promotion, à signer des autographes et à répondre aux interviews. Le PDG s'est même offert un petit bain de foule à la FNAC lors d'une séance de dédicaces de son livre. Une vraie star. Et, contrairement à Arnault, qui a choisi pour son livre la forme plus conventionnelle de l'interview, le PDG de Vivendi a voulu que *J6M.com* se lise comme un roman. Sans doute conscient de ses limites en terme d'écriture, il s'est offert les services d'une plume professionnelle, la journaliste Christine Mital, du *Nouvel Observateur*, sachant qu'ainsi son histoire et son personnage n'en seraient que plus vivants et sympathiques. Le résultat ? Un récit truffé d'anecdotes, où les histoires de *deals* deviennent aussi palpitantes qu'un feuilleton à la Santa Barbara. Messier reconstruit sa légende. Celle d'un enfant issu d'un milieu « modeste » (son père est comptable) devenu PDG international. Une histoire édifiante, une belle *success story* à l'américaine, avec ascenseur social à la clé. Juste pour faire oublier les bagarres intestines à l'intérieur du groupe autour des activités Internet.

C'est que Messier a décidé de brûler une fois pour toutes ses oripeaux d'héritier du capitalisme français. L'ENA, l'Ecole polytechnique, ses débuts au cabinet de Balladur. Tout ce passé, le nouveau Jean-Marie Messier l'a gommé. Il déteste regarder dans le rétroviseur, assure-t-il. En revanche, il sait mieux que quiconque mettre en avant ses rapports cordiaux avec Alain Rossman, un copain de promo de l'X, qui s'est installé dans la Silicon Valley depuis vingt ans et, belle caution de modernité, a monté plusieurs start-up. Toujours pour *Paris Match,* il pose en père modèle, dans sa maison de campagne de Rambouillet. On le voit devant ses fourneaux, en train de « cuisiner la côte de bœuf et les petits pois gourmands » pour Antoinette et les enfants. Comme n'importe quel « mec ordinaire ». Langage, look, débit, silhouette : depuis trois ans, la métamorphose de Messier est impressionnante. Pas question d'apparaître comme un patron ventripotent de la vieille école. Le nouveau Messier a perdu une dizaine de kilos et arbore désormais le plus souvent un polo noir ou anthracite, sans cravate. L'énarque policé, dont le pire juron était « pétard », a également appris à dire des gros mots. Il y a bien sûr eu le « putain que je suis heureux », qui venait ouvrir la conférence de presse annonçant le rachat d'Universal. Ou bien encore le « cela me fait chier au sens propre du terme », lors d'une assemblée générale devant les salariés de Canal. Même en interview, Messier a décidé d'adopter une attitude cool : tel dossier est « vachement » important, tel collaborateur est vraiment « un mec super ». Et on croise désormais le PDG de Vivendi dans les endroits les plus inattendus : il est ainsi invité à l'émission de Thierry Ardisson, Tout le monde en parle, aux côtés du mannequin Audrey Marney, de Pierre Arditi, Garou et Jacques Dutronc. Il débat avec Philippe Val dans le journal satirique *Charlie Hebdo*. Il parle de mondialisation face à José Bové. Disserte avec Philippe Sollers dans la revue *L'Infini*. Et grâce à ses nouvelles fréquentations chez Universal Music, l'amateur d'opéra est maintenant également un fan d'Eminem, le rappeur controversé qui fait partie de l'écurie Universal. « *Bitch, I'm-a kill you! You don't wanna fuck with me, girls leave, you ain't nothin' but a slut to me. Bitch, I'm-a kill you!* » (Sale pute, je vais te défoncer. Tu veux pas baiser, fous le camp, t'es rien qu'une pute pour moi). On ne sait pas si c'est ce que Messier chante sous sa douche, mais le PDG de Vivendi était en tout cas aux premières loges lors du concert d'Eminem à Bercy à Paris en février 2001 !

Le patron de Vivendi Universal aurait-il secrètement envie de jouer les rock stars et de casser une guitare électrique sous les sunlights ? En tout cas, l'assemblée générale des actionnaires en mai 2001 ne se déroule pas au Carrousel du Louvre, mais dans la mythique salle du Zénith. Le PDG de Vivendi a ciselé un show à l'américaine. Des tableaux de chiffres, il en faut bien, entrecoupés de nombreux clips, s'enchaînant à un rythme trépidant, destiné à présenter l'activité d'Universal. Pour la séance de questions-réponses avec le public, Messier a également soigneusement préparé son coup. Aucun hasard, même lorsqu'il semble hésiter pour désigner la première question. Tout a été répété[1], et Messier sait que l'homme du quatrième rang va le titiller et lui lancer une pique sur son appartement.

---

1. *Nouvel Economiste*, 8 mai 2001.

« Bonjour, monsieur Messier, Vivendi Universal vous a acheté un duplex de 530 m^2 17 millions de francs, soit presque 200 000 francs le m^2. J'espère que pour le prix, vous aurez une petite chambre d'amis pour les petits porteurs que nous sommes qui ont contribué à cet achat. » Messier rigole avec la salle. Rien de tel qu'un peu de dérision pour chauffer un public. Puis très calmement, il décoche sa réponse préparée à l'avance. Au fond de la salle, une dame lève la main. « Bonjour, monsieur le Président. Je trouve qu'on a assez parlé de cet appartement. Il serait temps de passer aux choses sérieuses. C'est-à-dire les bons résultats de Vivendi. »

Messier sourit, joue les faux modestes. Bien entendu, cette deuxième intervention est également prévue. Elle lui permet d'embrayer sur les performances du groupe. Bien sûr excellentes. Et celles du cours de Bourse. Moins réjouissantes. Là encore, Messier est parfaitement à l'aise. Il compatit. Lui aussi, il est déçu. Mais c'est la faute des marchés. Qui n'apprécient pas Vivendi à sa juste valeur. Tant pis pour les marchés. L'important, c'est que ses actionnaires, les milliers de petits porteurs sagement assis dans la salle, le croient, lui. Ce soir, ce sont d'ailleurs, eux, les actionnaires qui sont les rois de la salle. Perfectionniste, Messier leur a même préparé une petite surprise. Les lumières s'éteignent peu à peu, Messier, au micro, prend sa voix de Monsieur Loyal. « Ils sont jeunes, ils sont talentueux, ils sont formidables, vous avez adoré leur dernier tube. » Invités spéciaux venus s'intercaler entre deux bilans d'exploitation, voici la troupe de la comédie musicale *Roméo et Juliette*, dont le CD est produit par Universal Music. Aujourd'hui, juste avant leur représentation, ils sont venus interpréter leur tube, « Les rois du monde », devant les actionnaires du groupe auquel ils appartiennent désormais. Avec Jean-Marie Messier, *business is show business*.

Vaporware

Si les petits actionnaires, ravis par le show, applaudissent la star Jean-Marie Messier, les marchés financiers eux boudent leur ex-idole. Depuis la fusion avec Universal, l'action Vivendi a perdu 32 %. Et pour cause. Les marchés ont un peu l'impression d'avoir été floués par le *deal*. En mai 2000, ils rêvaient aux perspectives du WAP, de l'UMTS. Ils portaient Vizzavi aux nues, le valorisant à quelque 163 milliards de francs. Porté par l'euphorie ambiante, un analyste de la banque Warburg estimait même que Vizzavi atteindrait la valeur de... 295 milliards d'euros en 2003, soit près de 2 000 milliards de francs [1]! Les grandioses ambitions de Vivendi étaient à la hauteur des folles espérances des marchés. Pour le lancement de Vizzavi, le groupe avait organisé une fiesta magnifique quai Branly, avec des éléphants et en *guest stars* les chanteurs de la comédie musicale *Les Dix Commandements*, venus donner de la voix. Dès juin, les spots de publicités futuristes de Vizzavi déferlaient sur les antennes de télévision. Vizzavi, la clé de voûte de l'ensemble Vivendi Universal, avait séduit la famille Bronfman et les marchés. Vizzavi allait révolutionner le téléphone mobile...

Le retour sur terre a été brutal. Malgré les 10 milliards de francs investis, malgré une équipe de 800 personnes, Vizzavi, le portail qui était censé concurrencer Yahoo!, ne tient pas ses promesses. Retards, exécution brouillonne, précipitation. Vivendi a même omis de vérifier que la marque Vizzavi était disponible, et le groupe a dû verser 24 millions de francs d'indemnisation à Ababacar Diop, le porte-parole de l'association des sans-papiers qui avait déjà déposé le nom de marque Vizzavi. Un joli pied de nez

---

1. *Le Nouvel Observateur*, n° 1900.

à la World Company. Les équipes de Vivendi ont volontairement négligé la version pour ordinateur de Vizzavi, et, du coup, le site de Vizzavi est inexistant sur Internet, loin derrière les taux de fréquentation d'un Yahoo ! Le pari de Messier était en effet de tout miser sur la version de Vizzavi accessible via les téléphones mobiles. Risqué. Il s'est par la suite fait piéger par le retard pris par les équipementiers, qui n'avaient toujours pas de matériel disponible. L'Internet par le téléphone mobile reste un marché virtuel. Vizzavi, en septembre 2001, compte 3 millions de clients enregistrés : on était encore bien loin des 90 millions d'abonnés que promettait Vivendi. Las d'attendre, les analystes financiers ont déjà trouvé d'autres sobriquets pour Vizzavi : vizzavide, ou vizzavisibilité réduite.

Avec Vizzavi, Jean-Marie Messier a utilisé une technique dont Bill Gates est devenu le spécialiste, celle du *vaporware*, le produit fumeux. Cette stratégie consiste à annoncer très tôt la sortie de tel ou tel nouveau produit, juste pour occuper le terrain. Ce qui permet de faire peur aux concurrents et de donner du grain à moudre aux analystes, histoire de maintenir le cours de Bourse. Il suffit ensuite de retarder, retarder... Messier, le supercommunicant, a ainsi multiplié les annonces de *deals*, de lancements. Jeté en pâture de quoi satisfaire le marché, toujours avide de nouveautés. Mais les promesses sont loin d'avoir été tenues. Vizzavi n'est pas le seul échec de Vivendi en matière de Net. L'incubateur Atviso, lancé en fanfare à l'automne 1999, en collaboration avec le japonais Softbank a dû fermer ses portes au printemps 2001. La société avec Peugeot, Egery, censée développer la voiture communicante, est morte avant même d'avoir existé. BOL, le libraire en ligne, une société détenue conjointement par Havas et Bertelsmann, a également fait faillite. Et l'aventure Scoot, le concurrent des Pages Jaunes de Wanadoo, a tourné au désastre. Vivendi a dû racheter pour un franc symbolique la start-up en faillite. Et passer 280 millions d'euros de provisions pour cet échec. Dans la corbeille de VivendiNet (aujourd'hui rebaptisée VUNet, pour VivendiUniversalNet), la structure qui chapeaute toutes les initiatives Web de Vivendi, il y a, certes, quelques réussites : Viventures, le fonds de capital-risque, a réussi à limiter la casse et Flipside, le site de jeu en ligne d'Havas, s'est imposé sur le Net. Mais malgré ces quelques pépites, VUNet n'a jamais réussi à se transformer en autre chose qu'un conglomérat hétéroclite de projets Internet, aux synergies douteuses. L'ensemble atteint péniblement les 50 millions d'euros, soit à peine 1 % du chiffre d'affaires du groupe. Et les pertes cumulées s'élèvent à 200 millions d'euros. Heureusement, Vivendi a enfin pu se débarrasser de sa participation dans AOL France en réalisant une plus-value de 641 millions d'euros (près de 4,7 milliards de francs) [1]. Mais le bilan industriel de l'aventure dans le Net reste bien maigre. C'est pourtant grâce à Canal, mais aussi aux espoirs suscités par VivendiNet que Messier a réussi à faire rêver les marchés et convaincre les Bronfman que c'était avec Vivendi, champion du Net, qu'Universal devait se marier. Messier a tout simplement troqué un tuyau crevé contre un joyau de la musique et du cinéma. Joli coup !

Nouveau gadget

« Je suis père de cinq enfants, et c'est souvent difficile de leur expliquer mon métier. Mais le jour où je leur ai dit que je rachetais MP3.com, là ils ont tout de suite compris. Et je suis devenu le papa le plus populaire qui soit. » En cette journée de juin 2001, le soleil brille à San Diego.

---

1. *Les Echos*, 26 mars 2001.

Jean-Marie Messier parle aux salariés de la start-up MP3.com, le pionnier de la musique en ligne. Il a épinglé son petit badge MP3.com sur son polo, et a pris par l'épaule Michael Robertson, le jeune PDG de MP3.com, un petit blondinet aux allures d'enfant sage. Jean-Marie Messier rayonne de satisfaction. MP3.com est une start-up sexy. Une marque qui va permettre de crédibiliser Vivendi Universal dans le marché prometteur de la musique en ligne.

Surtout, ce dernier coup va peut-être faire oublier aux marchés financiers les flottements de la stratégie Internet de Vivendi. Le lancement raté de Vizzavi, les errements de VivendiNet, la fermeture de l'incubateur Atviso, les pertes de Scoot, la faillite du cyber-libraire BOL : Jean-Marie Messier a rangé tous ces ennuyeux dossiers dans la catégorie « expérimentation ». Tenter, expérimenter, rater. Le PDG de Vivendi revendique le droit à l'erreur. L'important est de ne pas s'y attarder. L'important est de rebondir. De jeter un nouvel os à ronger aux analystes. Aujourd'hui, Messier ne jure ainsi plus que par la musique en ligne. Tandis que son ami et maintenant rival, Thomas Middclhof, le PDG de Bertelsmann, rachetait le célèbre Napster, ce site qui permettait aux internautes d'échanger et de télécharger des chansons de Madonna ou autres, gratuitement, Messier, lui, riposte en mettant la main sur MP3.com. Bref, les batailles internes au sein du groupe, les essais de convergence ratés, ne le préoccupent plus tellement. Quand Messier parle de stratégie Internet, et de ses troupes, c'est l'équipe toute fraîche de MP3.com qu'il met en avant. Et comme Messier adore les joint ventures, il s'est associé avec Sony pour lancer Press Play, un portail de musique en ligne, qui propose aux internautes de payer pour télécharger leurs chansons préférées. Le voilà, le nouveau gadget. Et si PressPlay ne remplit pas ses promesses, on verra. Le PDG de Vivendi Universal saura bien trouver autre chose.

CHAPITRE 14

La saga de l'UMTS

www.spectrumauctions.gov.uk

En cet après-midi du 27 avril 2000, au quatrième étage de l'immense paquebot du ministère de l'Economie et des Finances, Jean-Luc Le Gall, le conseiller technique de Christian Pierret, en charge des télécoms, surfe sur le Web. Plus précisément, il navigue sur le site www.spectrumauctions.gov.uk. Depuis le 6 mars, c'est sur le site officiel de l'autorité de régulation anglaise des télécommunications qu'il vient prendre des nouvelles du déroulement des mises aux enchères des licences UMTS aux opérateurs de téléphonie anglais. Aujourd'hui, au 150e tour, le compte est enfin bon : des 13 candidats du début, il n'en reste plus que cinq. Cinq opérateurs pour cinq licences. Epuisés par ces deux mois de bluff, les heureux lauréats devront débourser ensemble la somme affolante de 22,5 milliards de livres (250 milliards de francs) pour mettre la main sur leur licence. Jean-Luc Le Gall n'en croit pas ses yeux : 22,5 milliards de livres, soit l'équivalent de 350 Boeing 747 ou de 400 hôpitaux ultra-modernes. Une somme affolante ! Au tout début des enchères, les analystes financiers de la City tablaient sur un prix de vente global de 2 à 3 milliards de livres. Cette somme sera multipliée par dix.

Même refroidis par l'Internet, les marchés financiers croient toujours dur comme fer à ce nouvel eldorado de l'UMTS : parfaite synthèse entre le téléphone portable et l'Internet. Un nouvel horizon qui devrait faire oublier les premiers déboires boursiers du Net.

Le résultat des enchères anglaises affolent tous les opérateurs de téléphonie d'Europe. Personne n'avait prévu une telle frénésie. On pensait être revenu à la raison, depuis la retombée du Nasdaq début avril. Mais les investisseurs ne jurent plus que par ces quatre lettres magiques UMTS. La révolution de l'Universal Mobile Telecommunications System (UMTS), aussi appelée troisième génération de la téléphonie mobile, devrait être aussi rapide que lucrative. Le téléphone portable devient d'un coup un compagnon intelligent capable de se brancher sur l'Internet à haut débit. Les rêves les plus fous du Web seront bientôt accessibles depuis les touches de n'importe quel portable : télécharger des images, du son, de la vidéo ou des émissions de télévision, surfer sans limite sur le Net, commander des places de cinéma, des billets d'avion ou passer une transaction boursière. Tout le Net sera en accès ultra-rapide, depuis son téléphone portable. La fameuse convergence entre téléphonie et Internet, contenu et contenant, commence, ici, avec le miracle UMTS. Pour cela, les industriels n'ont pas lésiné sur les moyens. Des réseaux GSM existants, on a fait table rase. On repart de zéro : nouvelle bande de fréquences hertziennes, nouveaux réseaux, nouveaux téléphones, nouveaux services. On reconstruit tout. L'UMTS prône la rupture définitive avec cet âge de pierre qui voulait que le téléphone ne serve qu'à téléphoner. Avec l'UMTS, c'est le tout en un. Toutes les études de marketing officielles lui promettent un avenir radieux. D'après plusieurs d'entre elles, chaque futur portable pourra facturer, grâce à tous ces nouveaux services, une moyenne de 400 francs par mois et par abonné. Puisque à l'horizon 2005, 80 % des Européens sont supposés disposer d'un portable, l'affaire commence à devenir juteuse. Sans compter les perspectives, elles aussi, mirifiques du *m-business* (c'est-à-dire du commerce électronique depuis le mobile) qui pourrait représenter la bagatelle de 23 milliards de dollars dès 2003. Echaudés par le B2C, les investisseurs se jettent du coup avec ardeur sur les *business plans* de start-up cette fois estampillées télécom. Voilà, pense-t-on, de quoi prendre le relais d'une nouvelle économie fragilisée par l'éclatement de la bulle Internet.

D'autant que cette fois c'est l'Europe qui mène la danse. Les Américains avaient tracé la voie avec l'Internet sur PC, les Européens, grâce à leur avance dans les technologies mobiles, vont devenir les leaders de l'Internet accessible depuis le portable. Les équipementiers (Nokia, Ericsson, Alcatel, Siemens, Philips...) poussent évidemment à la roue. Car qui dit UMTS dit forcément nouveaux portables, avec des écrans beaucoup plus larges et de nouvelles fonctionnalités. Ces industriels s'inquiètent déjà de la très rapide saturation du marché européen du mobile. Et sans produit de remplacement, ils sont fatalement condamnés à la récession. Les deux scandinaves Nokia et Ericsson, rois en leur pays, sont les plus entreprenants dans cette formidable campagne de lobbying à outrance. D'abord parce que, contrairement à leurs principaux concurrents comme les géants Alcatel, Philips ou Siemens ou même le petit Sagem, leur chiffre d'affaires dépend presque exclusivement de la vente de téléphones. Et, petite particularité culturelle en plus, ils ont l'oreille du commissaire européen en charge des questions d'Internet, Erkki Liikanen, ancien ministre finlandais, entièrement acquis à leur cause. Dès décembre 1998, l'Union européenne presse ses Etats membres d'attribuer leur licence UMTS avant le 1er janvier 2002. Totalement arbitraire, cet ultimatum n'est assorti d'aucune autre consigne : ni sur le nombre de licences, ni sur leur prix, ni bien sûr sur la façon de les attribuer. En décembre 1999, en parfait supporter de son industrie nationale, le gouvernement finlandais décide, par exemple, de les attribuer gratuitement. Ce ne sera pas le cas des Anglais. Considérant ces fréquences hertziennes comme un bien rare, le gouvernement de Tony Blair souhaite en tirer le meilleur prix. Selon la confiance légendaire des Anglo-Saxons dans les mécanismes de marché, rien de tel qu'une bonne vieille mise aux enchères pour garantir transparence et impartialité du système.

C'est également l'avis de Christian Pierret, le secrétaire d'Etat à l'Industrie. Pour éviter toute suspicion de collusion avec France Télécom, encore détenue à 53 % par l'Etat français, Pierret considère les enchères comme la solution la plus simple et la plus rapide. Mais l'ART, l'Agence de Régulation des Télécommunications, le nouveau gendarme indépendant créé en 1997 pour garantir la libre concurrence en matière de télécommunications, est totalement contre. Elle défend bec et ongles le principe de la sélection sur dossier (appelée concours de beauté), dans le but de mieux contrôler les missions de service public et d'aménagement du territoire des futurs candidats. Le bras de fer entre l'ART et Pierret durera plusieurs mois, avant que ce dernier ne cède. Le 7 mars, le lendemain du lancement des enchères anglaises, l'ART dépose sur le bureau du ministre son projet de recommandation. Les licences françaises seront attribuées par concours de beauté dans une fourchette de prix allant de 4 à 5 milliards de francs. Pendant plusieurs semaines, Jean-Luc Le Gall, le conseiller de Pierret, a fait défiler dans son bureau tous les acteurs concernés par le prix de ces licences : représentants du Budget, du Trésor, équipementiers, opérateurs nationaux et étrangers et bien sûr l'ART. Personne n'a trouvé à redire à cette honnête fourchette de prix... Jean-Luc Le Gall pense alors que la petite histoire UMTS est une affaire classée. Mais les résultats des enchères britanniques vont l'obliger à ressortir dare-dare l'épais dossier UMTS.

L'idée « géniale » de DSK

Les résultats des enchères anglaises ont immédiatement sonné le tocsin de la mobilisation générale. Dès le lendemain, le vendredi 28 avril, l'ART organise, dans le plus grand secret, une réunion de crise. A 18 heures précises, à son siège social, dans le XVe arrondissement à Paris, toute la téléphonie française a répondu présent : Michel Bon, le PDG de France Télécom, Jean-Marie Messier, président de Vivendi flanqué de Jean-Luc Archambault, le lobbyiste en chef du groupe, ainsi que Martin Bouygues, accompagné de René Russo, vice-président de Bouygues Télécom. Il ne manque personne. Il a suffi d'un rapide tour de table pour s'apercevoir que chacun partage la même analyse : le gouvernement ne pourra pas faire comme si rien ne s'était passé de l'autre côté du *channel* et offrir ses licences au prix dérisoire de 5 milliards de francs. La tentation de remettre sur la table un projet d'enchères risque même de revenir en force. Or les opérateurs redoutent par-dessus tout la funeste perspective d'une partie de poker menteur aux conséquences financières dramatiques. Autour de la table on se met tous d'accord sur un plan d'attaque : une intense campagne de lobbying tous azimuts pour faire barrage à ces éventuelles enchères. Tous pour un, un pour tous. Et pas de brebis galeuse. Le scénario catastrophe redouté se réalise pourtant plus vite que prévu. Le 2 mai, à Bruxelles, à l'occasion d'un Conseil des ministres consacré aux télécoms, Christian Pierret laisse entendre à quelques journalistes présents sur place que le gouvernement réfléchit à d'autres solutions que celle du simple concours de beauté que lui avait soumise l'ART le 7 mars. Une bombe. Jean-Luc Le Gall tombe des nues. Il n'était absolument pas au courant de ce brutal changement de cap. De retour à Paris, et après une petite enquête, il apprendra qu'au cours du fameux petit déjeuner des fabiusiens du mardi matin, le dossier UMTS a été évoqué. « Peut-on passer à côté de cette fabuleuse cagnotte sans broncher ? » se sont faussement interrogés les proches de Laurent Fabius. Impossible car la gauche plurielle, dans une belle unanimité, risque de pousser des cris d'orfraie. Le projet de l'ART serait immédiatement interprété comme un immense cadeau offert à des opérateurs privés dont les bénéfices sont déjà confortables. Laurent Fabius est sorti de ce petit déjeuner avec une seule certitude : le dossier UMTS est une bombe politique qu'il faut à tout prix désamorcer. Dorénavant c'est son cabinet, donc son directeur Bruno Cremel, qui hérite du dossier. A partir de ce moment, Christian Pierret est mis sur la touche.

Enchères contre concours de beauté : le débat va faire rage pendant plus d'un mois. L'ART harcèle Bercy de notes pour le convaincre de résister à la pression politique et de ne surtout pas revenir sur la solution préconisée dans son avis du 7 mars. Difficile pourtant de ne pas céder à l'appel des milliards. Si bien que l'option des enchères, défendue au début de l'année par Pierret, revient par la fenêtre. Aux yeux de Laurent Fabius, elle a un double mérite : celui de la clarté et de la vitesse. Après tout, les enchères ne sont qu'un parfait condensé des mécanismes du marché. Une offre, une demande et la main invisible du marché fait le reste. Avec un tel système, on pourra difficilement accuser l'Etat de venir spolier arbitrairement ses entreprises. Ces dernières sont suffisamment responsables pour décider d'y aller ou pas et d'y mettre le prix qui leur semble juste. La bande des trois (Vivendi, Bouygues, France Télécom) comprend très bien que le gouvernement joue sur du velours. Pourquoi une entreprise privée, habituée à naviguer dans les eaux du marché, ne voudrait-elle pas du système des enchères ? Les Allemands ont, eux, d'ores et déjà fait savoir qu'ils lanceront en juillet leurs enchères et qu'ils affecteront le butin UMTS à la réduction des déficits publics.

Le ballon d'oxygène UMTS finit fatalement par intéresser Matignon, tenu jusqu'à présent à l'écart d'un dossier qui n'aurait jamais dû quitter le cabinet de Pierret. Quel chef de gouvernement pourrait se désintéresser de 250 milliards de francs ? Jospin consulte, se fait envoyer des notes pour se faire une religion sur ce débat théologique : enchères ou pas enchères ? Son ami de vingt ans, Dominique Strauss-Kahn, ex-ministre de l'Economie et des Finances, a une idée. Et tant pis s'il patauge encore dans les procédures des affaires judiciaires de la MNEF et d'Elf. Il la trouve tellement géniale qu'il demande audience à Jospin pour la lui vendre. L'idée est simple : au lieu des enchères ou du concours de beauté, il suffirait qu'en contrepartie des licences, l'Etat prenne une part du capital des filiales UMTS des opérateurs. Si l'UMTS tient ses promesses, l'Etat se retrouvera actionnaire d'entreprises qui vaudront une fortune. Et si l'UMTS ne décolle pas, l'Etat n'empochera aucun butin mais ne portera pas la responsabilité d'avoir saigné des entreprises pour rien. De toutes les façons il s'en sortira avec les honneurs. Ce projet peut redonner le sourire à la gauche du Parti socialiste, tout heureuse de revenir au bon vieux temps des nationalisations. Gagnant sur tous les tableaux. A l'occasion d'un dîner en ville, DSK en souffle un mot à Martin Bouygues, l'employeur de sa femme Anne Sinclair. Les nationalisations n'ont jamais été la tasse de thé favorite de Martin. Mais tout ce qui peut éviter les enchères est le bienvenu. Et si en plus on évite de débourser un droit de péage, alors... Lionel Jospin trouve l'idée séduisante. Mais il ne voit pas comment il pourrait la revendre à Laurent Fabius, le grand rival de DSK... Tout cela lui paraît finalement irréalisable. L'idée « géniale » de DSK restera dans les cartons...

Martin prend la plume

Depuis la réunion secrète du 28 avril à l'ART, Martin Bouygues s'agite dans tous les sens. Lui qui n'a accordé qu'une grosse dizaine d'interviews dans la presse, lui qui fuit dîners en ville et coteries parisiennes, est désormais sur tous les fronts. Cette affaire des enchères est pour lui une question de vie ou de mort. Bouygues Télécom fait figure de Petit Poucet face au géant France Télécom et à Vivendi. Tout nouveau dans la profession du mobile, Martin sait que ses 15 % de part de marché sont encore fragiles. Il ne faudrait pas grand-chose pour que cette belle réussite commerciale, qui n'a toujours pas dégagé le moindre franc de bénéfice, se transforme en gouffre financier. Il se méfie comme de la peste de son ennemi juré France Télécom. Il n'a qu'une crainte : si Michel Bon jouait double jeu, main dans la main avec l'Etat, son actionnaire ? Lors de l'unique entretien qu'il aura à Bercy avec Christian Pierret, Martin Bouygues décide de mouiller Michel Bon jusqu'au cou.

« Tous les opérateurs et France Télécom compris sont résolument hostiles à tout projet d'enchères, dit Martin Bouygues au secrétaire d'Etat à l'Industrie.

— Ah bon, mais ce n'est pas ce qui m'a été dit chez France Télécom », répond incrédule Christian Pierret.

« En tout cas, c'est ce que Michel Bon a déclaré à l'ART », rapporte Bouygues qui cherche avant tout à sauver son pacte du « tous unis contre les enchères », signé lors de la réunion du 28 avril.

Dans la foulée de son entretien avec Pierret, il téléphone à Michel Bon.

« Président, je dois vous avouer que j'ai fait une bêtise. J'ai dit à Christian Pierret que vous étiez contre les enchères... »

Petit silence à l'autre bout du fil.

« Je ne dis pas forcément tout ce que je pense à mon actionnaire », répond le patron de France Télécom, comme pour s'excuser d'avoir été pris la main dans le sac.

Martin Bouygues est ravi de sa petite comédie : Bon a maintenant officiellement rejoint le camp des opposants aux enchères. Contraint et forcé.

Ainsi est fait Martin Bouygues. L'héritier par défaut de Francis Bouygues (c'est son frère aîné Nicolas qui aurait dû reprendre les rênes du groupe, s'il ne s'était pas fâché avec son père) aime bien se faire passer pour un maladroit, un gaffeur. Cela l'amuse, car il sait que l'establishment français l'a longtemps pris pour un plouc. Autodidacte avec un bac pour tout bagage, Martin n'est en effet pas du genre à citer le poète René Char dans ses discours comme Jean-Marie Messier. Son livre de chevet est plus prosaïque : ce sont les *Mémoires de O. L. Barenton, artisan confiseur*, un ouvrage du XIXe siècle rempli de maximes frappées au coin du bon sens paysan, dans lequel se reconnaît parfaitement le PDG de Bouygues. Pragmatique plus que visionnaire, la tête bien sur les épaules, Martin est un tenace, un opiniâtre qui ne s'avoue jamais vaincu. Aujourd'hui, il a décidé de se battre bec et ongles pour sauvegarder son téléphone. Car le téléphone, c'est le bébé de Martin. Le déclic s'est produit en 1985, il était en Louisiane, à Baton Rouge, et venait de demander la main de sa fiancée Melissa. Martin avait essayé de joindre ses parents pour annoncer la nouvelle. Personne n'était à la maison. L'opérateur américain a donc annulé la communication et ne lui a rien fait payer. A l'époque, le marché des télécoms était déjà déréglementé aux Etats-Unis et Martin avait été émerveillé par le sens du client des opérateurs américains. De retour des Etats-Unis, il rapportait, avec sa femme, le virus du téléphone. Créée de toutes pièces, la filiale téléphone mobile a prospéré. Malgré les pressions, Martin n'a jamais voulu vendre. Ce n'est pas une histoire de rentabilité, de profits, d'Ebitda. Le téléphone a permis à Martin de savourer une revanche toute personnelle. D'abord sur tous les sceptiques dans l'establishment qui l'ont longtemps nargué sur le thème de « cela ne marchera jamais ». Mais aussi auprès de son clan, le clan des Bouygues. Longtemps éclipsé par son frère Nicolas, le fort en gueule qui avait fait Centrale, comme Papa, Martin est longtemps passé pour un gentil garçon sans grande envergure. C'est d'ailleurs en douceur qu'il s'est imposé au sein du groupe Bouygues. Il a restructuré, assaini les comptes. Mais il lui fallait encore imprimer sa marque. Créer un métier. Le téléphone lui a permis de gagner ses lettres de noblesse et d'asseoir sa légitimité d'héritier. Alors il y tient comme à la prunelle de ses yeux. Et aujourd'hui, il n'est pas question que cette histoire d'UMTS vienne démolir tout ce qu'il a patiemment construit en 10 ans...

Début mai, Martin Bouygues décide donc de frapper un grand coup. Puisque les pouvoirs publics semblent ne rien entendre à ses arguments, il va mettre en scène son propre hara-kiri médiatique. Quoi de plus mobilisateur que d'organiser sa propre mort aux yeux de tous ? Si après cela, il n'est pas écouté, alors le combat sera définitivement perdu. Chevaleresque, il veut écrire, de sa propre main, son avis de décès dans une tribune en première page du journal *Le Monde*. Il annule son voyage en Chine, pourtant prévu de longue date, pour se consacrer pendant tout le long week-end du 8 mai à la rédaction de son article. Invité le samedi soir 6 mai à dîner chez François Pinault, son allié (grâce à un pacte d'actionnaire commun, les deux hommes contrôlent 25 % du capital de Bouygues), il en profitera pour présenter son brouillon. Il est plutôt rare qu'un patron déclare officiellement que son entreprise est condamnée, de mort « lente » ou « subite ». Mais les arguments de Martin Bouygues sont percutants. Il soutient qu'avec la mise aux enchères des licences UMTS, son entreprise est de toutes les façons condamnée au trépas. Soit il concourt et il est obligé de s'endetter à un niveau tel qu'il ruine toute perspective de développement. C'est le scénario de la mort lente. Soit il décide de s'en passer et dans ce cas il se coupe du marché du mobile de demain et meurt immédiatement. Comment Pinault appréciera-t-il cette implacable mise à mort ? Le milliardaire breton trouve la tribune de Martin osée mais percutante. C'est ce qu'il faut pour faire bouger le gouvernement. Pinault l'encourage à l'envoyer au *Monde*. Sa publication le 10 mai, en une du journal, suscite l'effet espéré. Les médias reprennent abondamment la déclaration suicidaire de Martin. A Bercy, même les plus habitués aux incartades de ce patron hors normes s'arrachent son papier. Pour une opération de lobbying, celle-ci a au moins le mérite de l'originalité et d'un certain panache. Immédiatement, Jean-Marie Messier et Michel Bon se rallient aux arguments de Martin. « Les enchères ou la mort assurée » devient leur mot d'ordre. Celui-ci paiera.

Le gouvernement finit par céder. Les opérateurs obtiennent gain de cause : il n'y aura pas d'enchères et la procédure préconisée par l'ART le 7 mars est maintenue. Pourtant il y a un « mais ». Un « mais » d'une valeur de 130 milliards de francs. Le mardi 6 juin, dans l'hémicycle de l'Assemblée nationale, Laurent Fabius annonce que le gouvernement offrira à qui veut bien concourir quatre licences UMTS au prix unitaire de 32,5 milliards de francs, soit un total de 130 milliards de francs qui rentreront dans les caisses de l'Etat pour financer le fonds de réserve des retraites. Un prix qui reste largement inférieur aux 250 milliards de francs des licences anglaises. Il n'empêche : en l'espace de trois mois, le prix des quatre licences UMTS, établi par le gouvernement, est donc passé de 20 à 130 milliards de francs. Sans aucune autre justification que les résultats des enchères britanniques. Cette décision ne satisfait évidemment personne. Ni les libéraux qui condamnent l'arbitraire de cette somme sortie de nulle part. Ni bien sûr les opérateurs, affolés par le prix de la facture. Cette fois c'est Jean-Marie Messier qui monte au créneau pour dénoncer un prix « exorbitant ». « Nous sommes des otages », déclare-t-il à la cantonade. Car en plus du prix de la licence, les opérateurs devront débourser une somme équivalente pour construire les nouvelles infrastructures de réseau. Soit un ticket d'entrée total qui s'élève à un peu plus de 60 milliards de francs. Même si c'est moins que les Anglais c'est énorme ! Martin ne baisse pas les bras. Ces 130 milliards de francs sont pour lui 130 milliards de trop à sortir. Il veut aller au bout de sa croisade : tuer dans l'œuf tout projet qui l'oblige à mettre un sou pour ces licences UMTS. Si Paris reste sourd à son discours, qu'à cela ne tienne : il ira à Bruxelles. Au cours du mois d'août, il rend donc visite au puissant Mario Monti, le commissaire européen italien en charge des questions de concurrence, pour tenter de le convaincre d'annuler les différentes procédures d'attribution de licences UMTS et de tout recommencer avec des règles communes pour tous les pays membres de l'Union. N'est-ce pas une atteinte à la concurrence, lui explique-t-il, que de pouvoir disposer dans un pays d'une licence gratuite et dans d'autres de devoir payer ? Ce jour-là, Martin est remonté comme jamais. « J'espère que vous vous rendez compte de l'énorme bêtise de ce système et de la responsabilité de la Commission européenne. C'est affreux. C'est monstrueux. » Il en faut plus pour impressionner l'impassible Mario Monti. Courtois mais inflexible, cet économiste de l'université de

Bologne est habitué aux ruades des grands patrons européens. Les jérémiades de PDG qui viennent pleurer sur leur sort et défendre leur cause, il connaît. Et il s'en fiche. Martin Bouygues décide d'utiliser ses dernières véritables munitions. Il ne calcule plus, il s'emporte, ivre de colère. « La conclusion de cette affaire c'est qu'il n'y a aucun responsable. C'est comme faire manger de la viande aux vaches. Tout le monde en subit les conséquences mais il n'y aura jamais aucun coupable... », rugit-il. La discussion s'arrêtera là. Une fois sorti du triste bâtiment de la DG Concurrence à Bruxelles, le patron de Bouygues respire de nouveau calmement et revient doucement à la raison. « Monti a dû me prendre pour un fou », se dit-il.

Peyrelevade fait l'intermédiaire

Le 10 janvier 2001, rue d'Astorg, au siège de Suez Lyonnaise des Eaux, se tient dans la grande salle lambrissée le conseil de surveillance du groupe. Trois semaines avant le dépôt de candidature, le directeur général adjoint du groupe en charge des finances et du pôle communication, François Jaclot, prend la parole pour présenter l'état d'avancement du dossier UMTS. Son dossier. Il y travaille depuis un an d'arrache-pied. En se lançant dans cette nouvelle bataille, le groupe Suez veut, comme son frère ennemi Vivendi, devenir un géant de la communication et de la téléphonie mobile. Présent dans l'énergie, l'eau et la propreté, le groupe est pour l'instant un nain de l'industrie de la communication. Exception faite de sa participation dans M6, de sa chaîne câblée Paris Première, de son réseau câblé parisien Noos, Suez n'a jamais su trop quoi faire de ce bazar oriental, véritable bric-à-brac de participations sans grande cohérence. En 1995, Gérard Mestrallet, le patron de Suez, a déjà hésité à se lancer dans la grande aventure de la téléphonie mobile, pour faire finalement marche arrière. Avec l'UMTS se présente une chance unique d'afficher enfin de grandes et belles ambitions en matière de communication et de faire converger tuyau et contenu, selon la stratégie de Jean-Marie Messier. En tout cas, c'est l'avis de Jaclot. Il défend son projet avec l'enthousiasme d'un impétueux startuppeur d'avant le krach. D'une oreille discrète, le conseil de surveillance écoute poliment la présentation de Jaclot. En l'absence de Jean Peyrelevade, le patron du Crédit Lyonnais, opposant résolu à l'UMTS mais surtout d'Albert Frère, l'homme d'affaires milliardaire belge et premier actionnaire du groupe, personne ne se fait vraiment d'illusion : aucune décision digne de ce nom ne sera prise aujourd'hui. Mestrallet souhaite juste susciter quelques réactions de son conseil. Ce sera très mou. L'ancien patron d'Elf et maintenant embarqué dans l'aventure Zebank d'Europ@web, Philippe Jaffré, ose un timide : « C'est un très beau projet industriel. »

Pourtant, le silencieux Albert Frère est dubitatif. Cette affaire UMTS l'inquiète. Il compte ses sous et calcule avec angoisse les TRI (taux de retour sur investissement) du projet. De son côté, Jean Peyrelevade, administrateur à la fois de Suez et de Bouygues, veut tenter quelque chose. Depuis la fin de l'année, la météo UMTS s'est dégradée. Plusieurs nuages inquiétants ont fait leur apparition. Financiers d'abord : les banques, très engagées dans le financement des projets UMTS, commencent à s'inquiéter de l'état d'endettement colossal des opérateurs de télécom. Techniques ensuite : fin décembre les fabricants, les Nokia, Ericsson et Alcatel, laissent entendre à demi-mot que les mobiles de la troisième génération auront finalement du retard. Attendus pour début 2002, ils ne verront pas le jour avant deux ou trois ans. Cela change beaucoup de chose, car le chèque de la licence doit, lui, être signé, pour

La saga de l'UMTS 301

moitié en tout cas, dès 2001. Jean Peyrelevade est de plus en plus convaincu que l'UMTS n'est qu'un mirage technologique. Un de plus. Pour lui, l'UMTS sera le digne successeur du Concorde. Une splendide prouesse technique pour un marché qui n'existera jamais. Au lieu de relier Paris à New York en trois heures et demie, l'UMTS permettra de faire défiler à toute vitesse sur son portable tous les secrets sophistiqués du Net. Mais qui sera prêt à payer 400 ou 500 francs par mois pour regarder des clips vidéo ou des bandes annonces de films sur son portable ? Une poignée d'adolescents du XVIe arrondissement de Paris ? Sûrement, mais après ? Peyrelevade est assis à une place de choix pour prendre le pouls du dossier UMTS. D'autant que c'est sa banque, le Crédit Lyonnais, qui a conseillé au gouvernement de fixer le prix d'achat d'une licence de 32,5 milliards de francs. Chiffre qu'il juge en privé totalement absurde. Mais tel est Peyrelevade, il n'est pas du genre à s'embarrasser de contradictions. Ses équipes peuvent parfaitement expliquer au gouvernement que le marché de l'UMTS est une mine formidable et lui s'agiter, seul, au même moment, pour convaincre ses amis de ne pas acheter ces licences. Mi-janvier, à quinze jours de la clôture des candidatures, ni Martin Bouygues, ni Gérard Mestrallet n'ont arrêté leur position. Jean Peyrelevade décide de les faire se rencontrer tous les deux dans son bureau du boulevard des Italiens, au siège du Crédit Lyonnais : pourquoi les deux challengers n'y iraient-ils ensemble ? Les deux patrons ne se connaissent pas bien. Difficile de trouver plus différent. Une sorte de yin et de yang du capitalisme français : un héritier, fort en gueule et têtu comme une mule, et un X-Mines, tout en courtoisie et en dialectique diplomatique. Le casting est d'autant plus improbable que Bouygues n'a aucune envie de faire la courte échelle à Mestrallet pour l'aider à monter dans la téléphonie. Peyrelevade repart à l'attaque pour les dissuader de se lancer seuls dans cette folie. « Pourquoi ne pas faire une alliance ? » suggère le PDG du Crédit Lyonnais. Martin est réticent. Contrairement à Mestrallet, il joue là une grande partie de sa fortune personnelle. Ça change beaucoup de chose. Martin ne veut pas s'embarquer dans cette aventure sans de bonnes garanties financières. « Ce n'est pas en partageant en deux une affaire pourrie qu'on la rend bonne », finit par lâcher Martin Bouygues. La messe est dite. Au moment où les deux patrons ressortent de son bureau, Peyrelevade est convaincu que ni Suez ni Bouygues ne déposeront un dossier de candidature. Le 24 janvier, Gérard Mestrallet ne demande même pas l'avis de son conseil de surveillance : son groupe ne postulera pas au concours de beauté de l'ART. Sans complexe, la Bourse, en poussant le titre Suez à la hausse, approuve cette sage décision, oubliant qu'un an auparavant elle avait pourtant applaudi des deux mains quand Mestrallet avait annoncé son intention de se porter candidat à ces licences. Martin Bouygues fera durer le suspense jusqu'au 30 janvier, date du conseil d'administration de Bouygues Télécom. Il choisit finalement la « mort subite » à la « mort lente » et laisse Vivendi et France Télécom partir seuls chercher leur licence UMTS. Le gouvernement tombe de haut. Lui qui s'attendait à toucher un chèque de 130 milliards de francs, doit maintenant se contenter de la moitié. Plus qu'un préoccupant manque à gagner, c'est une formidable claque pour Laurent Fabius.

Seul contre tous

La décision de Martin Bouygues prend toute la profession à contre-pied. Son groupe est le seul opérateur de téléphonie européen à renoncer à l'UMTS. Avoir raison contre tous les autres, se retrouver seul contre le marché n'a jamais fait peur à Martin. Il aime jouer les brebis galeuses et persifler contre la pensée unique et le conservatisme de ses pairs. Evidemment, ses concurrents ricanent et expliquent à qui veut l'entendre que Martin Bouygues n'a pas les moyens financiers de ses ambitions. Le patron de Bouygues laisse dire et sort de son chapeau quatre nouvelles lettres : le GPRS (General Packet Radio Service), une petite sœur de l'UMTS, qui permet également de relier le mobile à l'Internet, à des débits élevés, mais qui restent bien en deçà des possibilités de la troisième génération. Le principal mérite de cette technologie est qu'elle ne coûte presque rien : à peine dix milliards de francs contre 60 milliards à l'UMTS pour se doter d'un réseau. Pour Bouygues, le calcul a été vite fait : le GPRS sera amplement suffisant pour gagner un peu de temps et laisser retomber le soufflé de la téléphonie de la troisième génération. Et qui sait si dans un ou deux ans les deux licences UMTS françaises restantes ne seront pas mises en vente à un prix enfin raisonnable. La Bourse réagit mollement à cette annonce. En d'autres temps, une telle décision aurait provoqué un cataclysme boursier. Les investisseurs n'auraient pas compris qu'un opérateur fasse l'impasse de l'UMTS. Le titre de Bouygues Télécom ne cédera cependant que trois petits points.

Car entre-temps, la météo a radicalement changé. Après être revenu des mirages du Web, les investisseurs doutent de leur dernier joujou, l'UMTS. Et l'orage boursier a fini par éclater sur toutes les valeurs télécoms de la planète. Cette fois, les dégâts seront autrement plus dévastateurs que ceux provoqués par le dégonflement du Nasdaq. En avril 2000, le krach avait surtout concerné de petites start-up sans grande importance. Presque un an après, ce sont les géants de l'industrie, les Alcatel et autre France Télécom, qui se retrouvent dans l'œil du cyclone. Affolée par les taux d'endettement des opérateurs (qui peuvent atteindre plus de 200 % pour France Télécom par exemple), la

Bourse brûle ce qu'elle a adoré pendant cinq ans. Une sorte d'expiation d'une violence que personne n'avait anticipée. La main du marché est parfois machiavélique : elle peut parfaitement reprocher à des entreprises les conséquences d'actes qu'elle a pourtant longtemps encouragés. Le marché n'est pas tenu par les remords. En janvier 2001, quelques jours avant l'introduction en Bourse de sa filiale anglaise Orange, achetée à prix d'or, Michel Bon déclare très sérieusement au quotidien *Les Echos* : « La bulle télécom semble complètement dégonflée. » Il ne sait pas encore qu'il est en réalité aux portes de l'enfer boursier. A partir du mois de mars, l'Europe des télécoms prend conscience qu'elle marche depuis plusieurs semaines sur un fil suspendu au-dessus du vide. Que la chute est inévitable. Les opérateurs coupent le robinet des commandes et tous leurs investissements d'infrastructures. Et d'un seul coup la formidable machine à faire pousser ces arbres jusqu'au ciel s'arrête net. Equipementiers et opérateurs avaient lié depuis longtemps leur destin : on se faisait mutuellement crédit, certains même se rémunéraient en actions. Tout était bon pour ne surtout pas enrayer la belle mécanique. Main dans la main, ils grimpaient ensemble. Ils chuteront donc ensemble. Aussi surprenant que cela puisse paraître, personne n'avait vu venir le coup. Les stars d'hier, comme l'américain Lucent ou Cisco, le suédois Ericsson, le français Alcatel, que la nouvelle économie croyait immortels, annoncent tous en même temps des plans sociaux d'une ampleur à donner la chair de poule. Après avoir envisagé de sceller une alliance avec Alcatel, Lucent licencie 38 000 personnes, Ericsson 22 000, Nortel 40 000, Alcatel 27 000 emplois dans le monde. Partout, l'industrie des télécommunications tourne au ralenti. Chômage technique, vente d'usines, licenciements : la boîte à outils traditionnelle des plans de restructuration est sortie de l'armoire. Comme au triste temps de la sidérurgie.

En Grande-Bretagne et en Allemagne, le marché attend avec angoisse la première faillite d'opérateur téléphonique, détenteur d'une licence UMTS. Le suspense ne devrait pas tarder trop longtemps. En France, Martin Bouygues rayonne. L'endettement de ses deux concurrents français le met dans une forme olympique. Ils ont choisi l'UMTS, qu'ils assument maintenant ! Même si le pari de l'indépendance de Bouygues Télécom reste incertain, son patron n'a pas la désagréable sensation de vivre un couteau sur la gorge. Seul contre tous, il attend son heure tranquillement. Il est convaincu que le gouvernement ne pourra pas remettre en vente ses deux licences au prix de 32 milliards de francs. Alors il patiente. Mais il se dit prêt à aller attaquer le gouvernement devant la Cour européenne de Luxembourg s'il venait à l'idée de ce dernier de revoir à la baisse le prix des licences de Vivendi et de France Télécom. La débâcle boursière et industrielle des industries de télécommunications lui redonne le sourire. Il aimerait se croire le seul survivant de ce naufrage collectif. Une chose est sûre : il ne viendra pas pleurer la mort subite de la nouvelle économie.

« Consultez un psychiatre ! »

Ce 6 septembre 2001, Martin Bouygues est un des invités du Crédit Commercial de France, devenu HSBC-CCF. Dans la grande salle de réception des Salons Hoche, la fine fleur des analystes financiers français et européens est réunie. C'est l'occasion de faire le point sur la stratégie du groupe. Mais c'est aussi une chance unique pour Martin de venir savourer sa revanche. D'affirmer tout haut le mépris que cette salle lui inspire. Depuis l'épisode de la vente des licences UMTS et le terrible krach qui a fait plonger toutes les valeurs télécoms de la planète, Martin Bouygues sait qu'il a échappé au pire. Certes son cours de Bourse a plongé. Mais au moins il n'a pas à vivre avec les 425 milliards de francs d'endettement de France Télécom ! Alors quand il commence son speech, Martin Bouygues a pris une voix grave, sérieuse, appliquée. Il déroule sa présentation consciencieusement, détaille les différentes filiales, réaffirme les objectifs de croissance et de rentabilité. Le ton est monocorde, un rien professoral. Comme si cet exercice forcé l'ennuyait. En réalité, Martin souhaite juste changer de sujet et parler de l'UMTS. De sa victoire. « On parle de technologie mais pas des futurs clients. Qui aujourd'hui peut dire que ce marché de la téléphonie de troisième génération existe, et à quelle vitesse il va croître ? » dit-il. La question est évidemment posée aux analystes de la salle, ceux-là mêmes qui prédisaient monts et merveilles il y a encore quelques mois. Et histoire d'enfoncer le clou, Martin, sourire aux lèvres, se fait carrément provocateur : « Mais ne dit-on pas que les marchés financiers ont par définition toujours raison ? » Il faut bien sûr tout traduire au second degré. Pour Martin Bouygues, le marché a, en réalité, une fâcheuse tendance à parler à tort et à travers de ce qu'il ne connaît pas. Et en l'occurrence, avec l'UMTS, il a fait la preuve éclatante de son inefficacité, pour ne pas dire de son incompétence. Ce consensus de marché, alimenté par des analystes, certifié par des investisseurs et relayé par les journalistes et les consultants a réussi à mettre par terre tout le secteur européen des télécommunications, en l'espace d'un an. C'était juste pour dire cela que Martin était content de venir parler devant cette honorable assemblée. Maintenant c'est dit.

Jean-Marie Messier n'aime pas du tout laisser Martin Bouygues parader. En plein marasme boursier J6M est décidé à tenter un coup de force. Le tout pour le tout ! Le dimanche 30 septembre, Vivendi doit déposer à Bercy un premier chèque de 619 millions d'euros (quatre milliards de francs) à l'ordre du Trésor public, pour l'obtention de sa licence. Un deuxième versement du même montant devant intervenir le 31 décembre. Mais pour Messier, il n'est pas question d'obtempérer. A 13 heures il passe un coup de fil au cabinet de Laurent Fabius pour dire que son chèque a bien été déposé mais sur un compte bloqué à la Caisse des dépôts et consignations. Impossible pour le gouvernement de toucher son dû. Une vraie déclaration de guerre. D'autant que la presse est prévenue. A Bercy personne ne comprend le geste de Jean-Marie Messier. Laurent Fabius fulmine : « Pas question de négocier sous la contrainte », déclare-t-il à ses conseillers. La pression est à son comble. En braquant le gouvernement, J6M a fait une erreur. Il s'aperçoit vite qu'il risque de faire capoter une possible négociation à l'amiable. Il se rétracte donc immédiatement et décide d'envoyer son chèque. Mais, pour lui, c'est donnant-donnant. D'accord pour payer mais à la condition que le gouvernement revoie, une bonne fois pour toutes, le prix des licences. Quinze jours plus tard, Laurent Fabius annonce le rabais tant attendu. Puisque la croissance française patine et que le secteur des télécoms s'enfonce chaque jour un peu plus dans la crise, l'heure est à la conciliation. Au lieu des 4,9 milliards d'euros (32,5 milliards de francs), les opérateurs devront maintenant s'acquitter de 619 millions d'euros, c'est-à-dire exactement le montant du chèque que viennent de déposer Vivendi et France Télécom. En plus de ce ticket d'entrée, les opérateurs devront tout de même se résoudre à verser une petite taxe d'environ 1 % sur le chiffre d'affaires généré par l'UMTS. A ce prix ce n'est plus une conciliation, c'est une déclaration d'amour. En l'espace de dix mois, la facture aura été divisée par huit. Jean-Marie Messier exulte. Fabius a été bien au-delà de ce qu'il espérait, il y a encore quelques semaines. La France a désormais les licences UMTS les moins chères d'Europe (à l'exception des Finlandais). J6M tient sa revanche sur son ennemi intime. La volte-face du gouvernement déstabilise en effet Martin Bouygues. Lui qui avait crié sur tous les toits qu'il attaquerait, quoi qu'il arrive, le gouvernement en justice s'il venait à revoir à la baisse le prix des licences acquises par ses concurrents... Il est pris au mot. Martin, le boutefeu, rage de voir Messier obtenir ce qu'il espérait depuis le début. Il aurait tant aimé pouvoir continuer à faire la nique au nouveau « Maître de l'Univers ». Deux jours après l'annonce du gouvernement, un porte-parole de Bouygues annonce piteusement que le groupe serait maintenant prêt à envisager une candidature, mais avec le soutien d'un partenaire industriel. Reste à trouver qui. Car Suez a, lui, tourné définitivement la page et refuse de rouvrir ce dossier. En attendant, la haine entre les deux hommes est toujours là. Prête à s'exprimer à la moindre occasion. A la lecture d'un article du 27 octobre 2001 du *Nouvel Observateur* qui vantait le « lobbying efficace » de Bouygues dans le changement de position du gouvernement, J6M grimpe aux rideaux. De rage, il faxe une lettre manuscrite à Martin Bouygues où il explique qu'attribuer la modification du prix de l'UMTS à Bouygues, s'apparente à une « réécriture stalinienne de l'histoire ». La réponse de Martin à cette missive enflammée fut courte : « Votre lettre me confirme dans mon opinion. Vous devriez consulter un psychiatre [1]. »

---

1. *Le Monde*, 21 novembre 2001.

CHAPITRE 15

Money, money, money

Les petites enveloppes de Nomade

Mars 2000 : sur le palier d'un bureau d'avocats très chic, dans un immeuble haut de gamme du VIIIe arrondissement, un homme s'accroupit, les mains posées sur le tapis moelleux du couloir et se lance dans une série de roulades effrénées. A ses côtés, un copain s'étrangle de rire et secoue nerveusement un petit bout de papier. Ces deux olibrius sont Jean Postaire et Gilles Guesquière, les cofondateurs de Nomade. Il est comme cela, Jean. Chaque fois qu'il veut fêter un événement heureux, il fait des galipettes. Gilles est moins exubérant. Il regarde sans relâche le bout de papier : c'est la photocopie du chèque qu'ils viennent de toucher. Il rit. La vente de Nomade a eu lieu en juillet 1999, mais ils n'avaient pas alors exactement réalisé combien cela représenterait en cash pour eux. Et là sur le chèque, ils ont dû recompter les zéros. 160 millions de francs. Dans leurs rêves les plus fous, jamais ils n'auraient imaginé qu'ils gagneraient un jour autant. Sortis de l'immeuble, les deux compères s'installent à la terrasse du premier café qu'ils trouvent. Ils sont face au Trocadéro. Avec un sandwich en guise de déjeuner et un café crème. Ils sont heureux. Jean est excité comme un gamin à la pensée de la Harley Davidson qu'il va s'acheter, dès demain. Gilles parle de désert de sable rouge, de lagons turquoise dans l'océan Indien. Il veut repartir faire le tour du monde.

Les deux fondateurs de Nomade n'en reviennent toujours pas d'avoir touché le jackpot. Ils ont bonne conscience : a priori, leurs salariés devraient aussi pouvoir bénéficier de cette manne. Comme dans toute start-up qui se respecte, les dirigeants de Nomade ont abondamment versé des stock-options. Pour eux, cette aventure est d'abord collective. Les doutes, les week-ends de travail, les joies. Ils ont tout partagé avec leurs salariés et leur ont toujours répété que, si Nomade perçait, tout le monde récolterait les fruits du succès. Quand Nomade a été racheté par LibertySurf, ses fondateurs se sont donc d'abord préoccupés de savoir ce qu'il adviendrait de leurs salariés. Ils se sont battus pour que les stock-options de leurs troupes soient converties de la façon la plus avantageuse qui soit. Et malgré les réticences de Pierre Besnainou, ils ont obtenu un traitement de faveur pour les ex-Nomade, afin que leur ancienneté soit prise en compte. Aujourd'hui, leurs salariés sont lestés de paquets d'actions LibertySurf conséquents. L'IPO de LibertySurf devrait être un feu d'artifice. Leurs salariés vont eux aussi toucher un petit pactole.

A l'automne 2000, l'e-krach a fait disparaître d'un coup de baguette les fortunes de papier. Pas celles de Gilles Guesquière et de Jean Postaire, qui ont vendu Nomade contre du cash. Les deux pionniers du Net sont soulagés d'avoir vendu quand il en était encore temps. Mais ils se sentent terriblement coupables vis-à-vis de leurs salariés. Depuis l'introduction en Bourse, l'action LibertySurf, qui était pourtant montée jusqu'à 79 euros, n'en vaut plus que 11. Les actions qu'ils avaient négociées pour leurs troupes ne valent plus grand-chose. Gilles Guesquière et Jean

Postaire ont l'impression d'être partis comme des voleurs, en emportant la caisse. Ils n'ont aucun regret d'avoir fait payer le prix fort aux équipes d'Arnault. Pour une fois que des petits entrepreneurs anonymes réussissent un coup pareil, ce serait trop bête de bouder son plaisir ! Mais Gilles et Jean ne cessent de penser à leurs collaborateurs, qui, après avoir tutoyé la fortune, se retrouvent avec des liasses de papier sans valeur. Ils se souviennent des promesses qu'ils leur avaient faites. Et cela leur est devenu difficilement supportable.

Ce soir de novembre 2000, les dirigeants de Nomade ont entièrement réservé un petit restaurant dans le Marais. Ils ont réuni toute l'équipe de Nomade avec laquelle ils ont partagé cette aventure inoubliable : les débuts où l'on se débrouillait avec trois bouts de ficelle, les humeurs de Bigoudi, les angoisses, les grandes joies, les roulades de Jean qui venaient couronner chaque nouveau contrat obtenu. Nomade est une petite famille et ce n'est pas la première fois qu'on se rassemble ainsi, pour une fiesta improvisée. Mais ce soir, Gilles veut prendre la parole. Il est ému. Il parle de ces quelques années qu'ils ont passées ensemble, les remercie pour leur travail. Sa voix s'étrangle. C'est Jean qui prend le relais. Mais il n'est pas plus explicite que son ami. Il se perd en remerciements confus. Ce soir, sous l'assiette de chacun des convives, il y a une petite enveloppe. Pudiques, les fondateurs de Nomade n'ont pas expliqué ce qu'elle contenait. Ils ont juste demandé à leurs convives d'attendre d'être chez eux pour l'ouvrir. Cela fait plusieurs semaines que Gilles et Jean travaillent à leur petite surprise. Ils ont calculé pour chacun de leurs salariés le montant que représentaient leurs stock-options, au moment de la vente de Nomade à Arnault. Une valorisation très avantageuse, puisqu'elle avait été déterminée au plus fort de l'euphorie boursière. Puis ils ont fait des chèques. Tirés sur leurs comptes en banque personnels. Les fondateurs de Nomade voulaient que leur rêve de startuppeurs soit réalisé jusqu'au bout. C'est-à-dire avec leurs salariés. Et ils n'allaient pas se laisser décourager par un malheureux krach !

Pour certains, les plus anciens, le montant du chèque comporte beaucoup de zéros. Et pendant la nuit qui suit cette soirée particulière, les fondateurs de Nomade vont recevoir un bon nombre d'e-mails. Envoyés à 4 heures du matin, 5 heures du matin. Il s'agissait de salariés qui venaient d'ouvrir leur enveloppe. Le lendemain, il y aura beaucoup d'effusions et de larmes dans les bureaux de Jean ou de Gilles. L'histoire, pourtant, est restée secrète. Personne à LibertySurf ne saura ce qui s'est tramé entre les patrons de Nomade et leurs ex-salariés. Gilles et Jean n'ont pas envie que cela se sache. Le très secret Gilles est resté muet comme une tombe. Quant à Jean, le Méridional, le bavard, il n'a pu s'empêcher de gaffer. En faisant promettre de ne jamais révéler l'anecdote dans un article de journal. Les fondateurs de Nomade n'ont pas envie d'avoir l'air d'avoir fait acte de charité. Pour eux, il s'agissait juste d'être fidèles à leurs principes et à une certaine idée de l'entreprise. L'e-krach a mis du plomb dans l'aile au mythe de la start-up. Mais il ne l'a peut-être pas complètement tué. C'est ce qu'espèrent secrètement Gilles Guesquière et Jean Postaire. Et c'est tout simplement ce que leur argent leur a permis de montrer.

Argent virtuel

En ce 24 décembre 1999, Orianne et Alexandre ont pris l'autoroute de l'Est pour retourner chez leurs parents en Alsace fêter le réveillon. Cela fait des semaines qu'ils ne dorment plus et tiennent à coups de café et de Coca Light.

Les négociations avec le portail suédois Spray qui veut les racheter les ont épuisés. Ce matin, enfin, ils ont signé la lettre d'intention. Puis ils sont retournés chez eux, pour faire une petite sieste de quelques heures avant de prendre la route. Et là, dans leur petite 206, avec Némésis, le chien d'Orianne, qui s'ébroue gaiement sur la banquette arrière, Orianne et Alexandre, cotonneux, mais euphoriques, ont plein de zéros dans les yeux. Ils ne voient pas les kilomètres défiler. C'est un peu comme lorsqu'ils étaient petits, quand pour tromper l'ennui pendant les longs voyages en voiture, on jouait au jeu du millionnaire : « Qu'est-ce que tu ferais si tu avais un million de francs ? » Sauf que là, il ne s'agit pas d'un million de francs. A eux deux, ils sont virtuellement à la tête d'un pactole de quasiment 250 millions de francs. Peut-être même plus. Ils ont été payés en actions Spray, et l'introduction en Bourse de Spray devrait avoir lieu dans quelques mois. On promet déjà un feu d'artifice. Leurs actions vont valoir très cher. 200 millions, 300 millions, 600 millions. A force de jongler avec ces centaines de millions, les jeunes fondateurs de Caramail ne réalisent pas très bien ce que cela représente. Ils savent juste qu'ils sont riches. Ce soir, pour leur premier Noël de millionnaires, ils arrivent cependant les mains vides. Avec toute cette agitation, ils n'ont pas trouvé le temps d'aller acheter des cadeaux. Mais ils ont bien l'intention de se rattraper.

« Dis donc, ma chérie. Il paraît que les actions de ta société ont encore baissé. C'est grave ? » Dix-huit mois après, Orianne ne cesse d'avoir papa et maman au téléphone. Les parents s'inquiètent. Ils étaient ravis quand Spray a racheté Caramail. Ils avaient compris que leur fille allait devenir très riche. Mais en novembre 2000, tout s'est compliqué. Orianne leur a expliqué que Spray n'allait finalement pas rentrer en Bourse à cause de son rachat par Lycos. Bref, ses actions Spray ont été converties en actions

Lycos, mais à un taux d'échange beaucoup moins intéressant. Depuis, l'angoisse des parents ne s'est pas apaisée. L'action Lycos, la monnaie dans laquelle est calculée la richesse de leur fille, ne cesse de dégringoler. A la tête d'un patrimoine de plusieurs centaines de millions de francs mi-2000, Orianne ne pèse plus que 23 millions de francs [1]. Et encore faudrait-il qu'elle vende ses actions, pour effectivement toucher ces millions-là. Les parents d'Orianne ont peur que la Bourse ne fasse complètement évaporer la fortune de leur petite fille qu'ils croyaient définitivement à l'abri du besoin. Orianne, elle, reste plutôt zen. C'est elle qui rassure ses parents. Les actions, cela va, cela vient. Bien entendu, la fondatrice de Caramail a dû en rabattre sur ses ambitions. Elle aurait voulu acheter une maison de campagne pour ses parents. Il faudra patienter jusqu'à ce que l'action Lycos remonte un tout petit peu. Mais à vrai dire, Orianne et Alexandre ne sont pas traumatisés. 10 millions, 100 millions... Ils se sont habitués à voir valser les zéros. Dans la nouvelle économie, on ne palpe ni d'argent ni de billets. On jongle avec les valorisations, on multiplie. L'argent n'est qu'un chiffre, arbitraire, sorti du chapeau par les investisseurs et qui varie en fonction des humeurs du marché. Dans la nouvelle économie, l'argent est aussi virtuel qu'un site Web. Orianne et Alexandre en ont toujours eu conscience. Ils s'estiment heureux : ils se paient des salaires confortables et chacun a touché 4 millions en cash au moment de la signature du *deal* avec Spray. Et puis, in fine, ils s'en sont mieux sortis que Michel Meyer, le rival dont ils ont eu finalement la peau. Le fondateur de Multimania n'a, lui, quasiment rien touché dans l'affaire ! A l'époque de l'introduction en Bourse, Michel Meyer pesait 674 millions de francs. Après l'ekrach, la capitalisation boursière de Multimania s'est évaporée et le patrimoine de son PDG s'est réduit à

---

1. Selon les estimations du magazine *Challenges*.

35 millions. Toujours virtuels. Car, contrairement aux fondateurs de Caramail, Meyer n'a pas touché un sou en cash. En mars 2000, Michel pensait déjà déménager. Il visitait des grands lofts de 200 m^2. Finalement, il a dû se rabattre sur un modeste 80 m^2 dans le quartier de la Bastille à Paris. Mais peu importe. Cela a été si enivrant de flirter avec la fortune, de vivre cette IPO, de réaliser, enfin, son rêve américain, ce rêve qui avait débuté, il y a de cela bien longtemps, dans une salle de bains remplie de câbles d'ordinateur dans la Silicon Valley. Si aujourd'hui Michel Meyer est amer ce n'est pas à cause de tout cet argent parti en fumée. Il y était préparé. En revanche il n'a toujours pas digéré d'avoir été viré comme un malpropre. Lui, le créateur de Multimania.

Le toboggan de la fortune est devenu un jeu banal dans le petit milieu de la Net économie. Les mésaventures de Michel ou d'Orianne sont loin d'être isolées. En quelques mois, la France a pour la première fois de son histoire généré des milliers de multimillionnaires. Des fortunes qui se sont évaporées au lendemain du krach. Nicolas Gaume qui pesait près d'un milliard de francs, a vu sa fortune fondre comme neige au soleil. Et aujourd'hui après son dépôt de bilan, Kalisto ne vaut presque plus rien. Pierre Besnainou, pour avoir vendu trop tard, a glané 100 millions de francs, six fois moins que ce qu'il pesait lors de son IPO. Avec la folie Internet, la France a découvert un nouveau concept. Celui de l'argent virtuel. Le phénomène a également touché beaucoup de salariés, travaillant dans des sociétés qui disposaient de plans d'épargne en actions et qui, eux aussi, se sont retrouvés pendant quelques mois à la tête de millions virtuels. Puis qui, lorsque le soufflé est retombé, ont dû faire une croix sur la maison de campagne en Bretagne ou la nouvelle voiture. Les Français ont revisité l'image qu'ils se faisaient de la fortune. Lingots d'or, bijoux de famille, immeuble en bonne pierre : la fortune, ce n'est plus forcément un patrimoine accumulé de génération en génération qu'on se transmet de père en fils. Après des dizaines d'années de glaciation, la roue de la fortune s'est remise à tourner. Elle intègre, elle éjecte. Mais les candidats n'ont jamais été si nombreux.

Transparence, quand tu nous tiens

« Mon patrimoine ? Pour mon salaire, c'est simple : je gagne 2 millions par an. Pour le reste, il faudrait faire le calcul. Et le mettre à jour à chaque variation de l'action Lycos. » Comme beaucoup de Net-entrepreneurs, Orianne n'a aucun complexe à parler d'argent. Peut-être justement parce qu'elle s'est habituée à cette notion d'argent virtuel. Son salaire, tout le monde le connaît à Caramail. Quant au reste, l'essentiel de son patrimoine, c'est aussi public. Dans le site Lycos, il y a la répartition exacte du capital de la société. Alexandre, comme Christophe et Orianne, possède 0,6 % du capital de Lycos. Il suffit ensuite juste de faire une règle de trois.

La première fois qu'elle a vu sa photo dans les classements des 500 fortunes professionnelles des magazines *Challenges* ou *Capital*, Orianne a été surprise. Mais il ne lui est pas venu à l'idée d'appeler les journaux pour contester ou demander d'être rayée du classement. Elle était au contraire flattée. A côté de sa photo, il y avait celle de vrais milliardaires comme Bernard Arnault ou François Pinault. Faire partie de ces classements-là, c'était surtout une reconnaissance. Peu importait le nombre de millions. Aujourd'hui, tout le monde peut calculer ses revenus réels. Orianne est transparente. A l'image de la nouvelle génération des entrepreneurs. A vrai dire, elle n'a pas le choix. Les entreprises de la nouvelle économie ne vivent que pour les marchés financiers et pour cette fameuse IPO. Or, les startuppeurs savent pertinemment qu'une fois leur société cotée, il est vain de vouloir cacher quoi que ce soit à ses salariés. Puisque les marchés exigent que l'entreprise dévoile tout, y compris bien entendu la rémunération des patrons. Alors à quoi bon faire des cachotteries ? Les startuppeurs français ont bien entendu en tête le modèle américain, qui a poussé l'exercice de la transparence à l'extrême. Là-bas, nul besoin d'être un détective privé ou un agent du fisc pour connaître tous les petits secrets d'argent de tel ou tel PDG. Il suffit d'avoir un ordinateur avec un modem connecté à Internet pour découvrir les détails les plus intimes d'une société. Le salaire de Bill Gates figure noir sur blanc sur le rapport annuel de la société, entièrement disponible sur le Net, soit sur le site officiel de Microsoft, soit sur un site financier comme Yahoo ! Finance. Vous pourrez également trouver le nombre d'actions dont dispose Bill Gates ainsi que leur cours. Il suffit ensuite de faire une petite multiplication pour savoir ce que vaut le bonhomme. Les curieux peuvent même savoir combien Bill Gates a vendu d'actions et a donc empoché en cash, sur chaque année. Bref, un salarié de Microsoft sait au franc près ce que ses patrons ou ses collègues font de leurs actions. Aussi simplement que s'il avait le relevé bancaire de son patron devant le bout de son nez.

Bien sûr, pour l'instant l'information financière concernant les sociétés françaises cotées au Nouveau Marché ou sur le Règlement mensuel n'atteint pas ce degré de précision. Pour quelque temps encore, les salaires restent confidentiels. Mais les sites comme Boursorama permettent désormais au grand public d'en savoir de plus en plus sur les finances des grandes sociétés françaises. Les patrons qui ont choisi l'introduction en Bourse savent qu'ils ne peuvent plus vivre cachés. La Bourse, c'est certes la possibilité de lever beaucoup d'argent d'un coup, d'accélérer sa croissance. Mais il y a le revers de la médaille. Les patrons de sociétés cotées doivent ainsi se résigner à vivre dans une bulle de verre transparente, sous l'œil impitoyable de la communauté financière, qui scrute leurs performances jour après jour. Les marchés réclament leur ration de chiffres, de ratios. Et à l'image des sociétés américaines qui publient la rémunération des dirigeants, les entreprises françaises elles aussi vont devoir jouer au grand déballage. Fin stratège, Jean-Marie Messier a bien compris qu'il n'y couperait pas lui non plus. Désormais PDG d'une société franco-américaine, son salaire figure noir sur blanc dans le rapport annuel de Vivendi Universal. Il a donc préféré prendre les devants et révélé au grand jour le montant de ses émoluments dès septembre 2000. En 1998, pourtant, le même Messier refusait de rendre public son salaire. « Je ne veux pas qu'en rentrant de l'école, mes enfants me disent, papa c'est dégueulasse de gagner tant. » Aujourd'hui, avec ses 20 millions de francs de salaire, le PDG de Vivendi Universal est l'un des patrons les mieux payés de France et il l'assume parfaitement. Par rapport aux patrons américains, il fait figure de petit joueur ! Messier a d'ailleurs parfaitement réussi son *coming-out* médiatique. Au début des années 90, quand *Le Canard enchaîné* avait révélé le salaire de Jacques Calvet, ce dernier avait été attaqué à boulets rouges. On avait comparé son salaire à celui de ses ouvriers dans les usines Peugeot : 2 millions, c'était 300 fois la paie d'un de ses ouvriers. Aujourd'hui, avec un salaire dix fois supérieur, l'aveu de Messier est passé comme une lettre à la poste, dans l'indifférence blasée du grand public. En jouant cartes sur table, J2M a désamorcé toutes les critiques. Auréolé de cette victoire, il prône désormais la transparence et fait la leçon aux archéos qui continuent à draper dans un voile de fumée le montant de leurs rémunérations. Et en janvier 2001, le Medef, le syndicat des patrons, après avoir combattu pendant des années pour tenir secrets les salaires des patrons, a enfin changé d'avis.

Influencé par les petits nouveaux du syndicat Croissance Plus, qui eux militent pour cette transparence accrue depuis 1997, Ernest-Antoine Seillière incite désormais ses collègues patrons à révéler leurs salaires. Ils sont désormais nombreux, ceux qui, tout comme les patrons de la nouvelle économie, donnent sans chichi le montant de leurs rémunérations. Bien sûr, le chemin reste long. Mais les startuppeurs ont ouvert la voie : plus rien ne sera comme avant.

L'argent n'est plus une honte

« Gagner de l'argent n'est pas honteux. C'est servir son pays ! » Ce ne sont ni Bernard Tapie, ni Alain Madelin qui parlent de la sorte. Mais Claude Allègre, l'ami de Lionel Jospin, l'universitaire qui n'a jamais travaillé dans le privé, l'ancien ministre de l'Education. C'est une vraie révolution. Avec l'arrivée des nouveaux entrepreneurs, de ces représentants de la « France qui gagne », la richesse n'est plus un mal honteux. Pour la nouvelle gauche, l'argent n'est plus un péché. En 1999, un Allègre ou un DSK ne tarissent pas d'éloges sur ces jeunes héros français, capable de générer des fortunes de plusieurs millions en quelques années. Le faiseur d'argent, nouvelle icône de la gauche ? C'est justement au début des années 80, sous Mitterrand, qu'est née la figure de l'entrepreneur. Elle était alors incarnée par Bernard Tapie, self-made-man populaire mais controversé. La France était alors coupée en deux. Il y avait ceux qui le plébiscitaient. Et puis ceux qui le honnissaient. Pour eux, l'argent trop rapidement gagné de Tapie sentait le soufre, la magouille. Et dans le petit berceau douillet des élites, sur le campus de Polytechnique ou d'HEC, les jeunes diplômés du début des années 80 rêvaient davantage de faire carrière dans une grande banque d'affaires que de suivre l'exemple d'un Tapie ! Vingt ans après, les self-made-men sont revenus à la mode. Les étudiants des promotions 2000 d'HEC plébiscitent les cyber-entrepreneurs, symbole de la réussite. Ils marchent sur leurs traces, créant eux aussi leur petite start-up dans leurs chambres. La presse, les parents, la famille, les amis. Tout le monde contemple, ravi, les ébats des bébés entrepreneurs, image de la France qui gagne. Bref, alors que Tapie divisait, le nouveau self-made-man, lui, recueille un consensus unanime. La Netmania gagne toutes les couches de la population, les élites, les politiques, les cadres supérieurs, les professeurs, les chauffeurs de taxi, les petits commerçants qui rêvent de voir leurs enfants marcher dans les pas des Orianne Garcia et autres Michel Meyer. Quels que soient ses qualifications, son compte en banque, son histoire, on s'improvise *business angel*, investisseur ou entrepreneur. Derrière tout cela, un objectif. Gagner bientôt, peut-être, beaucoup d'argent.

En ce début de l'année 2000, ce rêve fait battre le cœur de bon nombre de Français. Car, pour participer à la grande aventure du Web, il n'est pas indispensable de faire le grand saut en créant sa société. Pour connaître les frissons de la fièvre Internet, il y a la Bourse. Le Nouveau Marché. Ces actions qui prennent 10 %, 50 % en quelques jours. S'enrichir vite, à peu de frais est, pense-t-on, désormais possible et surtout accessible à tous. L'argent facile, jadis dénoncé par François Mitterrand, retrouve une virginité technophile et branchée. Cette fois au service de la création d'entreprise, de l'innovation et donc de l'emploi, le boursicoteur n'est plus ce vautour qui rôde au-dessus des charognes du capitalisme. Il devient un investisseur, un *business angel*. Il se déclare du côté du changement et pas de la rente, pouvant même revendiquer une mission de modernisation du capitalisme français. En termes d'image, cela change tout. Et fatalement, l'inviolable verrou judéo-chrétien de la culpabilité face à l'argent saute d'un coup. Bref, en cet hiver 2000, la France est décomplexée, fascinée par la Bourse. Et s'adonne frénétiquement à l'ivresse du jeu et du boursicotage. Le seuil de 5,8 millions d'actionnaires particuliers, soit 12,8 % des ménages, est dépassé. Du jamais vu depuis dix ans. Car depuis 1992 et malgré la hausse de 60 % du CAC entre 1997 et 1999, c'était le calme plat : le nombre d'actionnaires stagnait autour de 5 millions. Il faut remonter à 1987 et au programme de privatisation du gouvernement de Jacques Chirac pour retrouver de tels niveaux.

A cette différence près qu'en 1987 acheter des actions, c'était encore exclusivement l'affaire des banquiers. Suivis aveuglément par le petit épargnant, à la merci du bon vouloir et de la disponibilité de son conseiller financier. Bref début 2000, la situation a bien changé. La Bourse n'est plus un jeu exclusivement réservé aux initiés, aux banquiers d'affaires, aux *traders* en chemise blanche. Jadis contrôlée par les spécialistes, l'information financière est désormais disponible à tous. C'est le pari qu'a fait le site Boursorama. Notes d'analystes, information sur les cours, courbes, diagrammes : tout y est gratuit. Grâce à Boursorama, les béotiens ont appris à jargonner rebond technique et analyse de cours. Le site est vite devenu incontournable. Avec Internet, la Bourse s'est démocratisée à grande vitesse. Accès à l'information, facilité, coût d'usage : les règles du jeu changent. Début mars 2000, dans tout Paris, de curieuses affiches de publicité appellent à la révolution. « Et si la Bourse profitait à tous ? » peut-on y lire. Au milieu, une faucille et un marteau, en or massif, serti de diamants. Tout en bas en petits caractères, cette invitation : « 150 000 Français ont déjà choisi d'investir en Bourse sur Internet. Rejoignez-les. » La campagne du courtier en ligne Selftrade a choisi la carte de la provocation. Tout est bon pour vendre la révolution émancipatrice de l'Internet, même la vieille imagerie communiste. Désormais, pour les grandes agences de communication, l'Internet va libérer la société française de ses vieux tabous, réconcilier les Français avec la Bourse et l'argent facile, démocratiser un jeu qui, comme le bridge, ne se pratiquait que dans les salons bourgeois. Le patron de Selftrade, Charles Beigbeder, le frère du médiatique publicitaire, n'est ni un ancien trotskiste, ni un dévoué de l'Armée du Salut. Ancien banquier d'affaires chez Crédit Suisse First Boston, il a juste senti un peu avant les autres l'explosion de la Bourse sur Internet. Lancé en 1997, Selftrade connaît des taux de progression échevelés. Tout comme ses concurrents, Fimatex (la filiale de la Société Générale), Cortal, Ferri Online, Consors ou encore Bourse Direct. Leur mot d'ordre : démocratiser la Bourse.

Fin 2001, le krach est passé par là. Il a douché les ardeurs des apprentis boursicoteurs. Aujourd'hui, sur la petite cinquantaine de courtiers en ligne, il n'en reste plus qu'une dizaine. Mais ce métier, encore inconnu il y a peu, a désormais pignon sur rue. Et si les Selftrade et autres n'ont pas réussi à convertir massivement la France en une nation de petits porteurs, ils ont au moins réussi à modifier l'image de la Bourse. Le rapport des Français à l'argent a bien changé. On ne méprise plus « les nouveaux riches ». On les envie, on les respecte. La fièvre de la nouvelle économie, aussi courte qu'elle fût, a été un accélérateur incroyable de cette métamorphose à l'œuvre depuis quelques années. Le cyber-entrepreneur, cette nouvelle icône, starisée pendant la bulle Internet, a incarné à merveille la figure du nouveau riche, aux antipodes des héritiers des grandes familles. Il démontre que l'ascenseur social fonctionne un peu. Le mythe de l'égalitarisme républicain a été remplacé par celui de l'entrepreneur venu de nulle part. Et comme s'il sentait enfin que le vent soufflait dans son sens, l'entrepreneur, lui, n'a plus honte d'avoir fait fortune. Au contraire. Il en est fier.

Malgré l'e-krach, Orianne, la reine du *buzz*, a ainsi conservé intacte son image populaire de self-made-woman. Quand elle se promène dans la rue, la jeune femme se fait ainsi désormais souvent interpeller par les passants. On la félicite, on l'encourage. On la reconnaît au restaurant, à l'aéroport. Un jeune papa est même venu la voir, timide, pour lui présenter son bébé de quelques mois. Qu'il avait prénommé Orianne, pour que la petite suive le même chemin que la fondatrice de Caramail. Epargnée par la débâcle médiatique qui a touché la plupart de ses concurrents, Orianne, elle, continue à hanter colloques et conférences en capitalisant sur la cote d'amour qu'elle avait réussi à glaner pendant l'année 2000. La demoiselle est plus que jamais la chouchoute des médias et, toujours aussi photogénique, reste l'invitée idéale des émissions de télévision. A tel point que la rousse reine du *buzz* s'est vue offrir une place de chroniqueuse sur Paris Première ! Bref, Orianne est partout. Heureusement qu'Alexandre Roos et Christophe Schaming sont là pour faire tourner la boutique Caramail. Alors aujourd'hui, elle profite. Même si elle et Alexandre ne font plus partie des classements des 500 fortunes professionnelles de France, ils ont aujourd'hui les moyens de ne plus rien se refuser : des dîners dans des grandes tables, les week-ends à la dernière minute. Monsieur s'est acheté une Porsche. Madame roule en Smart gris métallisé, fait la razzia des magasins avenue Montaigne, collectionne les chaussures hors de prix, et offre à son chien Némésis un collier en cuir Vuitton. Sans complexe.

Nouveaux riches, nouveaux business angels

Mai 2001 : Orianne Garcia et Alexandre Roos invitent des amis dans leur nouvel appartement, un superbe 200 m^2

avec terrasse dans le VIIe arrondissement. Ce samedi soir, Marc Simoncini, le PDG d'I (France), est invité. Orianne et Alexandre ont rencontré Marc trois ans plus tôt et ils ont tout de suite apprécié sa franchise et sa décontraction. Marc est aujourd'hui l'un des entrepreneurs du Net qui a su le mieux profiter de la bulle Internet. Avec la vente d'I (France) à Vivendi, il a réalisé le plus beau coup financier de l'époque : son patrimoine est de quelque 500 millions de francs. Marc n'a pas vraiment changé. Il s'est acheté un grand appartement à Malakoff, pour sa famille (il attend un deuxième enfant). Mais cette année, il n'a pas rempli tout seul sa déclaration d'impôts. Il a fait appel à un expert-comptable et, pour une fois, il a fait attention de la poster en temps et en heure : là, 10 % en plus, cela aurait représenté un sacré manque à gagner ! Aux côtés de Marc, il y a Fabrice Grinda. L'ex-icône des médias, qui, lui, a en revanche tout perdu. L'ex-patron d'Aucland est au chômage et il n'a toujours pas d'appartement. Mais il continue à vouloir devenir milliardaire et rêve de monter une autre entreprise. Fabrice n'a pas un sou à investir, mais il continue à griffonner *business plan* sur *business plan*. Ce soir, il a une nouvelle idée.

« C'est un truc vraiment grand, vraiment ambitieux. Avec cela, je rafle tout le marché des télécoms des States. Je suis en mo-no-pole.

— Ah, ouuis, Fabrice, c'est génial. Mais il te faudrait combien pour ce genre de projet ? »

Marc, toujours pragmatique, a décidément le chic pour poser les questions gênantes ! Fabrice est coupé dans son élan.

« C'est le seul problème. Il me faut au minimum un milliard de dollars. Bon, peut-être que pour cette fois, il va falloir trouver autre chose. »

Orianne et Marc s'esclaffent. Ce Fabrice est décidément impayable ! A chaque fois qu'ils le voient, le jeune garçon a une nouvelle idée en tête. D'ailleurs, ça y est, le voilà parti sur un nouveau *business plan*. Marc et lui ont d'ailleurs décidé de partir ensemble en vacances pour monter et peaufiner un projet commun.

Ce soir, comme à chaque fois qu'ils se retrouvent, nos Net-entrepreneurs vont à nouveau parler de création de start-up. C'est comme cela à chaque fois qu'ils se voient, ils ne peuvent pas s'en empêcher. Pourtant, il y a eu le krach, les restructurations, les doutes, mais tout cela ne les a pas vaccinés. Bien sûr, à 43 ans, Marc, qui a commencé à travailler à 20 ans, n'a plus le courage de se lancer lui-même dans une nouvelle aventure. Mais il a très envie de sponsoriser de nouveaux projets. C'est une bonne façon d'investir son argent tout en se faisant plaisir. Il a déjà injecté plusieurs dizaines de millions de francs dans une poignée de start-up. Orianne, elle, n'a pas les moyens d'investir autant. Mais elle aussi, maintenant qu'elle a « réussi », souhaite donner un coup de pouce à d'autres entrepreneurs, des tuyaux, des conseils, des contacts. Quant à Fabrice, il n'a de toute façon pour l'instant pas envie d'aller postuler dans une grande entreprise. Il réfléchit à d'autres projets. Malgré la fin amère de l'aventure Aucland, le jeune garçon n'a pas renoncé à être un entrepreneur. Il s'est rapproché de son père, qui, lui aussi, a vécu au rythme des heurs et malheurs de la société. Et ce dernier, qui pourtant ne l'avait jamais trop encouragé à monter sa propre société, le pousse à rester dans cette voie. En attendant des temps meilleurs, Fabrice compte faire un peu de consulting par-ci par-là, en adaptant ses tarifs à la taille de ses clients start-up. Et, aux côtés d'Orianne et de Marc, il est au conseil d'administration de la start-up Millemercis.com ou à celui de l'incubateur Kangaroo Village. Ce qui permet au trio d'avoir accès à une mine de nouveaux dossiers, de nouveaux projets. Et d'exercer la jolie profession de *business angel*.

Voilà désormais le rêve de reconversion de tout entrepreneur qui se respecte. Les temps ont bien changé. Le patron de la PME qui avait réussi n'avait qu'une obsession : passer le pouvoir à son héritier, et fonder une dynastie familiale. Aucune ambition de la sorte chez les Net-entrepreneurs. Les nouveaux riches eux se convertissent plutôt en investisseurs qui à titre personnel injectent un peu d'argent dans des jeunes pousses, leur consacrent du temps, et les aident à prendre leur envol. Grâce à Internet, cette nouvelle race de financiers a fait son apparition. Patrick Robin est un de ceux-là. Après avoir vendu sa société Internet 120 millions de francs en 1998, il s'est immédiatement reconverti en « start-up lover » et consacre beaucoup de son temps à coacher ses poulains. Aujourd'hui, cet entrepreneur est devenu l'un des *business angels* les plus influents de la *high tech* française. Le tout jeune Loïc Le Meur, 30 ans à peine, n'a pas non plus résisté à l'appel de la start-up. L'HEC brillant qui créait des émeutes sur le campus de Jouy-en-Josas fait partie des rares Net-entrepreneurs à être resté dans le classement des 500 fortunes professionnelles des magazines économiques. Mais au lieu de se reposer sur son confortable patrimoine de 244 millions de francs, ce jeune papa continue à travailler comme un forcené. Dans les locaux de sa nouvelle start-up, à Boulogne, il héberge quelques jeunes pousses dans lesquelles il a mis des billes. Et trouve le temps pour donner un coup de main ici et là, sans compter les vingtaines de millions de francs qu'il a personnellement investis à droite et à gauche. La nouvelle génération de riches n'a pas l'intention de s'asseoir tranquillement sur son magot. Elle veut réinvestir son argent, le réinjecter dans le circuit de la création d'entreprises. Un Gilles Guesquière ou un Marc Simoncini ont eu la chance de se constituer une fortune au nez et à la barbe des figures les plus installées de l'establishment, les Messier et autres Arnault. Ce sont eux aujourd'hui qui redistribuent et se reconvertissent en investisseurs. Gilles a par exemple plusieurs projets en tête

auxquels il compte bien donner un coup de pouce. Une agence immobilière, un site d'annonces... Le jeune homme a plein d'idées. Et de l'argent. Merci Bernard Arnault !
Pour l'instant, bien sûr, Gilles, Marc et tous les *business angels* en herbe savent que la météo n'est pas forcément favorable à tous leurs nouveaux projets. Que la grande période de folie qu'ils ont connue et dont ils ont profité n'est pas près de se reproduire. Qu'importe. Ils attendent leur heure. Ils ont la foi. La foi ? Laurent Edel, malgré ses désillusions, veut la garder. Fin décembre 2001, il trouve enfin un accord avec Gilles Labossière pour se faire racheter ses 20 % du capital de Republic Alley et lui permettre de tourner définitivement la page. On est évidemment à des années-lumière des niveaux de valorisation de la bulle Internet. Mais Laurent Edel s'est laissé convaincre qu'il pouvait encore perdre à trop attendre. Alors avec ses quelques millions de francs, il décide de repartir. Et de créer une nouvelle société aux projets encore flous. Son nom ? Good Futur.

CHAPITRE 16

Moi et le marché

Le carrosse et la citrouille

« Dis-moi Serge, tu n'as tout de même pas osé acheter cette boîte ? » demande le patron d'un des plus puissants fonds de pension américains. Au bout de la ligne, Serge Tchuruk reste sans voix. « C'est une catastrophe. Cette entreprise ne vaut rien. Qu'est-ce que tu vas bien pouvoir en faire.... » renchérit l'Américain. Si le patron de ce fonds de pension a la ligne directe du patron d'Alcatel et se permet de lui parler comme à un vieux copain de promo, c'est tout simplement parce qu'il est devenu un des gros actionnaires du groupe français. Et un actionnaire, par définition, ça se soigne. Il suffit qu'il décide de vendre d'un coup ses titres Alcatel sur le marché, pour faire chuter le cours et provoquer une réaction en chaîne dramatique. Alors Serge le colérique prend sur lui et commence à expliquer calmement à son interlocuteur le pourquoi et le comment de sa stratégie. Avec un seul but : rassurer. Non, le rachat de la « boîte » en question ne fera pas chuter l'action Alcatel. Voilà le genre d'anecdote que veut raconter Serge Tchuruk à ses visiteurs en ce mois d'octobre 2001, alors que le cours de Bourse de son groupe est au plus bas. Et qu'Alcatel vit sous la menace d'une OPA d'un plus gros que lui.

Depuis ce fameux jeudi noir du 17 septembre 1998, où le titre Alcatel a dévissé de plus de 40 % en quelques jours, Serge Tchuruk se sait épié. Le moindre de ses faits et gestes est maintenant placé sous étroite surveillance. A l'époque le marché lui avait reproché de ne pas l'avoir informé suffisamment à l'avance que son objectif de résultat financier ne serait pas tenu. Et il lui a fait payer. Cette incroyable sanction a sonné comme un avertissement pour tout le capitalisme français. Désormais, tous les grands groupes cotés se savent à la merci d'une telle claque. Les patrons français ont donc appris à apporter le plus grand soin à leur communication financière. A multiplier les *road shows* aux Etats-Unis pour rencontrer les investisseurs et mieux anticiper leurs humeurs. A publier des comptes non plus tous les six mois mais tous les trois mois. A faire une place dans leur conseil d'administration à un ou deux patrons de multinationale étrangère ou à des sommités internationales indépendantes.

Depuis cet historique jeudi noir, le capitalisme français se sait définitivement sous influence. L'Etat-patron omniscient a cédé sa place aux marchés. A la violence de leur exigence. A leurs manies et à leurs caprices. En l'espace de trois ans, Alcatel a tout connu. La honte du désavoué puis la gloire et enfin la peur du condamné. Le cours de Bourse de l'équipementier est passé par tous les états. Fin 1998 il tombe à 15 euros. Le 5 septembre 2000, il atteint son sommet à 97,15 euros pour finalement rechuter à 12 euros en octobre 2001. Vu de loin, la courbe du cours de Bourse d'Alcatel ressemble au pic du Midi. Avec les mêmes pentes raides aussi bien dans la montée que dans la descente. Hier, en pleine bulle Internet et porté par le mirage UMTS, l'équipementier des télécommunications était le roi du monde. Riche et puissant. Avec sa monnaie action, il a acheté ce qu'il voulait et qui il voulait. De la brique mais aussi du vent. Des start-up américaines, payées une fortune, sans rien dedans. Le marché raffolait de cet esprit conquérant. L'ivresse des sommets boursiers peut parfois faire perdre la raison. La planète télécom s'est endettée jusqu'au cou : la croissance, toujours la croissance, encore la croissance... Comme une interminable fuite en avant. Personne, ni les opérateurs comme France Télécom, ni les équipementiers n'ont voulu ou su regarder la réalité en face. Les entreprises de *high tech* n'avaient plus aucun recul. Elles étaient noyées dans les marchés financiers, tellement absorbées par lui, qu'elles n'y voyaient plus rien. Ni ses clients ni son marché. Et un jour de mars 2001, la machine s'est arrêtée d'un seul coup. Les opérateurs se sont aperçus que le marché européen de la vente de mobiles avait fini par ralentir. Que l'UMTS, en plus d'avoir du retard, serait beaucoup plus cher et incertain que prévu. Que les niveaux d'endettement atteints par les opérateurs étaient devenus colossaux. Du jour au lendemain, les entreprises du secteur ont gelé leur politique d'investissements. Des bâtiments flambant neufs prêts à accueillir machines et ouvriers ont attendu en vain leur inauguration. L'éclatement de la bulle des télécoms a été d'une violence rarement égalée dans l'histoire du capitalisme. Comme Cendrillon, Alcatel a abandonné son carrosse pour une citrouille. Reine d'un soir, elle se retrouve à la merci d'une OPA. L'américain Cisco, son grand concurrent, pourrait maintenant ne faire qu'une bouchée d'Alcatel. Le prix de l'entreprise en Bourse vaut à peine la moitié de son chiffre d'affaires. Une misère.

A écouter Serge Tchuruk, à regarder ses doigts s'entremêler nerveusement, on sent bien que cette pression du marché peut broyer un homme. Lui faire perdre la foi en son entreprise, lui faire dire des mots qu'il ne pense pas, lui faire prendre des décisions qu'il ne souhaite pas. L'homme et le patron ont failli se perdre dans ce tourbillon. Invité à Londres au mois de juillet 2001 à un colloque organisé par le *Wall Street Journal* sur l'avenir de l'industrie des télécommunications, Serge Tchuruk déclare à un journaliste du prestigieux quotidien des affaires qu'il souhaitait transformer Alcatel en une entreprise sans usines. La confession a fait l'effet d'un tremblement de terre médiatique. Un groupe sans usines : tel serait le fantasme d'un patron qui a pourtant fait toute sa carrière dans l'industrie française d'abord chez Rhône Poulenc puis chez Total. Ses mots ont-ils dépassé sa pensée ? Lui jure qu'on l'a mal compris, qu'il a simplement voulu dire qu'il recentrait son groupe sur des activités à forte valeur ajoutée. Pendant plusieurs jours, Alcatel est plongé dans le noir, ne sachant plus répondre aux questions des journalistes. Combien d'usines sont concernées ? La totalité, une centaine, ou une vingtaine ? Des fermetures ou des mises en vente ? Est-ce un plan, un lapsus ou un rêve ? Vraisemblablement un mélange de tout cela. Sonné, abasourdi par la violence du krach boursier qu'il est en train de vivre, Serge Tchuruk a simplement cherché à rebondir. A donner encore une fois des gages au marché, à déclarer tout haut que la situation est maintenant bien en main, qu'il a compris l'inquiétude des investisseurs. En vain. Depuis septembre 2001, le cours de Bourse d'Alcatel a chuté à des niveaux que la théorie financière n'aurait jamais pu imaginer. Comme si, encore une fois, la réalité du marché lui échappait...

Alcatel est devenu le cas d'école du capitalisme français. Un concentré explosif d'Internet et de télécoms, prêt à exploser à la moindre étincelle boursière. Si le jeudi 17 septembre 1998 reste comme le jour de baptême de Serge Tchuruk, le jour de l'annonce d'une « entreprise sans usines » est celui de sa profession de foi. Entre ces deux dates, tous les grands patrons français sont passés les uns après les autres à confesse. Et ont apporté au Dieu Marché leurs offrandes. Ici la création d'un portail, là, un investissement dans une place de marché B2B, le lancement d'une filiale 100 % Internet, ou le rachat d'une start-up en vue... Exactement comme de vulgaires petits startuppeurs. Même si l'establishment français refuse de le reconnaître, les Michel Meyer, Orianne Garcia, Fabrice Grinda, Nicolas Gaume ont été pour lui des modèles voire des fantasmes. Cette nouvelle génération d'entrepreneurs a montré que, contrairement à ses aînés, elle était née dans le marché, qu'elle était prête à tout pour se faire aimer et désirer par lui. Elle n'avait pas le choix. Dès sa naissance, la start-up a été conditionnée pour la fameuse IPO. Elle ne vit que pour cela et surtout grâce à cela. Sans cette perspective, pas un seul capital-risqueur n'aurait mis un sou dans les caisses. La start-up s'est habituée à grandir sous perfusion de la Bourse. Aguicher la communauté financière était devenu une question de survie : plus on était aimé, plus on valait cher. Et plus on avait les moyens de ses rêves. Bref, les startuppeurs ont vite appris à réciter au marché ce qu'il voulait entendre. Sous pression, les grands patrons français n'ont pas eu d'autres choix que de répéter la leçon. Avec plus ou moins de bonheur.

Le lièvre et la tortue

Quand Jean-Marie Messier et Gérard Mestrallet ont pris les rênes, l'un de l'ex-Générale des Eaux, et l'autre de la Lyonnaise des Eaux, leurs feuilles de mission étaient à peu près similaires : solder le passé. Leurs prédécesseurs, le cassant Jérôme Monod, PDG de la Lyonnaise, et le très secret Guy Dejouany incarnaient deux archétypes de la vieille école du capitalisme français, un capitalisme vivant en autarcie, coupé du marché, à l'ombre de la tutelle protectrice de l'Etat. Les deux PDG ignoraient largement la

Bourse, les analystes, la communication financière. C'était une autre époque. Parachutés à peu près au même moment à la tête de ces deux mammouths, Messier et Mestrallet ont dû trancher avec ce passé. Désormais, ce n'est plus auprès des politiques mais auprès des analystes financiers que se joue l'avenir de leurs groupes. L'ex-Générale des Eaux et la vieille Lyonnaise ont appris au pas de charge à vivre à l'heure des marchés. Messier le banquier d'affaires et Mestrallet, l'homme qui a fait ses armes chez Worms, sont d'ailleurs des financiers plus que des industriels. Ils dévorent l'abondante littérature des analystes de Merrill Lynch et autres Goldman Sachs, parlent couramment le langage du roi actionnaire. Mais ces deux zélotes honorent le Dieu des marchés d'une façon radicalement différente.

Messier, lui, a endossé sa tunique de disciple de la *shareholder value,* le culte moderne de la rentabilité pour l'actionnaire, avec ferveur et enthousiasme. Le PDG de Vivendi a compris que son rôle était d'abord de jouer les VRP de luxe de la communauté financière. Les marchés aiment être divertis, les marchés aiment rêver, les marchés aiment l'audace ? Eh bien, soit... Messier a jeté en pâture aux marchés leur nourriture préférée. Le PDG de Vivendi sent mieux que quiconque ce que désirent les investisseurs, surfe sur les tendances, titille la curiosité des analystes. Quand le téléphone commence à devenir un secteur en vogue, deux ans avant l'ouverture du marché des télécommunications, il crée Cegetel et se proclame le nouveau France Télécom. Les marchés adorent. Fin 1999, lorsque les investisseurs commencent à se pâmer pour la nouvelle économie, Messier, là encore, est idéalement placé sur la vague. Il crée Atviso, un incubateur à start-up, et Viventures, spécialisée dans le capital-risque. Puis il multiplie les joint ventures, parle de B2C, de B2B, jongle avec tous les acronymes abscons dont se délectent les marchés. Et comme les analystes aiment les organigrammes, il met en place VivendiNet, une structure censée chapeauter toutes les activités Web du groupe. En avril 2000, l'e-krach vient doucher les ardeurs pour les *dotcoms*. Messier n'est pas du tout décontenancé. Il a un autre joker : l'UMTS, ce fameux téléphone de troisième génération qui marie télécoms et Internet. Au printemps, Messier disserte sur la convergence, lance à grands renforts de flonflons le portail Vizzavi. Encore une fois, les investisseurs applaudissent des deux mains.

Vivendi n'a pas son pareil pour parler aux analystes, les convaincre, les séduire.... L'atout le plus précieux de Jean-Marie Messier, c'est Guillaume Hannezo, son brillant directeur financier. Chemise chiffonnée, cravate de travers, chevelure broussailleuse, l'homme ressemble plus à un chercheur du CNRS qu'à un banquier d'affaires. Impertinent, d'une intelligence aiguë, cet électron libre est l'un des seuls qui, dans la cour de Jean-Marie Messier, ose encore tenir tête au patron. Montages financiers, cascade de holdings, tours de passe-passe. Hannezo est un magicien qui sait faire disparaître les endettements. Un funambule qui réussit à ficeler des *deals* magiques, sans que Vivendi débourse trop d'argent. Devant ce maestro, les analystes tombent en pâmoison.

Soutenu par ce premier violon de choix, Messier, en bon chef d'orchestre, donne le tempo. Surtout ne jamais ralentir, toujours tenir les marchés en haleine. Messier sait bien que ces derniers n'aiment pas s'ennuyer. Il leur faut de l'action et du divertissement. Tout est bon, rien n'est jamais assez vulgaire. Jean-Marie Messier est vite devenu le bouffon le plus talentueux de l'establishment français, celui qui conduit son show de la manière la plus trépidante. L'homme enchaîne les *deals* plus vite que son ombre, multiplie les annonces fracassantes. Les analystes n'ont pas le temps de souffler. Et si l'action s'avise de battre de l'aile, rien de tel qu'une petite interview pour lui redonner un peu de tonus. Et tant pis s'il n'y a rien de nouveau à dire : un chiffre habilement présenté suffit souvent à raviver l'intérêt papillotant de la communauté financière. Être présent à tout prix. Voilà ce qui, en dépit des contraintes techniques, a poussé Messier à précipiter le lancement du portail Vizzavi et donner le coup d'envoi d'une gigantesque campagne de publicité. Roi du *buzz*, il sait que c'est le Vivendi du futur qui fait rêver les marchés. Et certainement pas le triste présent de l'entreprise. Pour rafler Universal, il a réussi à faire croire que Vivendi est un géant du Net. Un énorme coup de bluff! Il a empaqueté tout son groupe, vieille économie, spécialisé dans le traitement de l'eau et des déchets, dans un emballage *high tech*. Tant pis si VivendiNet n'est qu'un empilement fait de bric et de broc, un portefeuille éclectique de métiers et de sociétés sans queue ni tête. Le portail Vizzavi, valorisé des milliards d'euros, n'est qu'une coquille vide, mais il a permis à Messier de faire décoller l'action Vivendi. Et de mettre la main à bas prix sur Universal. Un énorme tour de passe-passe qui a nécessité effets de manche et écrans de fumée. Le PDG de Vivendi est passé maître dans l'art de la mise en scène et du faux-semblant. Il a compris qu'aujourd'hui, il ne servait plus à rien de penser stratégie industrielle. Comme les startuppeurs, il a appris que son meilleur client était le marché. C'est à lui seul qu'il rend des comptes. C'est à lui seul qu'il doit plaire. Sans complexe, il a poussé la logique à son extrême. Les marchés sont tombés dans le piège. En tout cas le temps de permettre au PDG de Vivendi d'acheter, pour pas cher, son rêve américain de gosse.

Grand amateur d'équitation, Gérard Mestrallet n'est, en revanche, pas très à l'aise sur une piste de cirque. Et encore moins dans l'exécution d'un tour de magicien. Contrairement à l'opportuniste Messier, Mestrallet subit la pression des marchés plus qu'il ne l'utilise. Ce n'est pourtant pas faute de bonne volonté. Le PDG de Suez a toujours fait de son mieux pour satisfaire les desiderata de la Bourse. En 1997, à son arrivée à la tête du groupe, il doit à tout prix démontrer que Suez n'est plus ce conglomérat hétéroclite, l'une de ces holdings qu'abhorrent tant les analystes. Il entreprend alors une réorganisation, vend des pans entiers d'activités et finit par se recentrer sur trois métiers, l'eau, l'électricité et la propreté. Il obtient la récompense suprême : un cours multiplié par deux en deux ans. Mais le marché est inconstant et, dès 1999, il commence à se lasser. Mestrallet est sérieux et appliqué, mais tellement ennuyeux ! Pendant cette année, alors que le groupe n'a pourtant pas démérité, l'action dégringole de 15 %. Maintenant que la restructuration est achevée, le marché veut rêver. Il veut de l'action. Des gros *deals*, des annonces flamboyantes. Les valeurs Internet commencent à faire tourner la tête aux investisseurs. Suez Lyonnaise, avec ses activités estampillées vieille économie, est tout sauf glamour. Le pauvre Gérard Mestrallet ne sait plus à quel saint se vouer. « Il faut alimenter le *newsflow*, multiplier les annonces », répète-t-il sans cesse à ses équipes. Mestrallet voudrait bien, comme Messier, donner du grain à moudre aux marchés. Mais il ne sait pas y faire. Suez a beau annoncer qu'il vient de décrocher un contrat faramineux de retraitement des eaux usées, cela n'intéresse personne. Alors que le moindre petit communiqué inconsistant de Messier passionne les foules. Début 2000, l'action reste désespérément scotchée à 150 euros. Il faut rebondir. D'autant que l'actionnaire de référence, le puissant financier belge Albert Frère commence à s'impatienter. Puisque la Bourse veut entendre parler d'Internet et de télécommunications, eh bien Mestrallet va, lui aussi, s'y mettre. Suez a dans sa corbeille une petite filiale communication hétéroclite, qui regroupe Noos, l'activité du câble à Paris et diverses participations allant de M6 à la chaîne

Paris Première, en passant par *Libération*. Sur les traces de Messier, Mestrallet le novice va s'essayer au délicat exercice du marketing boursier. Et mettre sous les feux des projecteurs son alibi nouvelle économie. En une seule conférence de presse, le PDG de Suez va abattre toutes ses cartes. Comme s'il jouait le tout pour le tout. En mars 2000, il annonce qu'il est candidat à l'UMTS et qu'il postule à une licence de boucle locale Radio, une technologie d'Internet haut débit particulièrement adaptée aux entreprises. Pour l'occasion, des splendides transparents parlant d'*e-business* et d'*e-procurement* ont été rajoutés à la vavite. Mestrallet va même jusqu'à évoquer la possible introduction en Bourse de sa filiale communication. Même si la présentation a des allures d'exercice de cours du soir, l'élève studieux et appliqué est récompensé de ses efforts. Le cours de Suez bondit aussitôt de 9 %.

Encouragé par ce petit succès, le PDG de Suez veut rattraper le temps perdu et se livre à un activisme débridé. Comme s'il voulait enfin exister aux yeux des marchés financiers. Mestrallet, plein de bonne volonté, pense avoir encore le temps de jouer la carte nouvelle économie. En novembre 2000, il annonce, fièrement, un accord de coopération avec Bernard Arnault dans l'UMTS : contre une participation dans Europ@web, Arnault lui propose de le soutenir dans sa conquête de l'UMTS. Pourtant les marchés font cette fois la moue. Et pour cause. Europ@web est un portefeuille de valeurs éclectiques qui n'intéresse plus personne. Quant à l'UMTS, la communauté financière commence déjà à douter de ses perspectives mirifiques. Bref, Mestrallet est, cette fois, à contretemps. Les analystes rigolent doucement devant ce patron pris en flagrant délit d'opportunisme. La science du tempo n'est pas à la portée de n'importe qui. Le PDG de Suez vient d'apprendre à ses dépens que n'est pas Messier qui veut. Après cet épisode malheureux, Mestrallet décide de faire une croix sur sa carrière de géant du Net. En janvier 2001, le PDG de Suez renonce au dernier moment à se lancer dans l'aventure UMTS. Retour à la bonne vieille *old economy*! Puisque les marchés veulent du solide, Mestrallet leur vend désormais un Suez 100 % industriel, centré sur l'électricté, l'eau et le retraitement des déchets. Pourtant, il ne réussit pas à retrouver la faveur des marchés. Le PDG de Suez pourrait toujours se consoler en regardant les performances de Vivendi. Depuis la fusion, l'action a, elle aussi, chuté de 49 % [1]. En cette période de krach à répétition, la Bourse ne fait pas de distinguo. Elle s'acharne aussi bien sur les tortues comme Mestrallet que sur les lièvres à la Vivendi. Les marchés se rendent bien compte qu'ils ont été dupés par les beaux discours du PDG de Vivendi. Et que derrière les milliards de valorisation de Vizzavi, il n'y avait qu'un écran de fumée. Alors ils se vengent de leur fils prodigue. Jean-Marie Messier n'en a cure. Il s'est servi du marché pour acheter son rêve avec de la monnaie de singe : Universal. Son discours sur la convergence entre les tuyaux du téléphone et les contenus lui a permis d'arriver à ses fins. Et qu'importe si Internet et la téléphonie, si sexy hier, sont des secteurs en pleine déshérence. Déjà des rumeurs courent sur un désengagement de Vizzavi, ou même de Cegetel. Mais Messier est serein. Il ne désespère pas d'envoûter la communauté financière une nouvelle fois. Et fait le dos rond, en attendant que la tempête se calme.

Cyber-héritiers

Au retour de ses vacances d'été 2001, Arnaud Lagardère est décidé. Il va publier une tribune en première page du

---

[1]. Chiffres en date de septembre 2001.

Monde pour dire tout le mal qu'il pense de cette dictature des marchés financiers. Victime du krach, le cours de Bourse du groupe a, lui aussi, dessiné un pic rocheux. Certes moins vertigineux que celui d'Alcatel. Mais suffisamment pentu pour faire son entrée dans le palmarès des plus fortes baisses de l'année 2001. Contrairement à Alcatel, Lagardère, grâce à sa structure juridique de commandite par actions, est à l'abri de tout risque d'OPA. Arnaud et son père ne sont pas près de perdre le contrôle de l'empire familial. Ils sont maîtres chez eux. Et pour longtemps. Arnaud est pourtant décidé à prendre la plume. Agacé par l'arrogance des analystes financiers, il veut tirer la sonnette d'alarme. Il est maintenant temps que les patrons reprennent le manche de la direction de leur entreprise et cessent de rester le nez collé sur leur cours de Bourse. Les marchés ont suffisamment fait la preuve de leur irrationalité pour arrêter de se soumettre à leur diktat. Finis les courbettes et les salamalecs devant le Dieu Marché. Désormais la légitimité se gagne, en interne, à coups de décisions stratégiques de long terme. Voilà ce que veut écrire Arnaud Lagardère. Mais l'attentat-suicide du 11 septembre contre les Twin Towers, emblèmes de la finance mondiale, lui fera faire marche arrière. Son texte attendra.

Dommage car c'était aussi pour Arnaud une façon de parler de lui. De son parcours. De sa nouvelle légitimité. Au début de l'été 2000, il était encore sous le choc de la fusion Vivendi Universal et du rachat d'Orange par France Télécom. Il pensait encore avoir vendu trop tôt Club-Internet à l'allemand T-Online. Avec la cession du fournisseur d'accès, il perdait du même coup sa légitimité de cyber-héritier. Les quatre années passées à la tête de Grolier, la filiale américaine spécialisée dans le multimédia, lui avaient servi d'adoubement. Quand Arnaud est rentré au pays, tout le monde avait compris à l'intérieur du groupe que c'était pour mener la révolution des nouvelles technologies. Club-Internet était son armée. En le vendant, en février 2000, Arnaud s'est retrouvé sans bataillon. Formidable coup de chance, en réalité ! Un an après la vente, il se félicite tous les jours de cette décision. Personne ne pourra dire que le fils Lagardère a « pété les plombs » avec Internet. En vendant Club-Internet au sommet de la bulle, il a réussi un coup de maître. Bien sûr, Arnaud n'avait rien prémédité. Jamais il n'aurait pensé que les marchés financiers s'effondreraient comme un château de cartes. Arnaud a cru à Internet. Il a chamboulé son organisation, embauché à tour de bras, multiplié chantiers et projets... mais en comptant ses sous. En refusant de racheter des start-up à prix d'or, Arnaud pense avoir montré qu'il n'a pas sombré dans l'ivresse de la nouvelle économie. Certes, aujourd'hui, il doit stopper ses investissements, fermer des sites et licencier. Il se retrouve, en plus, avec une participation dans le capital de T-Online qui ne vaut plus grand-chose. Aujourd'hui Arnaud veut se persuader que les barons du groupe retiendront qu'il a osé prendre le marché à contre-pied. Avant tous les autres. Bref qu'il est devenu un patron. Un vrai !

Passionné et fasciné par le miracle américain, Arnaud Lagardère reste pourtant sur ses gardes vis-à-vis de ce capitalisme à l'anglo-saxonne. Dans ses conférences de presse, Arnaud parle comme un startuppeur de la Silicon Valley. Décontracté, direct, sympathique. Il aime jouer des clins d'œil complices avec les journalistes. Comme un vrai show-man, il sait chauffer une salle, faire monter l'ambiance. Ses supporters le disent à l'aise partout, ses ennemis le jugent définitivement superficiel. Il a compris avant beaucoup d'autres que le business c'est aussi du show business. Certes Arnaud Lagardère n'est pas Jean-Marie Messier. Il ne possède pas son art de la démesure. Il est sûrement encore un peu jeune. Le bonheur du fils Lagardère se résume pour l'instant à passer ses week-ends à la campagne avec femme et enfants. En bon père de famille. Il aime entretenir l'image d'un patron jeune, cool, sans complexe ni tabou. Bref, celle d'un manager à l'américaine. Mais Arnaud est d'abord un héritier. Et fier de l'être ! Il revendique cette image du père qui l'a tant fascinée. Il méprise secrètement la légitimité du marché, puisqu'il a celle du sang. Il est maintenant aux commandes et a priori indéboulonnable. Le marché est une chose, l'avenir de l'empire familial une autre. Alors Arnaud peut bien, si cela lui chante, prendre à rebrousse-poil un parterre d'analystes financiers. Et leur dire les yeux dans les yeux : « Ma stratégie ? Je me refuse à faire ce que vous voulez que je fasse. Je ne vous laisserai pas me forcer la main. [1] » Arnaud a appris à prendre, une bonne fois pour toutes, ses distances avec le marché. Et tout cela grâce à la vente de Club-Internet.

Comme Arnaud Lagardère, François-Henri Pinault a tourné la page Internet. Hier, c'était leur marque identitaire. Un label générationnel. La presse les a longtemps présentés comme des cyber-héritiers. Un croisement ambitieux entre le vieux capitalisme familial et les nouvelles technologies. Dès qu'un portrait croisé des deux héritiers paraissait dans un journal, ils s'appelaient immédiatement au téléphone pour en discuter, ou en rigoler. Arnaud et François-Henri sont très vite devenus copains. Ils se voient tous les mois, et s'appellent souvent. Pas forcément pour parler business, juste comme ça pour prendre des nouvelles. Les deux jeunes héritiers ont en commun une réelle décontraction. Ils assument leur statut, sans se donner des faux airs d'important. Bons joueurs de tennis tous les deux, ils donnent l'impression d'être à l'aise dans leurs

---

1. Propos tenus à l'occasion de l'annonce du rachat des magasins Virgin par Lagardère

baskets. Le pouvoir ne les a pas grisés, puisqu'ils y ont été préparés depuis leur naissance. Mais chacun à sa manière. Bonne pâte, Arnaud a été pétri à la culture maison. Il ne connaît qu'elle. Il est né, il respire, il réfléchit Lagardère. Encore et toujours la même fidélité au père. Le reste l'importe peu. François-Henri s'est, lui, émancipé un peu plus de la tutelle paternelle. Enfant, il pouvait passer des heures à dévorer *Science et Vie*. Adulte, il passe des journées entières à se perdre chez Surcouf à tester tous les derniers gadgets électroniques. L'informatique a toujours été sa passion. Et quand il arrive à la Fnac il en fait son cheval de bataille. Diversification dans la micro-informatique, création de Fnac.com., rachat de Surcouf... il a joué, exactement comme Arnaud Lagardère, la carte des nouvelles technologies pour asseoir une légitimité en mal de crédibilité. Pour lui, plus que pour Arnaud, ce label *high tech* va parfaitement fonctionner. Malgré les réticences de Serge Weinberg, son patron chez PPR, il réussit à se faire débloquer des budgets confortables pour le site de la Fnac. Il redonne un nouveau lustre à l'enseigne, la développe en France et en Europe. Papa Pinault n'en demande pas tant. En 2001, après un rapide passage au poste de directeur général adjoint de PPR en charge d'Internet, il le nomme, à ses côtés, cogérant de la holding familiale, Artémis.

 Contrairement à Arnaud Lagardère, François-Henri Pinault n'a pas encore subi les foudres du marché. Maintenant à la tête des 110 milliards d'actifs d'Artémis, il va lui falloir apprendre à dompter les humeurs et anticiper les envies de la Bourse. Le fils Pinault se dit prêt. A l'aise partout : dans la Silicon Valley, à un dîner du Siècle ou derrière son écran d'ordinateur à surfer sur le Net. François-Henri est un hybride. Mixture étrange d'un vieux fond de capitalisme français et de modernité *high tech*. Lui comme Arnaud ont maintenant terminé leur parcours initiatique. Ils ne sont ni exactement comme leur père, ni tout à fait comme les autres patrons. Juste un peu plus indépendants. Ils sont prêts à régner.

Le marché m'a tuer

« Nicolas Gaume ? Il a menti au marché. Il est puni. C'est la loi. Le marché l'a tué mais il repartira. » Patron de la filiale française du Crédit Suisse First Boston, Jean-Marc Forneri tire une bouffée sur son cigare et recrache la fumée. Une façon de faire comprendre à ses visiteurs que le débat est clos. On ne conteste pas le jugement divin des marchés. On s'incline. Enarque, inspecteur des finances, grand copain de Jean-Marie Messier, Forneri est un des plus influents banquiers d'affaires de la place de Paris. Programmé pour devenir un haut fonctionnaire au service de l'Etat français, il est devenu, comme beaucoup de ses pairs, un des plus fervents évangélistes du libéralisme anglo-saxon. Plus qu'un converti, un apôtre. Pour lui, le marché est un être parfaitement raisonnable, une masse de décisions qui conduit à une rationalité ultime. Il ne peut pas se tromper, puisqu'il échappe à tout le monde. Pour Jean-Marc Forneri, on ne tient jamais tête au marché. On finit toujours par s'incliner, par reconnaître ses péchés, par admettre son outrecuidance. Le Petit Prince Nicolas Gaume, le patron de Kalisto, a sûrement cru qu'il était au-dessus des lois. Mal lui en a pris. Il a été puni. Puisque au Royaume du Dieu Marché, il ne peut pas exister de passe-droit.

Malgré ses déboires, Nicolas Gaume reste, pour Jean-Marc Forneri, le symbole d'une nouvelle génération de patron. D'un nouveau capitalisme à la française tourné non plus vers l'Etat mais vers le marché. Ce n'est malheureusement pas si simple. Car aujourd'hui, sonné par la violence de la crise qu'il vient de vivre, Nicolas Gaume doute. Comme si l'assurance des débuts l'avait quitté. Porte-drapeau d'un capitalisme de marché, à la fois plus libéral et plus humain, il a le moral en berne. Lui, le meilleur défenseur des stock-options, du Nouveau Marché et de la transparence financière, ne sait plus trop quoi penser. Le consensuel Nicolas Gaume qui éblouissait le *Wall Street Journal* et réunissait sur son seul nom le Medef, DSK et Jacques Chirac, est aujourd'hui perdu. Quand il a une minute, il se repasse le film de sa descente aux enfers. Il revoit encore parfaitement cette note rédigée en février 2001, par l'analyste financier de la société de Bourse Wargny, qui annonce la fin imminente de Kalisto. De là est parti l'effet domino. Le cours a chuté si brutalement que la COB a fini par retirer Kalisto de la cote tant que l'entreprise ne sera pas en mesure de donner des garanties sérieuses sur son avenir. Nicolas Gaume va passer toute la fin de l'année 2001 à se débattre comme un fou pour tenter de faire mentir cette maudite note d'analyste. En vain ! Encore aujourd'hui, le patron de Kalisto a beau avoir déposé le bilan, il ne peut toujours pas accepter l'idée que ses jeux vidéo, ses collaborateurs, son histoire ne valent plus rien. Bien sûr il admet s'être trompé. Il n'aurait jamais dû tout miser sur ce contrat avec France Télécom. En ayant pris pour argent comptant ce qui n'était qu'un simple projet, il a précipité l'entreprise dans le fossé boursier. Il fait amende honorable. « J'ai été con », s'excuse-t-il. Nicolas Gaume a cru que le langage de la sincérité suffirait pour rattraper la bourde. Il n'en sera rien.

Pour Nicolas, il n'y avait pas de nouvelle économie sans stock-options. Dans une start-up, on était salarié actionnaire ou rien. Une sorte de pierre philosophale. L'alpha et l'oméga du management moderne pour redessiner les rapports hiérarchiques au sein de l'entreprise. Avec les stock-options, le salarié et son patron étaient dorénavant dans le même bateau. Tous les deux tournés vers le même horizon : la valorisation boursière de l'entreprise. Le vieux combat « bénéfice contre salaire » n'avait plus lieu d'être. Tout le monde mangeait dorénavant dans l'assiette du marché. Les bénéfices en hausse faisaient grimper le cours de Bourse et valorisaient donc instantanément le patrimoine de tous les salariés. A quoi bon parler salaire, augmentation générale ou ancienneté! Chez Kalisto, mais aussi chez Multimania, LibertySurf, Spray ou Caramail, les salariés parlaient stocks. Rien que stocks. Et au plus fort de la bulle, en mars 2000, Kalisto a compté plusieurs dizaines de millionnaires dans la société. Pourtant cette montée s'est révélée beaucoup plus dangereuse que prévu. Pour les anciens de Kalisto qui ont connu la galère du début, il n'y a pas l'ombre d'un doute : les salariés sont devenus trop riches, trop tôt. La folie des stock-options a précipité l'entreprise dans le fossé. Enivrée par la bulle financière, Kalisto a été mise sens dessus dessous. Eblouis par les millions, les jeunes salariés ont alors perdu de vue l'entreprise, oublié les jeux vidéo et leurs clients. Et l'entreprise est devenue moins performante. Riches ils étaient, multimillionnaires ils finiraient! Mais, aujourd'hui, le rêve des stock-options est bien terminé.

Nicolas n'est pas loin de partager ce diagnostic. Funeste remise en question pour celui qui a été le plus fervent défenseur des stock options auprès des pouvoirs publics. Nicolas avait tellement cru à la bienveillance du marché, qu'il en était devenu le porte-parole. Volontaire et dévoué. Mais aujourd'hui, il a perdu la foi. Il n'est plus celui que Jean-Marc Forneri aimerait qu'il soit. Puisqu'il ne se reconnaît plus dans la violence impitoyable du marché, il rendrait bien volontiers son titre ridicule de Petit Prince de la nouvelle économie. Il aimerait maintenant pouvoir rêver d'autre chose. D'un nouveau monde où capital et travail ne feraient plus qu'un, où le marché serait enfin le serviteur docile de l'entrepreneur.

CHAPITRE 17

Le marché en accusation

« Friends and family »

En décembre 2000, neuf mois après l'introduction en Bourse de LibertySurf, Pierre Besnainou repart faire un deuxième *road show* aux Etats-Unis. Le moral n'y est plus. Le cours du fournisseur d'accès s'est effondré de 75 % depuis l'IPO de mars. Les pertes se creusent un peu plus que prévu. La folie d'acquisition de LibertySurf ne suscite que du mépris dans la presse. Après la flamboyance, Pierre Besnainou incarne maintenant la suicidaire fuite en avant. Il jure à Bernard Arnault et aux analystes financiers qu'il va rebondir. Que c'est juste une question de temps. En coulisses, il négocie, d'ailleurs, une alliance avec Belgacom et l'italien Tiscali. Mais Pierre Besnainou craint cette tournée aux Etats-Unis. Il ne sait pas dans quel état il va retrouver ces investisseurs à qui il avait promis monts et merveilles, neuf mois auparavant. Le grand jeu n'a pas tenu ses promesses. L'investissement LibertySurf s'est révélé une catastrophe. Pierre Besnainou s'attend au pire : aux hurlements, au mépris, aux insultes. Mais contre toute attente, le *road show* se passe très bien. Les *one to one* se déroulent dans une excellente atmosphère : conviviale, chaleureuse... Pour autant aucun investisseur n'exprime un quelconque intérêt pour l'action LibertySurf. On dit clairement à Pierre Besnainou que la page Internet est maintenant tournée. Qu'il ne faut pas espérer le moindre geste de leur part. Cette histoire est terminée. Alors n'en parlons plus! Pierre Besnainou n'y comprend rien. Bizarrement, tous les investisseurs gardent un excellent souvenir de l'IPO de LibertySurf. Grâce à la flambée du cours de Bourse pendant les deux premiers jours, ils ont juste eu le temps de rafler leur plus-value et de ressortir. Cet aller et retour express a été un classique de la stratégie des grands investisseurs. Le jour de l'IPO ce sont eux qui détiennent environ 80 % du capital de la startup. Une semaine après ils ont presque tout vendu aux actionnaires individuels, pour ne plus garder qu'un petit 20 %. On profite de la hausse du cours de l'action et on prend ses bagages. Le même scénario s'est reproduit à chaque fois avec Multimania, Wanadoo, Netvalue ou ArtPrice, les principales introductions en Bourse du marché français. Parfaitement opaques, ces va-et-vient boursiers ont commencé à intéresser la justice. Notamment américaine, puisque c'est là que la bulle a duré le plus longtemps.

Entre janvier et août 2001, près de 400 plaintes dont environ 250 recours collectifs [1] ont été enregistrées par le parquet de New York, accusant plusieurs sociétés d'avoir menti et caché aux actionnaires individuels tous les arrangements opérés juste avant l'introduction en Bourse entre les banques d'affaires et leurs principaux clients investisseurs institutionnels. Les Merrill Lynch, Morgan Stanley, Crédit Suisse First Boston, Deutsche Bank ou BNP Paribas sont en effet totalement libres d'attribuer la quantité d'actions qu'elles souhaitent à l'investisseur de leur goût. Quand la demande de titres est largement supérieure à

---

1. *Les Echos*, 3 septembre 2001.

l'offre, elles n'ont que l'embarras du choix. Elles peuvent parfaitement choisir de servir tel fonds de pension en priorité et en snober un autre. Tout cela dans la légalité, mais dans la plus grande opacité. La règle d'attribution des actions est simple : la banque d'affaires soigne d'abord et avant tout des fonds d'investissement avec qui elle entretient d'excellentes relations commerciales. C'est, selon l'expression consacrée, le règne du *friends and family*. En priorité mes amis et ma famille.

Voilà pourquoi les principaux investisseurs gardent finalement un très bon souvenir de l'IPO de LibertySurf. Ceux qui ont eu la chance d'être servis ont réalisé une plus-value variant entre 80 % (pour LibertySurf) et presque 200 % (pour Multimania). Si bien que ce sont les petits porteurs, principalement français, qui ont payé les pots cassés. Persuadés que la hausse artificielle des tout premiers jours après l'IPO était le signe avant-coureur d'une croissance éternelle, ils se sont rués sur les actions de LibertySurf et de Multimania. Hypnotisés par le mirage de la nouvelle économie et encouragés par toute la presse, ils ont financé, sans s'en rendre compte, les plus-values de Bernard Arnault et des investisseurs américains. Grâce au jeu des vases communicants de la finance mondiale, leurs petites économies ont permis d'améliorer de quelques points les performances de l'épargne des retraités américains. Si ce krach rampant s'est étalé pendant plus d'un an et demi c'est en grande partie parce que les petits porteurs ont servi d'amortisseurs de la crise. Chaque ménage a payé de sa poche : 500 francs ici, 10 000 francs là. Encaissant en silence le manque à gagner.

La muraille de Chine est tombée

Après la gloire, voici venu le temps des procès. Aux Etats-Unis, les petits porteurs demandent maintenant des comptes aux gourous tout-puissants de la nouvelle économie. Ils exigent réparation. Où sont passées ces hausses de cours de Bourse ébouriffantes ? Le 20 juillet 2001, Merrill Lynch accepte, après plusieurs mois de contentieux, un règlement à l'amiable et verse 400 000 dollars à un pédiatre de New York qui affirmait avoir perdu 500 000 dollars en suivant les recommandations de l'analyste star de la banque, Henry Blodget. Le 7 août, c'est au tour de l'autre gourou de l'Internet d'être mis en cause par la justice. La Reine Mary Meecker, l'analyste de Morgan Stanley, est accusée d'avoir donné des conseils d'investissement biaisés sur plusieurs valeurs. On lui reproche d'avoir sciemment trompé les actionnaires en publiant des recommandations excessivement optimistes dans le but de faire gonfler les bénéfices de sa banque et de s'enrichir personnellement. Le 9 octobre, un juge de New York rejette finalement l'ensemble des plaintes de petits actionnaires en colère, les jugeant « grossières et sans retenue ». La réponse de Morgan Stanley ne s'est pas fait attendre. « Notre travail d'analyse des sociétés est minutieux et objectif et l'intégrité de Mary Meecker est irréprochable », déclare le jour même du jugement un porte-parole de la banque. Ce qui est évidemment totalement faux. Pour une seule raison : une grosse partie du salaire de Mary Meecker dépend directement du chiffre d'affaires généré par la banque et donc des IPO qu'elle est censée recommander au marché. Plus il y a d'IPO, plus la banque gagne de l'argent et plus le salaire de Mary est élevé. La prétendue objectivité des études de Mary Meecker vient buter contre ce simple constat de bon sens : un analyste travaille d'abord pour faire faire du *business* à sa banque.

Le couple banquier d'affaires-analyste a fini par montrer son vrai visage. L'hypocrite « muraille de Chine » qui doit séparer les deux métiers s'est effondrée d'un seul coup. Pendant la bulle, beaucoup d'analystes se sont finalement contentés de vendre au marché les idées de leur banquier conseil. L'important était de générer du *business*, de participer à la création de cette hallucination collective. Quant au reste, le bilan est catastrophique. Aux Etats-Unis, sur les 367 sociétés Internet cotées en Bourse depuis 1997, 316 avaient en avril 2001 un cours inférieur à celui de leur introduction. Plus réjouissant encore, 224 d'entre elles ont vu leur valeur chuter de 75 % depuis leur entrée en Bourse. Le palmarès des banques d'affaires est affligeant. Si l'on en croit l'institut indépendant Thomson Financial Securities [1] toutes les grandes banques d'affaires anglo-saxonnes (à l'exception de Morgan Stanley) ont vu le cours de Bourse moyen des entreprises dont elles ont réalisé l'IPO chuter de 16 % (pour Goldman Sachs) et de 82 % (pour Merrill Lynch). Plus qu'un discrédit, un fiasco ! En Europe, le bilan boursier de l'Internet est tout aussi pitoyable. Rien qu'en France, aucune entreprise du Net n'a pu échapper à la dégringolade des cours de Bourse. Pour ne parler que des trois stars françaises, Multimania, LibertySurf et Wanadoo, la dégringolade de leur action, en octobre 2001, se chiffrait entre 75 % et 95 % !

Très vite, les analystes français se sont retrouvés dans une position intenable. La flopée de jeunes diplômés fraîchement sortis de leur école de gestion, et immédiatement catapultés analystes financiers en charge d'Internet dans les grandes banques, n'ont pas eu le temps de prendre la mesure du retournement boursier. Après avoir vanté les perspectives mirifiques de Multimania, de LibertySurf et

---

1. *Business Week Ebizz*, 16 avril 2001.

de Wanadoo la veille de leur IPO, ils ont changé de discours. Par décence ils ont été obligés de prendre leur temps. Les plus lents ont bien sûr été les analystes des banques d'affaires ayant participé à l'IPO en question. Ils ne pouvaient pas se déjuger en quelques jours. Délicat pour une banque de recommander l'introduction en Bourse d'une entreprise et laisser ensuite son analyste dire tout le mal qu'il en pense ! Si bien qu'après avoir vendu le splendide potentiel de croissance des entreprises du Net français, les analystes ont attendu deux ou trois mois de baisse continue de l'action pour revoir leur calcul de valorisation. Sans faire de bruit, leur recommandation est d'abord passée d'« acheter » à « neutre ». Puis de « neutre » à « alléger ». Les uns après les autres se sont mis à courir pour rattraper une baisse des cours que personne n'avait anticipée. Exactement comme pour la montée. Les analystes financiers veulent se rattraper. On les a accusés de faire monter artificiellement les cours de la nouvelle économie, alors ils s'emploient maintenant à casser ce qu'ils ont vénéré. Avec le même excès. Comme si cette sur-réaction était un gage de maturité, voire de professionnalisme. Ils disent noir quand ils disaient blanc il y a encore quelques mois. Est-ce pour autant un signe d'incompétence et de malhonnêteté ? Oui, si on considère naïvement que l'analyste produit une analyse objective et donne un avis sur les entreprises en toute indépendance. Non, si on estime que son rôle est d'abord de vendre, comme un VRP, des *deals* signés par sa banque. Dans ce cas, le travail a été parfaitement réalisé. Les analystes ont permis à leurs principaux clients (les gros investisseurs) de rafler la plus-value espérée et à leur banque de toucher leur commission au moment des introductions en Bourse (environ 7 % des montants levés lors de l'IPO). Soit la modique somme de 322 millions d'euros rien que dans le cas de LibertySurf. Contrat rempli.

En cette fin d'année 2001, le désastre des performances boursières des entreprises du Net a laissé une grosse tache indélébile sur la crédibilité des grandes banques d'affaires. Ces serviteurs de l'idéologie du marché à l'anglo-saxonne sortent en piteux état de ces quatre années d'argent facile. L'heure est maintenant à de violents plans de licenciements. On tente aussi de se racheter une vertu à bon prix en rédigeant à la va-vite des codes de déontologie pour reconstruire ce qui reste de cette mythique muraille de Chine, cette prétendue indépendance de l'analyste financier vis-à-vis des *deals* de sa banque employeur. Juste pour garder la face. Pour se restaurer un semblant d'intégrité. Triste morale.

« 1 + 1 = 1 »

Le couple Peter Bradshaw (analyste financier) et Karim Oyarzabal (banquier d'affaires) de Merrill Lynch n'a pas eu ni le temps ni l'occasion de sévir sur le marché français. Ce n'est pas faute d'avoir essayé. Karim Oyarzabal s'est démené comme un beau diable pour tenter de signer un nouveau *deal*, après l'introduction en Bourse de Multimania. Quelques jours plus tard, il revient voir Michel Meyer pour lui conseiller de vendre son entreprise à plus gros que lui, afin de constituer un groupe digne de ce nom. Bien sûr il se propose d'emblée de partir à la recherche du bon partenaire. Michel Meyer refuse. Pas question de vendre Multimania alors que l'entreprise vient tout juste de faire ses premiers pas en Bourse. Karim insiste. « Non, c'est non », répond le patron de Multimania. « Je respecte ta décision. Mais tu dois comprendre que tu peux intéresser d'autres entreprises. Si tu ne veux pas me donner le mandat, je considère que je suis libre d'aller proposer mes services ailleurs », explique Karim. Le banquier conseil de

Merrill Lynch demande en clair l'autorisation à Michel Meyer d'aller démarcher la concurrence. Ce dernier tombe des nues. Il réalise que son conseiller, celui avec qui il a travaillé nuit et jour à l'introduction en Bourse de son entreprise, est maintenant devenu son ennemi. Un traître prêt à le vendre à la concurrence. Il sait que cela ne sert à rien de le retenir. Karim part alors faire la tournée des grands groupes européens susceptibles de vouloir croquer tout cru Multimania. Il connaît maintenant l'entreprise par cœur. Y compris ses grands et ses petits secrets. Qui sur la place de Paris peut revendiquer une telle intimité avec Multimania ? Evidemment personne. C'est ce qui fait de Karim un intermédiaire presque indispensable. Le banquier de Merrill Lynch essaye plusieurs semaines pendant l'été 2000 de convaincre l'italien Tiscali de racheter le bébé de Meyer. En vain. Le groupe italien s'intéresse déjà à LibertySurf. Mais savoir que Karim court toute l'Europe avec le dossier de Multimania sous le bras, pousse Michel Meyer à précipiter son mariage de raison avec Lycos Europe. Il aurait bien continué l'aventure de l'indépendance encore un peu de temps. Mais il y a maintenant urgence. Il faut prendre le banquier d'affaires de Merrill Lynch de vitesse. Quitte à fusionner, autant le faire avec le groupe de son choix. Et si possible à l'amiable.

L'opportuniste Karim Oyarzabal fera chou blanc. Et Multimania restera le seul *deal* de Merrill Lynch en France. Aujourd'hui quand on le questionne sur ses sidérantes volte-face commerciales, Karim répond que sa déontologie personnelle n'est pas en cause. Ce petit serviteur du marché jure qu'il a fait son boulot, comme les autres. Ni mieux ni moins bien. Il ne se sent attaché à personne, si ce n'est à cette idée de proposer des projets de fusions. Comme ses collègues, il fait l'opinion du marché. Et il la vend. Et en la vendant, il la fait. La mode des fusions-acquisitions géantes doit énormément à la profession des banques d'affaires. On présente ces mariages souvent comme la seule alternative pour améliorer les performances des entreprises. Selon une arithmétique simpliste qui veut que « un plus un égal trois ». Le métier de banquier d'affaires est d'inventer des noces, de les vendre et ensuite de les organiser. Il finit toujours par y avoir un patron, un peu plus mégalo que les autres, qui s'ennuie et qui se laisse séduire par cette perspective. Voilà le principal moteur des fusions : se décider avant que son concurrent ne se décide. Manger, plutôt que d'être mangé. C'est aussi bête que cela. Être numéro un mondial n'a jamais garanti d'être meilleur que les autres. Mais seulement d'être plus gros. Or gagner une ou deux places dans le classement mondial de son secteur, c'est automatiquement se mettre la presse économique dans la poche. Avaler un concurrent c'est toujours faire acte de pouvoir, d'esprit conquérant et d'intelligence stratégique... L'image du patron en sort forcément grandie. Pourtant, globalement, le bilan des fusions-acquisitions est mauvais. C'est évident en terme d'emplois. Mais aussi en terme de performance économique et boursière. Quant au bilan des fusions dans la nouvelle économie, il est tout simplement catastrophique. Un an après le rachat d'Orange, le nouveau France Télécom vaut moins en Bourse que sa seule filiale anglaise au moment de son indépendance. Et la mise sur le marché de Wanadoo et d'Orange ne réussira pas à sauver les meubles. Le fameux « 1 + 1 = 3 » devient en réalité un pauvre « 1 + 1 = 1 ». Même résultat pour Vivendi Universal. Quant à AOL Time Warner, non seulement son cours de Bourse a baissé de plus de 50 %, mais ses bénéfices espérés ne sont pas au rendez-vous. Ceux de Time Warner ne sont pas suffisants pour éponger les pertes d'AOL. Les défenseurs de ces somptueux mariages diront qu'il est trop tôt pour établir des comptes définitifs. Peut-être. Pourtant si l'on fait un bilan de douze très grosses fusions internationales, tous secteurs confondus, étalées entre 1998 et

2001, ce sont plus de 800 milliards d'euros de valeur boursière qui se sont volatilisés dans les airs [1]. Exactement comme pour Internet, les analystes n'ont jamais cessé de vendre au marché l'idée que le mouvement des fusions-acquisitions était indispensable à la performance des entreprises. Parmi ces dernières, beaucoup y ont cru. Elles ont donc fusionné, enrichissant, encore une fois, les banques d'affaires. Pour un bilan boursier et social aujourd'hui déplorable.

Le marché a toujours raison...

« Même si le marché a des comportements absurdes à court terme, il reste toujours rationnel à long terme. » En ce début d'été 2001, Alain Minc, le confident de François Pinault, l'auteur du *Capitalisme.fr*, le héraut de la mondialisation heureuse, est toujours définitif. « Oui, le marché est un être de raison », affirme-t-il, assis à la grande table de réunion de son bureau, avenue George-V. Cette salle capitonnée, dont les stores ne laissent passer que quelques rayons de lumière, a reçu la visite de presque toutes les huiles du capitalisme français. Alain Minc n'est pas seulement cet essayiste à succès qui sait surfer sur les modes du moment ni le président du conseil de surveillance du *Monde*. Il est d'abord l'un des plus influents faiseurs de *deals* de la place parisienne. Une banque d'affaires à lui tout seul. Il lui suffit de souffler une idée – forcément géniale – à l'oreille d'un patron pour faire et défaire des alliances industrielles ou décider du déclenchement d'un raid. Peu de patrons savent résister à l'intelligence de Minc. Qui plus est lorsqu'elle est enrobée de jolies considérations politiques sur l'état du monde. Il sait jongler,

---

1. Selon le quotidien *Le Monde* du 21 août 2001.

comme personne, avec les cascades de holdings et quelques citations de Spinoza, un de ses auteurs fétiches. Ça met forcément en confiance. En plus de François Pinault et de son fils François-Henri, il a la confiance inébranlable de Gérard Mestrallet, le patron de Suez, du raider Bolloré et de Bernard Arnault... Alain Minc est un concentré de conflits d'intérêts à lui tout seul. Il est la parfaite synthèse de ce capitalisme français de réseau, habillé à la mode du libéralisme anglo-saxon.

Comment le marché peut-il être myope à court terme et si clairvoyant à long terme ? Pourquoi des décisions absurdes mises bout à bout finissent par dessiner une décision rationnelle ? Alain Minc s'arrête une seconde, bascule sa chaise en arrière et dans un sourire satisfait répond : « la foi ». Le mot est lâché. C'est en croyant que le marché trouve sa raison d'être... C'est dans cette quête qu'il puise son énergie à fabriquer des illusions. Quand on le pousse un peu dans ses retranchements, Alain Minc n'a plus que le mot « foi » pour tenter de justifier l'injustifiable. Cette bulle Internet n'a pas été le fruit d'un dysfonctionnement du marché. D'un coup de folie ou d'une embardée incontrôlée. Au contraire, le marché n'a jamais aussi bien fonctionné que pendant ces années d'hallucination collective. Un subtil jeu de miroirs a fini par renvoyer une seule et unique image. Celle d'une croissance vertueuse et infinie tirée par un attelage merveilleux de nouvelles technologies et de marchés financiers. Tout le monde (ou presque) a fini par penser exactement la même chose. Pas par magie mais parce que chacun avait intérêt à y croire. Les startuppeurs bien sûr puisque, sans Bourse, il n'y avait ni rêve ni fortune. Les capitaux-risqueurs également. Chacun a compris qu'il y avait beaucoup d'argent à la clé. Les analystes et les banquiers d'affaires multipliaient les opérations d'IPO et de fusion. Les cabinets de consultants vendaient leurs menaces comme des petits pains. Les investisseurs réalisaient des plus-values faramineuses. Les journaux engrangeaient de la publicité. Les grands patrons, comme Jean-Marie Messier ou Bernard Arnault, prenaient des postures de visionnaires. Qui aurait voulu casser ce cercle vertueux ? La hausse nourrissait la hausse puisqu'elle faisait gagner de l'argent à chacun. Y croire c'était devenir riche ou roi. Et parfois les deux à la fois.

Pourquoi ce jeu de miroirs a-t-il fini par se casser ? Beaucoup de banquiers sont persuadés que ce sont les seuls petits actionnaires individuels qui ont enrayé la belle mécanique. Ils vous expliquent le plus sérieusement du monde que si le marché a perdu les pédales c'est simplement parce qu'on a laissé des boursicoteurs du dimanche tenter leur chance à ce grand casino virtuel. Ces non-professionnels, sous prétexte qu'ils réalisent environ 20 % des transactions en Bourse, auraient subrepticement injecté une dose d'irrationalité dans les mécanismes de marché. Leur choix d'investissement, sans queue ni tête, auraient fini par casser la machine et déréglé toute l'horlogerie. C'est exactement tout le contraire qui s'est passé. Les petits porteurs ont été d'une exemplaire discipline. Sous influence, ils ont acheté les actions qu'on leur a dit d'acheter. La presse, les analystes, la direction générale de leur entreprise, leur banquier leur ont dit que la fortune était au coin du bois. Ils ont simplement eu la faiblesse (ou la bêtise) de croire que ces fariboles modernes étaient réalité.

Chacun a fini par chercher un bouc émissaire pratique pour mieux se disculper. Les chefs d'entreprise ont montré du doigt la presse. Les journalistes ont accusé les analystes. Les analystes, les investisseurs. Les actionnaires individuels, les autorités de régulation des marchés comme la COB. Bref, chacun a repassé à son voisin la patate chaude. Ni responsables, ni coupables. L'impunité est ce qui fait l'extraordinaire force du marché. L'opinion du marché sert, à tout le monde, d'alibi en or massif. Si Pierre Besnainou a acheté 60 millions le site Monsieurcinema, pourtant à l'agonie, si Jean-Marie Messier a fait un chèque d'un milliard aux fondateurs d'I (France) et si Michel Bon a payé Orange 49,8 milliards d'euros (dont 22,2 milliards d'euros en cash) c'est simplement parce que le marché avait donné son imprimatur. Si les consultants ont écrit des pages et des pages d'imbécillités, reprises avec des grands « Oh » d'admiration par les journalistes, c'est encore la faute au marché. Si la COB a fini par accepter l'introduction de start-up aux *business plans* chancelants, c'est toujours la faute au marché. En clair la faute à tout le monde. Donc à personne.

A l'exception de quelques-uns, les patrons français sont presque tous venus déposer leur offrande Internet au pied de l'autel du Dieu Marché. Bernard Arnault, Jean-Marie Messier, Michel Bon, Daniel Bernard, Gérard Mestrallet... pour ne parler que des principaux, ont tous réalisé, avec plus ou moins de talent, leur petit numéro de danse du ventre pour attirer l'œil du marché. Ni plus, ni moins qu'un Michel Meyer, un Pierre Besnainou ou un Nicolas Gaume. Aujourd'hui, bien sûr, tous les grands patrons jouent les vierges effarouchées. N'ont pas de mots assez durs pour ces startuppeurs irresponsables accusés d'avoir gaspillé à tort et à travers des millions pour des *business plans* fumeux. Pourtant, ces grands patrons ont fait les mêmes erreurs qu'eux. Mais en pire. Car sans l'excuse de l'inexpérience, et à plus grande échelle. Quand Pierre Besnainou multiplie de façon désordonnée les acquisitions, il les paie en papier LibertySurf. France Télécom, lui, rachète en partie Orange, avec de la monnaie sonnante et trébuchante, quoi qu'il en coûte à ses actionnaires. Et le très sérieux Alcatel passe en 2001 carrément 1,4 milliard d'euros de provision pour compenser la dévalorisation de ses start-up américaines qu'il a rachetées à prix d'or au plus gros de la bulle. A côté, les errements d'un Pierre Besnainou, qui se chiffrent en millions d'euros, ne pèsent pas très lourd.

Les grands patrons ont pensé que leurs gesticulations devant les marchés suffiraient pour donner des gages de discipline. Même les plus prudents ont cédé sous la pression. Jean-Martin Folz, le patron de PSA, a cru utile de se ridiculiser avec Jean-Marie Messier et son « *Do not worry be Wappy* ». Tandis que Jean-Louis Beffa (Saint-Gobain) a vendu au marché le lancement de plusieurs sites Internet, au moment où le cours de son entreprise était au plus bas. Même le prudent Serge Weinberg, le PDG de PPR, s'est lui aussi laissé griser par les projets ambitieux de sa filiale Internet PPRI, aujourd'hui en lambeaux. On ne résiste pas au marché si facilement. Donner à manger au marché est devenu un vrai métier. Un métier de patron. Suiveur, courtisan? Le patron n'est désormais plus qu'un bouffon au service du Roi Marché. Un fantoche qui s'agite et brandit des courbes d'exploitation pour faire plaisir aux analystes. Un jouet qu'on finira bien par jeter quand il lassera.

Crise de foi

« Ils doutent, mais ils ont peur de le dire. » Dans son bureau cossu boulevard des Italiens, au premier étage du siège du Crédit Lyonnais, Jean Peyrelevade est assis dans son canapé crème. « Ils », ce sont bien sûr les patrons français. Ces patrons tétanisés par la première note d'analyste critiquant leur stratégie. En 1998, le PDG du Crédit Lyonnais, ancien directeur adjoint de cabinet de Pierre Mauroy à Matignon, avait, dans une note de la fondation Saint-

Simon, osé s'inquiéter de cette dictature de la rentabilité financière sur la vie des entreprises. Personne n'avait repris la balle au bond. Il n'y avait pas de débat possible. L'élite économique française n'avait pas de mots assez élogieux pour vanter la transformation de ce capitalisme à la française, trop longtemps étouffé, selon eux, par la tutelle de l'Etat. Le marché était devenu le seul stimulant possible pour rendre les organisations et les hommes qui y travaillent, le plus efficaces possible. Mais aujourd'hui, on commence enfin à écouter la critique de Peyrelevade. Et on lui manifeste quelques signes d'assentiment. En toute discrétion cependant : car il ne faudrait pas se fâcher avec la communauté financière.

L'éclatement de la bulle Internet et des télécoms a laissé des traces. Beaucoup de patrons français traversent en silence une grave crise de conscience. Un monde s'est effondré. Beaucoup d'entre eux s'étaient construit progressivement une représentation du marché comme un idéal de rationalité. Une boussole qui devait guider leur décision de long terme. Une main invisible et incorruptible, gage d'efficacité. Un horizon démocratique, une volonté générale, une et indivisible. Au début des années 90, le capitalisme français s'est mis à nager dans le grand bassin du libéralisme financier. Les fonds de pension américains sont venus en masse prendre des participations dans les entreprises françaises et imposer leur nouvelle règle du jeu. Les grands patrons français ont découvert la *shareholder value*. Ils ont commencé à rendre des comptes à leurs actionnaires. En permanence et en toute transparence. Il a fallu apprendre à parler au marché financier, à se mettre au service des nouveaux rois actionnaires. Faire des bénéfices n'était plus une garantie de bonne gestion. On ne parlait plus que ROE (*return on equities*) ou retour sur capital investi, de rentabilité. En l'espace de dix ans, le capitalisme français a changé de visage, de culture et de langage. Le projet collectif d'une entreprise devait dorénavant se regarder dans le seul miroir de la Bourse. Faire mieux que la moyenne de l'indice du CAC 40 était devenu le seul objectif digne de ce nom. Cette conversion au modèle du capitalisme anglo-saxon était le gage d'une nouvelle modernité. Résister à ce mouvement, c'était prendre immédiatement le risque de se faire traiter d'indécrottable archéo.

L'explosion de la bulle Internet a cassé ces belles illusions : non, le marché n'est pas cet être rationnel, efficace et perspicace auquel on a cru. L'opinion générale du marché sert en réalité des intérêts particuliers puissants : ceux des cabinets de consultants, des banques d'affaires, des juristes, des publicitaires. Toutes ces professions qui vivent des marchés financiers. Vendre un projet de fusion-acquisition ou une stratégie Internet est une industrie à part entière. Une fédération de métier qui ne dit pas son nom, mais qui exerce une pression constante sur les entreprises. Exactement comme pour la haute couture, elle a besoin de modes, pour renouveler tous les cinq ans son catalogue de promesses et d'illusions. La naissance d'Internet a été une chance inespérée. Le marché s'est mis à inventer des menaces puis à industrialiser et à vendre des armes pour se défendre. Le concept de la nouvelle économie était né. Il est très vite devenu totalitaire. Car tourner délibérément le dos à ce mouvement d'opinion peut coûter très cher aux entreprises. Aller contre le marché se paye cash : le cours de Bourse de l'entreprise chute et la menace d'OPA réapparaît... En revanche savoir caresser dans le sens du poil le marché peut faire de vous un seigneur du capitalisme. A ce petit jeu, Jean-Marie Messier a montré qu'il était devenu un grand opportuniste. Il a vendu au marché l'image de Vivendi comme l'un des chefs de file de la nouvelle économie pour faire gonfler sa valorisation boursière et avaler Universal. Du grand art. Que ses investissements dans Internet se soient soldés presque systématiquement par des catastrophes industrielles, importe finalement peu. Faire parler de soi, créer du *buzz*, raconter des belles histoires avec strass et paillettes, voilà l'important. Cet exercice de prestidigitation financière et médiatique n'est pas donné à tout le monde. Bertrand Collomb est sorti sonné et meurtri de cette folie boursière. Sa représentation du marché a volé en éclats. Lui, l'ingénieur, le diplômé de Polytechnique qui a fait toute sa carrière dans l'industrie, avait fait des marchés financiers la quintessence de la rationalité de la mondialisation. Puisque désormais l'avenir d'une entreprise ne se lit plus dans le miroir de la Bourse, il va falloir apprendre à résister à leur pression. A les convaincre sans pour autant se compromettre. A concilier leur obsession du court terme et des investissements de long terme. Son copain de Polytechnique, Jean-Louis Beffa, a pris encore un peu plus ses distances avec cette religion du Dieu Marché. En pleine bulle Internet, en mars 2000, il avait déjà invité André Orléan, un économiste hétérodoxe, grand critique de cette rationalité des marchés, pour venir expliquer à ses cadres dirigeants que leur opinion de marché n'était certainement pas à prendre au pied de la lettre. A l'automne 2000, il partira faire une longue tournée des fonds de pension américains pour mieux trier ses actionnaires et décourager ceux qui ne sont pas prêts à l'accompagner dans une stratégie de long terme. Longtemps considérés comme ringards, les groupes familiaux sortent, eux, ragaillardis de cette épreuve. Détenir une partie du capital permet finalement de mieux résister aux furies du marché et de repousser la menace de l'OPA. Martin Bouygues a eu finalement raison contre le marché, de ne pas se lancer dans cette aventure UMTS au prix initial. Sous le contrôle de François Pinault, Serge Weinberg, le patron de PPR, a réussi son combat contre Amazon sans céder à la panique. Quant à France Télécom, s'il n'avait pas aujourd'hui l'Etat dans son capital, il serait à la merci de raiders ou de concurrents.

France Télécom en viendrait presque à regretter sa conversion à marche forcée au capitalisme à l'anglo-saxonne. Jadis tant vanté, l'actionnariat salarié est aujourd'hui source de tension. Certes la maison mère de Wanadoo n'a pas encore de stock-options, mais elle dispose d'un splendide vivier d'actionnaires fidèles. Ils étaient 70 % de salariés à acheter des actions lors de l'introduction en Bourse de France Télécom. Environ 92 000 ont cassé leur tirelire pour se procurer des actions Wanadoo puis encore 60 000 pour Orange. Mais le jeudi 6 septembre 2001, l'ambiance est électrique chez France Télécom. Depuis quelques semaines, le premier réflexe des salariés est d'allumer leur micro et de se rendre illico sur le réseau Intranet de la maison pour savoir comment se comporte le cours de Bourse. Hier le titre a chuté de 9 %, après déjà 7,3 % la veille. Le cours de l'action de France Télécom n'est plus qu'à un cheveu de son cours d'introduction de 27 euros contre environ 220 au plus fort de la bulle en mars 2000. La colère commence à monter. D'autant que l'échéance de ces plans en actions bloqués cinq ans se profile. Et les perspectives de gain sont désormais réduites à néant. Les syndicats montrent du doigt la direction. Le *deal* était pourtant clair : la transformation de l'entreprise en Net-company avait certes un prix (les mutations internes, les réorganisations, la découverte de la productivité...) mais aussi une extraordinaire carotte (la valorisation de l'action France Télécom). A France Télécom, comme dans beaucoup de grands groupes, c'est ce pacte social qui explose aujourd'hui. Sans savoir très bien quels en seront demain les dommages collatéraux...

Attirés par le modèle des start-up, les grands groupes français avaient pris la tête de cette révolution capitaliste : transformer chaque salarié en actionnaire. Ils se sont mis à distribuer des paquets de stock-options à leurs cadres supérieurs et à développer d'importants plans d'actions ouverts à tous les salariés. Le terrible retournement du marché a chamboulé un paquet de certitudes. Quand l'action flambe, les équipes dirigeantes, comme hypnotisées, n'osent plus respirer de peur de faire retomber le cours de Bourse. Tétanisées, on prend alors des décisions à la petite semaine. Mais quand l'action s'effondre, le moral tombe dans les chaussettes. Les espoirs de gain s'envolent en fumée. Les salariés se sentent trahis par une direction qui les a poussés à y placer leurs économies. Hier, icônes modernes de la redistribution capitaliste, les stock-options n'échappent pas aujourd'hui à une crise existentielle. Le mythe de l'ascenseur social, qui voulait que la secrétaire de direction soit demain millionnaire, ne s'est pas (ou très rarement) réalisé. Et si ces stock-options n'était finalement qu'un cache-sexe ? N'ayant pas réussi à donner du sens à son projet collectif, l'entreprise s'est retrouvée dans l'obligation de s'en remettre aux seuls marchés financiers pour prendre en charge la valorisation financière du travail de ses collaborateurs. Comme si l'entreprise n'avait plus d'autre légitimité que celle de son cours de Bourse...

La toute-puissance du marché omniscient serait-elle en train d'être remise en question ? Jean Peyrelevade sent bien que le vent est en train de tourner en sa faveur. Plusieurs grands patrons de l'establishment français se rallient secrètement à sa croisade. Bien sûr, personne n'ose encore vraiment prendre la parole en public. Pour l'instant, l'establishment se tait. Puisque dénoncer cette dictature c'est prendre le risque de voir chuter son cours de Bourse. Pourtant, la crise est bien là. Profonde. Existentielle.

Le retour de l'Etat

L'attentat-suicide du 11 septembre, contre les Twin Towers de Manhattan, à quelques pas de Wall Street a fait voler en éclats beaucoup de certitudes. Réduit en cendres, l'emblème de la puissance de la finance mondiale est maintenant à reconstruire. Certains ont pensé que le marché allait avoir un sursaut patriotique. Qu'il avait du cœur à défaut de vision. Il n'en a bien sûr rien été. Le jour de la réouverture de la Bourse le cours de l'action de la banque d'affaires Morgan Stanley qui avait pourtant perdu plusieurs centaines de salariés dans la catastrophe a perdu presque dix points. Si le krach a été évité de justesse c'est en grande partie grâce à une intervention massive des banques centrales américaines et européennes. Baisse des taux directeurs, injection de liquidités... les puissances publiques ont placé sous perfusion des marchés financiers prêts à tourner de l'œil. Partout, c'est le grand retour de l'Etat.

Aux Etats-Unis il se presse au chevet des compagnies aériennes. En Angleterre, le gouvernement de Tony Blair envisage de re-nationaliser sa compagnie de réseau ferré national. En France, les entreprises reviennent chercher l'aide publique de Bercy. Celles en dépôt de bilan, comme Moulinex ou AOM Air Liberté. Ou d'autres simplement mises en difficulté par ces illusions de la nouvelle économie. Ce mardi 23 octobre 2001, Nicolas Gaume, le patron de Kalisto, a ainsi pris, en toute discrétion, rendez-vous avec un membre du cabinet de Laurent Fabius pour l'aider à faire avancer ses négociations avec ses banques. D'autant que l'une d'entre elles est le Crédit Lyonnais, dont l'Etat détient encore 10 %. Comme convenu le conseiller technique téléphonera à Jean Peyrelevade pour lui demander de jeter un œil sur le dossier. « Kalisto, mais c'est quoi cette entreprise ? » demande, interloqué, le patron du Lyonnais, peu habitué à se faire déranger par des vulgaires PME dont il se moque. Son intervention aidera quand même Kalisto à revenir en Bourse quelques semaines. Mais elle ne sauvera pas la société bordelaise du dépôt de bilan. Les équipementiers des télécoms et d'infrastructures de réseaux comme Alcatel obtiennent, eux, de Bercy la tenue d'une table ronde pour étudier d'éventuelles aides à l'ensemble du secteur pour relancer la machine et promouvoir un peu partout en France l'extension de l'Internet à haut débit. Après plusieurs semaines de lobbying intense Vivendi réussit à arracher au gouvernement une baisse des prix des licences UMTS. Fin 2001, en l'espace de quelques mois, l'Etat a retrouvé une petite légitimité : celle de voiture-balai d'une nouvelle économie qui avait cru longtemps pouvoir se passer de toute intervention de la puissance publique.

2001 Odyssée de l'espace

Créature marketing fabriquée de toutes pièces par le marché, la nouvelle économie n'a pas survécu au krach. Elle est aujourd'hui bel et bien morte. Et avec elle tous les rêves du Dieu Marché. Ce dernier s'était servi de la révolution Internet pour inventer un nouveau paradigme, vendre un nouveau monde. Estampillé sous le label bien commode de « nouvelle économie ». Le rêve s'est envolé avec le krach. Mais que tous les archéos et les anti-Internet ne se réjouissent pas trop vite. Les nouvelles technologies de l'information sont, elles, là pour longtemps. Elles ont déjà commencé à se diffuser partout, à modifier en profondeur nos modes de consommation, comme nos organisations. Et ce n'est qu'un début. La révolution Internet est en marche. Et ceux qui aujourd'hui rassurés par le krach la méprisent risquent de s'en mordre les doigts. Les deux années de folie Internet ont secoué le capitalisme français et ses élites. Nul ne sait encore aujourd'hui ce qui ressortira de ce séisme. Une chose est sûre en revanche : une nouvelle génération d'entrepreneurs est née. Avec sa propre culture, ses propres codes, en rupture complète avec ceux de leurs aînés. Laurent Edel, Gilles Guesquière, Jean Postaire, Orianne Garcia, Fabrice Grinda, Michel Meyer... ne retourneront plus à la case départ. Leur épopée a fait rêver. Grâce à eux, beaucoup de jeunes se sont réconciliés avec une certaine idée de l'entreprise. Les startuppeurs dont l'aventure s'est violemment arrêtée jurent, encore aujourd'hui, qu'ils ne pourront jamais entrer, demain, dans un grand groupe traditionnel et faire carrière comme dans l'ancien temps, échelon après échelon. Ils se disent prêts à repartir à la pêche aux idées et aux capitaux dès que la météo le permettra...

Pour l'establishment français, ces jeunes startuppeurs naïfs et arrogants ont été des boucs émissaires idéaux. Ils lui ont permis de ne pas ouvertement remettre en question le principal responsable de cette ahurissante faillite boursière : le Dieu Marché. Le tabou est encore difficile à briser. Et pourtant le Marché a bel et bien montré qu'il n'était pas ce modèle d'efficacité et de rationalité dont le capitalisme s'est longtemps gargarisé. Cette étrange créature, à la fois omniprésente et invisible, douce et totalitaire, semble aujourd'hui totalement échapper à ses promoteurs. Dans *2001 Odyssée de l'espace*, le film de Stanley Kubrick, les cosmonautes embarqués dans leur vaisseau avaient confié leur destin à leur ordinateur de bord surpuissant, Hal. L'emblème de la rationalité parfaite. Avec Hal, l'erreur n'était plus possible puisque la machine était réputée infaillible. Comme les cosmonautes du film de Kubrick, les patrons et leurs entreprises ont remis leur sort entre les mains du marché. La start-up de la nouvelle économie, ce modèle rêvé, a poussé la logique jusqu'au bout. Son cœur battait au même rythme que la Bourse. Les salaires, les investissements, les choix stratégiques : tout était dicté par elle. Les marchés financiers et l'entreprise ne faisaient plus qu'un. Les startuppeurs ont compris qu'il fallait les faire rêver et leur vendre des illusions. Contraints et forcés, les grands patrons s'y sont également mis. Au royaume de la Bourse, il n'y a pas de place pour les incroyants. Puisque Dieu est sage et juste. Il ne pouvait pas se tromper.

Et pourtant, il s'est bien trompé. Cette belle machine, alliance des marchés financiers et des nouvelles technologies, a implosé. Personne n'ose l'admettre. On se voile encore la face. On lui trouve des circonstances atténuantes. Comme les cosmonautes du film de Stanley Kubrick, qui refusaient d'admettre les errements de Hal, patrons, banquiers, analystes et autres consultants, tous prisonniers du même vaisseau fou, ne peuvent pas se résigner à accepter cette triste réalité. Reconnaître que derrière la rationalité des marchés se cache, en réalité, une vulgaire foire aux illusions serait définitivement insupportable. Voilà l'inavouable leçon de ces quelques années de folie, qui ont vu cette mythologie de la nouvelle économie dominer virtuellement le monde, avant de mourir... réellement.

Remerciements

Remerciements à Valérie Lecasble et Airy Routier pour leur confiance, Emmanuelle Belohradsky et Nathalie Funès pour leurs conseils amicaux et leurs encouragements et Anne Samain pour ses précieuses relectures.

Pour cette enquête, nous souhaitons remercier ceux qui ont bien voulu nous accorder leur temps pour se replonger dans leurs souvenirs...

Les « yetties »
Nicolas Gaume et les salariés de Kalisto, Pierre Besnainou et Christophe Parcot (ex-LibertySurf), Gilles Guesquière et Jean Postaire (Nomade), Orianne Garcia et Alexandre Roos (Caramail), Michel Meyer, Olivier Heckmann et Nicolas Véron (Multimania), Laurent Edel, Gilles Labossière et Charles Madeline (Republic Alley), Stéphanie Collomb et Timothée Wirth, Laurent Sorbier et toute la bande des ex-Spray, Edouard Morhange (Monsieur Cinema), Marc Simoncini (I (France)), Pierre Louette (Europ@web), Jacques Kluger (ex-Koobuy City), Charles Beigbeder (Selftrade), Jean Cazes (Freesbee), Jean-David Blanc (Allocine), Olivier de Montety (Zebank) Jacques Rosselin (Canal Web), Loïc Le Meur, Vincent Taupin (Fimatex), Patrick Robin, Cécile Moulard, Delphine Eyraud, Huy Nguyen Trieu, les équipes de Netscapital, Jean-Luc Rivoire, Philippe Hayat, Stéphane Treppoz (AOL), Alain Pellier (Trading Central), Fabrice Sergent (Club-Internet).

Les « crevards » [1]
Blandine Delafon et Martin Bouygues (Bouygues), Catherine Gros, Philippe Germond et Jean-Marie Messier (Vivendi Universal), Jean François Hermann, Jean-François Nebel, Vincent de la Veyssière, Serge Weinberg et François-Henri Pinault (PPR), Evrard de Montgolfier (Artémis), Patrick Le Lay (TF1), Bertrand Collomb (Lafarge), Jean-Louis Beffa (Saint-Gobain), François Hinfray et Louis Schweitzer (Renault), Anne Lauvergeon (Areva), Arnaud Lagardère et Bernard Esambert (Lagardère groupe), Olivier Sichel, Yves Parfait et Nicolas Dufourcq (Wanadoo), Philippe Lemoine (Galeries Lafayette), Alain Minc, Claude-Pierre Brossolette, Guy Paillaud (Carrefour).

Le Roi Marché
Michel Prada (COB), Jean Peyrelevade (Crédit Lyonnais), François Kayat, Stéphane Boujnah, Gilles de Dumast et Jean-Marc Forneri (Crédit Suisse First Boston), Pierre Paris (Morgan Stanley), Peter Bradshaw et Karim Oyarzabal (Merrill Lynch), Philippe Guez (Deustche Bank), Alexis Collomb, Régis Turinni (ARJIL), Christophe Talon et Bernard Maître (CDC Innovation), Christophe Chausson, Mattéo Noveli (Exane), David Cerdan (CCF), Jean-Bernard Schmidt (Sofinnova), Richard Houbron (CDC), Cyril Marquaire, Eric Ravary et Edouard Tetreau (Crédit Lyonnais), Yannick Petit (France Finance), Laurent Asscher (Apollo In vest), Eric Mijot et Hugues Le Bret (Société Générale).

Les politiques
Dominique Strauss-Kahn, Bruno Cremel et Mathieu Pigasse (cabinet de Laurent Fabius), Jean-Luc Le Gall (cabinet de Christian Pierret), Christian Pierret, Dominique Roux (ART), Valérie Pécresse (Elysée).

Ainsi que
Philippe Charquet, Christophe Sapet, Jean-Michel Billaut, Benoît Duthu et Hélène Reltgen (Egon Zehnder), Patrick Sayer, Ivan Beraud (CFDT), Alex Berger, Daniel Kahn, Eric Pelletier (Booz Allen Hamilton), Robert Branche, Gérard

---

1. Seuls Bernard Arnault et Michel Bon n'ont pas souhaité nous rencontrer dans le cadre de cette enquête.

Remerciements

Emery, Philippe Collombel, Alexis Galley, François Véron, André Orléan, Isabelle Mathieu (Hartmann et Lotz), Joël Benzimra (Boston Consulting Group), Georges Vialle (Mercer), Bernard Ramanantsoa (HEC).

TABLE

Prologue 9
    Citizen Messier — Katmandou — Capitalisme, année zéro.

1. **Les premiers bidouilleurs** 19
    Nems, pagodes et business plan — American Dream — Hydromel ou Béchamel ? — Bigoudi est mort ! — Vous n'auriez pas un franc ou deux ? — Caramel mou.

2. **Naissance de la French nouvelle économie** 35
    Les cyber-socialistes — Les grands travaux de DSK — Je rentre à la maison — Le Bernard Tapie du Net — Anges et Vissi — L'invasion des yetties — Le piston est mort, vive le Networking ! — 100.

3. **Arnault et Pinault, les cyber-milliardaires** 61
    Arnault dans un McDo — Le milliardaire et le vendeur de vélos — La déferlante LibertySurf — Arnault en pince pour Bigoudi — Copier coller — A la pêche aux start-up — Mais que fait Pinault ? — King of the Net.

4. **Messier et Bon sont dans un bateau** 87
    Jean-Marie Messier.com est né — Do you Wanadoo ? — Frères de sang — Moi.com — « Bienvenue dans la vie.con ».

5. **Panique dans la vieille économie** 109
    Noël en famille — Le massacre des dinosaures — L'exode — Viva la revolución ! — Les vendeurs de menace — Cours du soir — Fenêtres.com — Don't worry be Wappy — Force 8 — « Papa, tu ne voudrais pas devenir notre administrateur ? ».

6. **Buzz machine** 131
    Funky management — L'école suédoise du buzz — Fashion victim — Fils/fille de pub — Chirac au pays des start-up.

7. **La Bourse pète les plombs** 149
    Concours de beauté — « Vous parlez en francs ou en euros ? » — La Bourse est folle — Boursorama.fr — Des années chiens — La COB dans le brouillard — « Vous avez cinq minutes » — « Pierre, vous vous droguez ? » — Djerba la douce.

8. **Pendant le krach, les affaires continuent** 175
   Rien à signaler — Jouy-en-Josas dans les starting-blocks — Le cercle vertueux du désir — « Un rachat par jour » — Monsieur Cinéma sauvé par le gong — Le deal de ma vie — Les regrets d'Arnaud Lagardère.

9. **C'est grave, docteur ?** 199
   Les angoisses du capital-risqueur — La fin des flambeurs — Le caméléon — Wanadoo fait plouf ! — Republic Alley au bord de la faillite.

10. **La revanche des crevards** 213
    Le rire de Bezos — « Mais où est la baise ? » — Weinberg, la revanche — Retour des Caraïbes — Edel ou les illusions perdues.

11. **La débâcle** 231
    Ci-gît Koobuy City — Le mythe de la start-up est mort — Krach sans fin... — Restructurator — Jouy-en-Josas, le retour — Le Petit Prince craque.

12. **La braderie de M. Arnault** 251
    Grosse colère — La fin du rêve — Bill Gates dans le métro — Requiem pour LibertySurf — Soldes d'hiver.

13. **J6M.com** 271
    Mr Messier goes to Hollywood — Guerre des clans — Le roi du buzz — Vaporware — Nouveau gadget.

14. **La saga de l'UMTS** 287
    www.spectrumauctions.gov.uk — L'idée « géniale » de DSK — Martin prend la plume — Peyrelevade fait l'intermédiaire — Seul contre tous — « Consultez un psychiatre ! »

15. **Money, moncy, money** 309
    Les petites enveloppes de Nomade — Argent virtuel — Transparence, quand tu nous tiens — L'argent n'est plus une honte — Nouveaux riches, nouveaux business angels.

16. **Moi et le marché** 329
    Le carrosse et la citrouille — Le lièvre et la tortue — Cyber-héritiers — Le marché m'a tuer.

17. **Le marché en accusation** 347
    « Friends and family » — La muraille de Chine est tombée — « 1 + 1 = 1 » — Le marché a toujours raison... — Crise de foi — Le retour de l'Etat — 2001 Odyssée de l'espace.

Impression réalisée sur CAMERON *par*

BUSSIÈRE CAMEDAN IMPRIMERIES
GROUPE CPI
*à Saint-Amand-Montrond (Cher)
pour le compte des Éditions Grasset
en mars 2002*

N° d'édition : 12284. — N° d'impression : 021235/4.
Dépôt légal : mars 2002.
Imprimé en France
ISBN 2-246-62371-5